संजय दत्त

जगरनॉट बुक्स से प्रकाशित
यासिर उस्मान
की अन्य किताब

रेखा : कैसी पहेली ज़िंदगानी

संजय दत्त

बॉलीवुड का बिगड़ा शहज़ादा

यासिर उस्मान

अनुवाद
प्रभात रंजन

juggernaut

जगरनॉट बुक्स
केएस हाउस, 118 शाहपुर जाट, नई दिल्ली 110049

जगरनॉट बुक्स से पहली बार प्रकाशित 2018

10 9 8 7 6 5 4 3 2 1

ISBN 9789386228666

टाइपसेट : कम्प्यूटेक सिस्टम, शाहदरा, दिल्ली

मुद्रक : मणीपाल टेक्नोलॉजीज़ लिमिटेड, मणीपाल

मेरे माता-पिता हसीबा और एम. उस्मान को
क्योंकि कोई माता-पिता कभी हार नहीं मानते

अनुक्रम

भूमिका

2017 की एक शाम संजय दत्त से उनकी ज़िंदगी और उनके दौर के बारे में बात करते हुए मैंने उनसे पूछा, ‘जब आप पीछे मुड़कर अपनी ज़िंदगी को देखते हैं तो उसमें ऐसा क्या है जिसको आप बदलना चाहेंगे?’ ‘कुछ भी नहीं!’ उन्होंने तत्काल जवाब दिया। ‘अगर मौका मिले तो मैं यही ज़िंदगी फिर से जीना चाहूंगा।’

संजय की ज़िंदगी एक महाकाव्य जैसी है। यह किताब उसी कहानी को कहने की एक कोशिश है—अच्छा, बुरा और कई बार, दुर्भाग्य से असंगत भी; संघर्ष, गलतियां, दिल तोड़ने वाली त्रासदियां, ज़बर्दस्त जीतें। एक ऐसी ज़िंदगी जिसे समझा पाना आसान नहीं है। एक ऐसा जीवन जिसमें उटपटांग पागलपन से भरे लम्हे भी हैं, जो अक्सर किस्से-कहानियों से भी ज़्यादा हैरतनाक हैं। फिर भी मजेदार बात यह है कि संजय इनमें से कुछ भी बदलना नहीं चाहते और मौक़ा मिले तो यही जीवन दोबारा जीना चाहते हैं।

संजय हमेशा मीडिया के केंद्र में रहे हैं। जन्म के समय से ही उनकी ज़िंदगी प्रिंट और फिल्म में दर्ज होती रही है। यहां तक कि उनका नाम भी एक पत्रिका द्वारा आयोजित प्रतियोगिता के माध्यम से तय हुआ था, जिसमें पत्रिका के पाठकों ने उनके सुपरस्टार माता-पिता, नरगिस और

सुनील दत्त को उनके नाम को लेकर सुझाव भेजे थे। वह सबकी आंखों के सामने बड़े हुए, एक शरारती बालक से वयस्क बच्चे के रूप में, एक ऐसा स्टार पुत्र जिसे अपनी मां के जल्दी गुज़र जाने का ग़म झेलना पड़ा, जो ड्रग्स के दलदल में धंसता गया और फिर एक कुख्यात अपराधी से सज़ायाफ़्ता मुजरिम भी बना, इन सबके बीच में वो एक नाकाबिल अभिनेता से एक ऐसे सुपरस्टार के रूप में उभरा जिसे लाखों-करोड़ों लोगों का प्यार मिला। इसलिए, आप यह पूछ सकते हैं : उनके बारे में कहने को क्या कुछ बचा है?

लेकिन संजय दत्त के जीवन के बारे में शोध करते हुए मेरे सामने ऐसे सैकड़ों किस्से आए, अनेक ऐसे भूले हुए प्रसंग आए, जिनके बारे में मैंने भी नहीं सुना था, जबकि मैं बहुत संजीदगी से सिनेमा और उससे जुड़े लोगों की ख़बरों पर नज़र रखता रहा हूं। उदाहरण के लिए, कितने लोगों को इस बारे में पता है कि 1993 में मुंबई धमाकों से एक दशक पहले भी संजय दत्त पाली हिल के अपने आलीशान बंगले में गोलीबारी की एक घटना में शामिल थे और जिसके कारण उनको गिरफ्तार भी किया गया था? या यह कि एक बार वह चोरी छिपे हेरोइन लेकर अमेरिका गए थे? या जिन दिनों उनके ड्रग्स की लत अपने चरम पर थी उन दिनों एक शाम उनको ऐसा आभास हुआ जैसे उनके पिता सुनील दत्त पिघल रहे हों, और एक मौके पर उनको ऐसा लगा जैसे उनकी बहन प्रिया कोई 'गोरखा' हो? जब वे अमेरिका में नशे की लत से मुक्ति के लिए उपचार ले रहे थे उस दौरान ऐसा क्या हुआ जिसने उनकी ज़िंदगी को सदा के लिए बदल कर रख दिया? क्या आप जानते थे कि उनकी स्वर्गीय मां की टेप रेकॉर्डिंग का असर था जिसने संजय को ड्रग्स की लत से लड़ने में नई ताक़त दी? या यह कि एक बार उन्होंने इंटरव्यू दिया जिसमें उन्होंने अभिनेत्री रेखा के साथ अपनी तथाकथित शादी का खंडन किया, और इस क्रम में अनजाने में ही बॉलीवुड के एक वरिष्ठ अभिनेता के बारे में संकेत करते हुए लगे थे? और फिर उनके बहुत सारे प्रेम संबंधों

के बारे में? क्या आपको यह पता था कि संजय ने एक समय में अपनी तत्कालीन प्रेमिका टीना मुनीम के साथ बदतमीज़ी करने वाले एक आदमी को एक तरह से नंगा करके बांध दिया था? फिर यह कि उनकी और माधुरी दीक्षित की एक फिल्म के निर्देशक ने शूटिंग के समय का किस्सा बयां करते हुए कहा, 'वह (संजय) हमेशा माधुरी के पीछे-पीछे चलते रहते थे और फुसफुसाते हुए 'आई लव यू' बोलते रहते थे, इस बात को पूरी तरह से नज़रअंदाज़ करते हुए कि वहां आसपास और लोग भी होते थे?' ये महज़ कुछ दिलचस्प कहानियां हैं जो संजय की ज़िंदगी को असाधारण बनाती हैं।

इस किताब को लिखने के दौरान, मैंने उनके करीबी लोगों से मिलने में काफी समय दिया। कई फिल्मकार, उनके साथ काम करने वाले अभिनेता और बॉलीवुड में उनके दोस्त, स्कूल के दोस्त और लॉरेंस स्कूल, सनावर में उनको पढ़ाने वाले अध्यापक, पुलिस अधिकारी, जेल में उनके साथ रहने वाले क़ैदी, और राजनेता। इनमें से कई लोग संजय के बारे में बात करने को लेकर सहज नहीं थे, उनका यह कहना था कि अगर उन्होंने कुछ कहा तो संजय को पसंद नहीं आएगा। कुछ लोगों ने यह कहा कि अगर उन्होंने संजय के बारे में बात की तो संजय को अच्छा नहीं लगेगा। कुछ लोग बोले कि वो यह नहीं चाहते कि संजय के बारे में 'गलतफहमियां' और बढ़ें या उनके कारण उनकी कानूनी मुश्किलें बढ़ जाएं। लेकिन कई ऐसे लोग भी थे जिन्होंने दिल खोलकर बात की और संजय की ज़िंदगी के बारे में एक से एक कहानियां साझा कीं। आगे के पन्नों में उनकी सुनाई कई कहानियां और संजय की यादें दर्ज हैं।

संजय को पारंपरिक अर्थ में कभी बड़ा अभिनेता नहीं माना गया। हां, वह भावनाओं को सहज रूप में प्रकट करने के मामले में बहुत अच्छे थे, लेकिन संजय दत्त के करियर में सौ से अधिक फ़िल्में हैं और उनमें से महज दस के करीब ही उल्लेखनीय हैं। ये हर लिहाज से औसत है। इसके बावजूद लोगों ने उनमें ऐसा क्या देखा? किस वजह से वह बरसों

तक ए श्रेणी के स्टार बने रहे? क्यों उनकी ख़राब फिल्मों ने भी अच्छा व्यवसाय किया? मैं ऐसे अनेक लोगों से मिला जो 'संजू बाबा' के ज़बरदस्त फैन थे– जिनमें गोवा के एक रेस्तरां का एक वेटर भी है जो अभी भी उसी तरह से अपने लंबे बाल रखता है जैसा संजय ने 1993 की फिल्म *खलनायक* में रखा था। मैं फिल्म व्यवसाय के विशेषज्ञों, फिल्मकारों और बॉलीवुड के अंदरूनी लोगों से यह पता करने के लिए मिला कि आखिर लोग किस वजह से संजय को इस कदर चाहते थे। उनकी बातें यही इशारा कर रही थीं कि इसकी वजह संजय की अपनी छवि और उनकी ज़िंदगी की कहानी है न कि उनका अभिनय कौशल।

संजय बॉलीवुड के असली 'बैड ब्वॉय' थे–असल में, सलमान खान से पहले संजय दत्त थे। संजय एक तरह से आदर्श थे, अग्रदूत थे; दूसरे लोगों ने इस मामले में उनका अनुसरण किया। 1980 के दशक के आखिरी वर्षों और 1990 के दशक के आरंभिक वर्षों के दौरान वो मानो मर्दानगी के प्रतीक थे, और संभवतः बॉलीवुड के अकेले स्टार थे जिनका नाम ड्रग्स, बंदूक, लेदर जैकेट्स, फड़कती भुजाओं, लंबे बाल, शराबनोशी, सिगरेट और पार्टियों का पर्याय बन गया था। वे अपनी असंख्य प्रेमिकाओं को लेकर बहुत खुले हुए थे और भारत के छोटे शहरों में बेहद लोकप्रिय थे। उनके सबसे बड़े प्रशंसक पुरुष थे जो उनके मर्दाना व्यक्तित्व की नकल करते थे। संजय की छवि ने निर्देशकों को इसके लिए इसके लिए प्रेरित किया कि वे उनको ऐसी भूमिकाओं के लिए चुनें जो उनके असली जीवन का प्रतिबिंब हों। अगर आप उनकी सबसे अच्छी फिल्मों का परीक्षण करें–*नाम, सड़क, साजन, हथियार, खलनायक, वास्तव और मुन्ना भाई एमबीबीएस*–आप यह देख सकते हैं कि परदे पर उन्होंने जो भूमिकाएं निभाईं असल में वे उनके व्यक्तित्व का ही विस्तार थीं।

इसके अलावा थीं उनकी ज़िंदगी की त्रासदियां : संजय के करियर को बहुत झटके लगे। उनकी पहली फ़िल्म *रॉकी* के प्रीमियर से कुछ दिन पहले ही उनकी मां का देहांत हो गया। इस त्रासदी ने दर्शकों के साथ

उनका एक अजीब तरह का रिश्ता कायम किया। ऐसा लगता है कि उनकी पहली फिल्म के बाद से ही दर्शकों ने उनकी ज़िंदगी में दिलचस्पी लेनी शुरू कर दी। त्रासदी और नाटक हमेशा संजय का पीछा करती रहीं : वे स्वयं को नष्ट करने की हद तक ड्रग्स लेते रहे और यह सिलसिला कई सालों तक चला, उनकी पहली पत्नी ऋचा शर्मा का देहांत भी त्रासद रूप से कैंसर से कम उम्र में ही हो गया, और उसके बाद 1993 में वे गंभीर अपराध में फंस गए : मुंबई बम धमाकों में। इन सारे तूफानों के बीच दर्शकों और प्रशंसकों के साथ उनका भावनात्मक रिश्ता मज़बूत होता गया और यह करीब चार दशकों तक टिका रहा। हर त्रासदी, हर उथल-पुथल के बाद संजय ने जबर्दस्त वापसी की। खास बात ये थी उनके प्रशंसकों के दिल में इस बिन मां के बच्चे के लिए प्यार क़ायम रहा मानो उन्हें इस बात से कोई फर्क ही न पड़ता हो कि उनका आचरण कितना बुरा था। उनके फैन उनके द्वारा अपराध के लिए शर्मिंदगी प्रकट करने या माफ़ी मांग लेने के बाद उनको हमेशा माफ़ कर देने के लिए मानो हमेशा तैयार रहते थे। इस वजह से भी संजय बॉलीवुड में इस तरह के दुर्लभ इंसान बने रहे : अपनी ग़लतियों और ग़फ़लतों को लेकर वे बेहिचक रूप से ईमानदार हैं और उसको मानने से भी नहीं हिचकते। अन्य फ़िल्मी सितारों के विपरीत संजय हमेशा एक खुली किताब की तरह रहे हैं। वे बहुत स्पष्टवादी रहे हैं, उदाहरण के लिए, अपने नशे की लत को लेकर वो कहते हैं : 'किताब में जितने तरह के भी ड्रग्स होते हैं मैंने सब लिए हैं। लेकिन मुझे कोकीन और हेरोइन पसंद थी। आप कोकीन को सूंघ सकते हैं, आप हेरोइन पी सकते हैं, आप उसको सुई लगाकर ले सकते हैं' (वास्तव में, अमेरिका में रिहैब सेंटर में उनके डॉक्टरों को इस बात को लेकर हैरानी थी कि इस हद तक नशे के आदी होने के बावजूद संजय अभी भी जिंदा थे)।

ऐसा लगता है कि संजय को लोगों की प्रतिक्रियाओं की कोई परवाह नहीं होती है और वे बहुत अधिक विवादास्पद मुद्दों जैसे स्त्रियों को शादी

के बाद काम करना चाहिए या नहीं को लेकर अपनी सोच खुलेआम ज़ाहिर करते रहे हैं। जब उनकी शादी ऋचा से हुई तब उन्होंने कहा, 'मैं चाहता हूं कि वह अपना करियर छोड़ दे... मेरे लिए, हमारे बच्चों के लिए और हमारे घर के लिए। वह मान गई, वह वैसे भी किसी भी तरह से महत्वाकांक्षी नहीं थी।' बाद में उन्होंने कहा, 'मैं यह नहीं चाहूंगा कि मेरी पत्नी अभिनेत्री बने... मैं यह नहीं चाहता कि मैं शाम में घर आऊं तो यह पाऊं कि वह वह रात में शूटिंग के लिए गई हुई हो... अगर आप मुझे मर्दवादी कहना चाहते हैं तो मैं हूं।'

अपने प्रेम संबंधों और ऐयाशी को लेकर उन्होंने कहा, 'मैं एक समय में तीन लड़कियों के साथ प्रेम संबंध में था।' जब उनसे यह पूछा गया कि उन्होंने किस तरह इस बात को संभाला तो उन्होंने कहा, 'आपको चालाक होने की ज़रूरत होती है... एक को इस बात का पता नहीं चलना चाहिए कि दूसरे के साथ क्या चल रहा है।' एक और मौके पर संजय ने इस सवाल का बड़ा अपारंपरिक जवाब दिया कि वे किस तरह से महिलाओं को प्रभावित करते हैं। उनका जवाब था, 'अगर आप किसी स्त्री को चाहते हैं तो आप उसको ऐसे जताइए जैसे वह आपकी मां हो...छोटे बच्चे बन जाइए...उसे अपने आपको लेकर थोड़ा हिफाज़ती बन जाने दीजिए। बस आपका काम बन गया दोस्त!'

क्या आप इस बात की कल्पना कर सकते हैं कि दूसरे बॉलीवुड स्टार इस तरह की बातें करें, खासकर आज, जबकि बॉलीवुड कुल मिलाकर एक पूरी तरह से रक्षात्मक जगह है जहां स्टार अपनी छवि को लेकर बेहद सतर्क रहते हैं? बॉलीवुड को आज इमेज और जनसंपर्क के प्रतिनिधियों द्वारा नियंत्रित किया जाता है। अभिनेताओं को प्रेस के सामने बहुत नियंत्रित तरीके से पेश किया जाता है। वे सावधानीपूर्वक तैयार की गई स्क्रिप्ट पर चलते हैं और उनको किसी भी तरह से उससे अलग हटने की अनुमति नहीं होती।

जो जनसंपर्क के प्रतिनिधि होते हैं वे नाटकीय तरीके से किसी को

फिर से ब्रांड बनाने में बहुत उस्ताद होते हैं। उदाहरण के लिए, एक समय था जब सड़क दुर्घटना और जंगल में शिकार के मामलों के कारण सलमान खान की छवि की मीडिया में खूब धुनाई हो रही थी। लेकिन अचानक मीडिया में उनकी दानशीलता, उनकी इंसानियत को लेकर चर्चा होने लगी। क्या यह महज संयोग है?

संजय उस तरह के फ़िल्मी सितारों में आखिरी कुछ लोगों में हैं जो बेपरवाह हैं, और साफ़-साफ़ बात करने वाले हैं। वे जो कहते हैं उसमें यकीन रखते हैं और जिसमें यकीन रखते हैं वही कहते हैं। चाहे लोगों को सुनने में कैसा भी लगे।

संजय का बनावट से दूर होना, और उनके सीधेपन के कारण लोगों को ऐसा लगता है कि वे दिल के बहुत अच्छे हैं। यहां तक कि अंडरवर्ल्ड के साथ उनकी संलग्नता और 1993 के बम धमाकों में उनके शामिल होने जैसे अप्रिय मसलों को लेकर बॉलीवुड के अंदर के अधिकतर लोगों और पुलिसवालों ने उनको संदेह का लाभ ही दिया। उनका यह कहना है कि वह इतने बड़े बेवकूफ हैं कि इस बात को समझ ही नहीं पाए कि वे कर क्या रहे थे। शत्रुघ्न सिन्हा ने इस बात को सबसे अच्छे तरीके से कहा : यह आरोप लगाया गया कि संजय को इस बारे में पहले से पता था कि आतंकवादी बॉम्बे स्टॉक एक्सचेंज को उड़ाने की योजना बना रहे हैं, इस बात पर शत्रुघ्न सिन्हा ने कहा, 'बेकार की बात न करें। उसको ये भी पता नहीं होगा कि स्टॉक एक्सचेंज होता क्या है!' संजय को आखिरकार टाडा से मुक्ति मिल गई और उनको आर्म्स एक्ट के अंतर्गत दोषी ठहराया गया, लेकिन बहुत लोगों के दिमाग में गहरे सवाल चलते रहे। कई घटनाएं हैं जो बड़े सवाल खड़े करती हैं।

जब मैंने इस किताब को लिखने का फैसला किया तो मैं यह चाहता था कि इस बात को समझाने की कोशिश करूं कि किस वजह से वह 'बैड ब्वॉय' बैड बने। मैंने चारों तरफ देखा : मैंने सूत्र की तलाश के लिए संजय के बचपन के दिनों में उसको खोजने का प्रयास किया—उनके

बोर्डिंग स्कूल के दिनों को, उनकी मां, पापा और बहनों के साथ उनके रिश्ते को समझने की कोशिश की, फिल्म उद्योग में उनके आरंभिक दिनों को देखा-समझा। लेकिन कुछ चीज़ें ऐसी होती हैं जिनको शायद आप समझा नहीं सकते। मैं इस बैड ब्वॉय को तार्किक रूप से नहीं बता सकता। वह जो है सो है। या हो सकता है कि जवाब हमेशा हम लोगों के सामने था : अंतिम निष्कर्ष में संजय एक ऐसे बच्चे की तरह लगते हैं जो कभी बड़े ही नहीं हो पाए।

यह महज संजय दत्त की ही कहानी नहीं है। यह उनके महान माता-पिता की कहानी भी है : नरगिस की, जिनके लिए उनके बेटे से ज़्यादा कीमती कुछ नहीं था, और सुनील दत्त की जिन्होंने हर चरण पर संजय के लिए लड़ाई लड़ी। यह एक ऐसे माता-पिता की कहानी है जिन्होंने अपने बच्चे के लिए कभी उम्मीद नहीं छोड़ी।

संजय की ज़िंदगी में फ़िल्मी मसाला है; इसमें बहुत सारे मोड़ हैं। उनके अंतिम कुछ कारनामे अभी देखे जाने हैं। हैरान मत हो जाइएगा अगर कुछ और आश्चर्यजनक सामने आ जाए।

1

गिटार और टेनिस बॉल्स

1982 में अटलांटा, संयुक्त राज्य अमेरिका में 23 साल के संजय दत्त ने एयर गिटार प्रतियोगिता में गोल्ड मैडल जीता। उन्होंने बड़े नाटकीय अंदाज़ में एक काल्पनिक गिटार के तारों को रॉक और हेवी मेटल की धुनों पर बजाया था और बेहद दीवानेपन से उन धुनों पर लिप सिंक भी किया था। एक साल पहले ही संजय दत्त ने फिल्म *रॉकी* से अपने फ़िल्मी करियर की शुरुआत की थी जिसे उनके फिल्म स्टार पिता सुनील दत्त ने निर्देशित किया था। हालांकि संजय की उस पहली फिल्म में याद रखने लायक कुछ भी नहीं था। उस वक़्त तक वो उभरी हुई मांसपेशियों वाले भारतीय सिल्वेस्टर स्टैलोन के रूप में उभर कर नहीं आए थे, वो रूप जिसमें वो बाद में बड़े स्टार बनकर नज़र आए।

उस समय की बात करें तो वो बेहद लंबे और पतले दिखते थे। शुरुआती फिल्मों में उनका चेहरा बहुत ताज़ा लगता था। 1980 के दशक में जैसा कि चलन था चेहरे पर लंबी कलम, बाल किनारे से छोटे और ऊपर से लंबे थे। *रॉकी* फिल्म के पोस्टर पर संजय की जो तस्वीर थी उसमें वो कैमरे की तरफ सीधा नहीं देख रहे थे—उनकी आंखों में बेपरवाही थी जो बाद में उनकी पहचान बन गई। अगले दशक में उन्होंने चॉकलेट

ब्वॉय की अपनी मासूम छवि को त्याग दिया और खूब शराब-सिगरेट पीने वाले तथा नशीली दवाओं का सेवन करने वाले लंबे-बिखरे बालों वाले रॉकस्टार नुमा अभिनेता बन गए जिसको अपनी मांसपेशियों का प्रदर्शन करना अच्छा लगता था। संजय मर्दानगी के बड़े प्रतीक बन गए थे, एक 'बैड ब्वॉय' जो बेहद अय्याश था, जिसकी जीवन शैली सेक्सी थी और मस्तीखोरी के किस्से बॉलीवुड में गूंजते थे। और, ज़ाहिर है, गिटार के प्रति उनका प्यार इस छवि को और रंगीन बनाता था।

लेकिन किसी को इस बात का कतई अंदाज़ा नहीं था कि एक गिटार ही उनकी ज़िंदगी की सबसे बड़ी तबाही की वजह बनेगा। एक अलग तरह का गिटार, जो उनसे उनका सब कुछ छीन लेगा, मान-सम्मान, करियर, खुशियां। यह जिस तरह का गिटार था उसे कुछ ही लोगों ने सुनील दत्त और नरगिस के बेटे और फ़िल्मी दुनिया के इस रईस के साथ जोड़ कर देखा होगा। इसी गिटार ने मार्च-अप्रैल 1993 में संजय दत्त की दुनिया हिला कर रख दी।

*

16 जनवरी 1993 की सुबह

58 पाली हिल, संजय दत्त का बंगला

संसद सदस्य के रूप में सुनील दत्त की सुरक्षा के लिए दो सिपाही नियुक्त थे। संजय ने उनसे कहा कि कुछ समय के लिए वो कहीं चले जाएं। उनके जाने के फौरन बाद तीन लोग बंगले में दाखिल हुए। इनमें से एक था अबु सलेम जो उस समय डी-कंपनी में छोटा-मोटा गुर्गा था। अपराध सिंडिकेट डी-कंपनी की स्थापना दाऊद इब्राहीम ने 1980 के दशक की शुरुआत में की थी। आज दाऊद भारत का मोस्ट वांटेड भगोड़ा है, और फिलहाल पाकिस्तान में रहता है। 2003 में अमेरिका ने अल-कायदा और ओसामा बिन लादेन के साथ उसके संबंधों के कारण उसे आतंकवादी

घोषित कर दिया। दाऊद इंटरपोल की भी मोस्ट वांटेड सूची में है।

संजय के घर ये तीन शख्स 'कुछ गिटार और टेनिस बॉल' पहुंचाने आए थे। ये काम वो दाऊद के भाई अनीस इब्राहीम के हुक्म से कर रहे थे। संजय ने अबु सलेम को एक चादर दी। सलेम ने उसी चादर में 'गिटार' लपेटकर संजय को दे दिए। 'टेनिस बॉल्स' सलेम ने एक बैग में रख दीं और ये बैग भी संजय के हवाले कर दिया।

18 जनवरी 1993

संजय के घर आने वाले तीन लोगों में से दूसरे आदमी का नाम समीर हिंगोरा था। समीर हिंगोरा और उसका पार्टनर हनीफ़ कड़ावाला फिल्म निर्माता थे जिन्हें फिल्म इंडस्ट्री में हनीफ-समीर के नाम से जाना जाता था। 1990 में हनीफ़-समीर ने बी ग्रेड की कॉमेडी फिल्म *बाप नंबरी बेटा दस नंबरी* का निर्माण किया था। यह फिल्म साल की सरप्राइज़ हिट हो गई। अपनी अगली फिल्म में हनीफ-समीर ने बतौर हीरो संजय दत्त को साइन किया।

'गिटार और टेनिस बॉल्स' की डिलीवरी के दो दिन बाद ही संजय दत्त हनीफ़ कड़ावाला के घर गया और ज़्यादातर 'गिटार और टेनिस बॉल्स' वापस कर दिए।[1] उसने अब अपने पास सिर्फ एक 'गिटार' रखा।

12 मार्च 1993

शुक्रवार की उस दोपहर एक के बाद एक शक्तिशाली बम धमाकों से मुंबई हिल गई। वहशी आतंकी हमले में 257 लोग मारे गए और 713 लोग घायल हुए। पूरा भारत इस सदमे से स्तब्ध था। भारत की धरती पर यह उस समय तक का योजनाबद्ध तरीके से किया गया सबसे दुस्साहसी आतंकी हमला था।

'ब्लैक फ्राइडे' के उन हमलों की योजना दाऊद इब्राहीम ने बनाई थी। उसका कथित मकसद था बाबरी मस्जिद के ढहने के बाद 1992

और 1993 में मुंबई में हुए सांप्रदायिक दंगों में मारे गए मुसलमानों की मौत का बदला लेना। मुंबई के सीरियल धमाकों के बाद सैकड़ों लोगों को पूछताछ के लिए गिरफ्तार किया गया। उन लोगों में बॉलीवुड फिल्म निर्माता हनीफ-समीर थे। उनके अलावा मूसा चौहान उर्फ़ बाबा चौहान नाम के शख़्स को भी गिरफ़्तार किया गया। तीनों (हनीफ-समीर और बाबा चौहान) के बारे में यह पाया गया कि वे दाऊद के भाई अनीस इब्राहीम के लगातार संपर्क में रहते थे।

बाबा चौहान ही वो तीसरा आदमी था जो जनवरी की उस सुबह अबु सलेम और समीर हिंगोरा के साथ संजय दत्त के घर गया था।

11 अप्रैल 1993

डीसीपी राकेश मारिया, जो बहुत सख्त पुलिस वाले थे, सीरियल धमाकों के जांच दल का नेतृत्व कर रहे थे, उन्होंने पूछताछ के लिए बाबा चौहान को बुलाया। चौहान किसी सूखे पत्ते की तरह कांप रहा था। वो ये समझ चुका था कि सब कुछ साफ़-साफ़ बताने के अलावा कोई चारा नहीं है। पुलिस की सख़्ती के आगे उसने बकना शुरू किया, 'अनीस (इब्राहीम) ने मुझसे और अबू सलेम से कहा था कि बांद्रा में संजू बाबा के घर कुछ गिटार और टेनिस बॉल्स पहुंचा आऊं।'[2]

'गिटार और टेनिस बॉल्स?' मारिया को माफिया की यह कूट भाषा कुछ समझ में नहीं आई। वो बोले, 'गिटार और टेनिस बॉल्स का क्या मतलब है?'

'साहब, गिटार का मतलब है एके-56 राइफल...टेनिस बॉल यानी हथगोले (हैंडग्रेनेड)।'

उसके कोड वर्ड का मतलब सुनकर मारिया मुस्कुराने लगे। 'और यह संजू बाबा कौन है?'

'संजू बाबा मतलब फिल्म स्टार संजय दत्त।'

अगले दिन 12 अप्रैल को प्रेस से बात करते हुए पुलिस कमिश्नर

अमरजीत सिंह सामरा ने यह घोषणा की कि बम धमाकों के षड्यंत्र में फिल्म जगत के लोग भी शामिल थे। प्रेस को पहले ही यह पता चल चुका था कि हनीफ-समीर को पुलिस ने पूछताछ के लिए गिरफ्तार किया था इसलिए अनेक लोगों को यही लगा कि सामरा उनके बारे में ही कह रहे थे। लेकिन एक रिपोर्टर को शायद बड़ी खबर की भनक लग चुकी थी। उसने सवाल किया, 'क्या इसमें संजय दत्त भी शामिल हैं?'

सामरा फिलहाल इसके बारे में कोई बात नहीं करना चाहते थे। वो बोले, 'हमें नहीं पता। हम अभी उनकी भूमिका की जांच कर रहे हैं।'

लेकिन बात खुल चुकी थी। ये ख़बर मानो बाहर निकलने को बेताब थी।

13 अप्रैल 1993

पुलिस कमिश्नर सामरा के फोन की घंटी बजी। 'सर,' लाइन की दूसरी तरफ से आती आवाज़ ने कहा, 'मैं संजय दत्त। मैंने सुना कि आपने प्रेस कॉन्फ्रेंस में यह कहा कि बम धमाकों में मैं भी शामिल था।' उस दिन के सभी प्रमुख अखबारों में संजय दत्त का नाम और आतंकी धमाकों में उनके शामिल होने की संभावना सुर्ख़ियों में थी। उस समय संजय दत्त मॉरीशस में रवीना टंडन, करिश्मा कपूर तथा अन्य कलाकारों के साथ फिल्म *आतिश* के क्लाइमेक्स की शूटिंग कर रहे थे।

सामरा ने उनसे यह कहा कि उनका नाम हनीफ-समीर ने लिया है और पुलिस जांच कर रही है।

संजय दत्त ने जवाब दिया, 'सर, फिलहाल मैं मॉरीशस में शूटिंग कर रहा हूं। अगर आप चाहते हैं तो मैं अपनी शूटिंग छोड़कर फौरन लौट कर आ सकता हूं।'

सामरा सुनील दत्त को अच्छी तरह जानते थे और उन्होंने संजय से कहा, 'बेटे, कोई जल्दी नहीं है। अपना काम पूरा करो और अपने नियत समय पर ही लौटो।'

19 अप्रैल 1993

मुंबई के सहार हवाई अड्डे पर उस दिन अहले सुबह अप्रत्याशित रूप से भीड़ थी। राकेश मारिया और वाई.सी. पवार के नेतृत्व में सैकड़ों पुलिस वाले संजय दत्त के आने का इंतज़ार कर रहे थे। उनकी फ्लाइट देर रात 2.15 बजे आई। संजय दत्त जैसे ही एयरपोर्ट के आप्रवासन क्षेत्र से बाहर निकले, पुलिस वालों के एक झुंड ने उनको घेर लिया। 'मैं सीढ़ियों से नीचे उतर रहा था। मैंने चारों तरफ देखा और...हज़ारों पुलिस वाले मेरी तरफ बंदूक ताने खड़े थे। मुझे फुर्ती से वहां से ले जाया गया,' संजय ने कई साल बाद यह याद करते हुए कहा।[3] मुंबई हवाई अड्डे पर अभिनेता को गिरफ्तार करने वाले मुंबई पुलिस के पूर्व अफसर सुरेश वाली शेट्टी ने मुझे बताया, 'मैंने उसका कॉलर पकड़ा और बोला कि आओ मेरे साथ।'

फिल्म स्टार ने विरोध किया लेकिन किसी ने उसके ऊपर ध्यान नहीं दिया। पुलिस के घेरे में उनको एक निजी दरवाज़े से हवाई अड्डे से बाहर ले जाया गया।

उसी शाम, मुख्यमंत्री शरद पवार ने आधिकारिक रूप से प्रेस को बताया कि संजय दत्त को गिरफ्तार कर लिया गया है। उनको टाडा के अंतर्गत गिरफ्तार किया गया था, डरावने आतंकवादी और विध्वंसक गतिविधियां (रोकथाम) अधिनियम के अंतर्गत।

20 अप्रैल 1993

इस घटना से सुनील दत्त हिल गए थे। वो इस बात को मानने के लिए तैयार ही नहीं थे कि उनका बेटा मुंबई धमाकों के षड्यंत्र में शामिल हो सकता था। वह पुलिस स्टेशन के रास्ते में थे और ये चाहते थे कि संजय उनकी आंखों में देखकर कह दे कि मीडिया और पुलिस जो तथाकथित आरोप उनपर लगा रहे हैं वो ग़लत हैं, बेबुनियाद हैं, झूठ हैं। एक नैतिक इंसान, जनता के बारे में सोचने वाले, देशभक्त सुनील दत्त का बेटा आतंकवादी कैसे हो सकता था? वह ऐसा क्यों करेगा?

इससे पहले, संयुक्त पुलिस आयुक्त (जेसीपी) एम. एन. सिंह और राकेश मारिया ने क्रैफोर्ड मार्केट स्थित पुलिस मुख्यालय में अपराध शाखा के दफ्तर में संजय दत्त से पूछताछ की थी। संजय ज़्यादा देर तक पूछताछ को सह नहीं पाए थे। वो टूट गए और पुलिस के सामने सब कुछ कबूल कर लिया था।

जब सुनील दत्त आए तो मारिया ने संजय से कहा कि वो अपने पिता को सच बता दें। संजय ने अपने पिता की तरफ़ देखा और फिर उनके सामने ही संजय ने कबूल किया कि उनके पास एक खतरनाक राइफल और कुछ असलहे थे जो उनको अनीस इब्राहीम ने भिजवाए थे। ये सुनकर सुनील दत्त के पैरों के नीचे से मानो ज़मीन खिसक गई। वो जानते थे कि उनका बेटा बेवकूफ और बिना सोचे-समझे काम करने वाला तो हो सकता था लेकिन क्या वो इतना बड़ा अपराधी हो सकता था? 'क्यों?' सुनील दत्त ने संजय से पूछा। संजय ने जवाब दिया, 'क्योंकि मेरी नसों में मुसलमान खून है। शहर में जो कुछ हो रहा था उसे मैं बर्दाश्त नहीं कर सकता था।' इस जवाब के लिए एक पिता कतई तैयार नहीं था।[4]

*

सुनील चुपचाप पुलिस मुख्यालय से बाहर आ गए। उनके कानों में ज़रूर उनके बेटे की आवाज़ गूंज रही होगी। उनका ज़ेहन ज़रूर अपनी स्वर्गीय पत्नी नरगिस की ओर गया होगा। संजय अपनी मां की आंखों का तारा था। वो इतनी आसानी से संजय को हारने नहीं दे सकते थे।

2

सुनील और नरगिस दत्त

संजय दत्त तो किसी राजकुमार की तरह मुंह में चांदी का चम्मच लेकर पैदा हुए थे। मगर उनके पिता का बचपन उनके बचपन से बिलकुल अलग था। शायद सुनील दत्त के उथल-पुथल भरे आरंभिक जीवन ने उनको मज़बूत, भरोसेमंद इंसान बनाया, जो हमेशा अपने परिवार, दोस्तों और समाज के लिए खड़े रहते थे। सुनील का जन्म बलराज दत्त के रूप में 1929 में पश्चिम पंजाब के खुर्द गांव में हुआ था। झेलम नदी से क़रीब 14 मील दूर खुर्द गांव के ज़मींदार एक लंबी-चौड़ी और खूबसूरत शख्सियत के मालिक थे। नाम था रघुनाथ दत्त। रघुनाथ, बलराज के पिता थे। गांव के लोग उन्हें दीवान साहब कहकर पुकारते। दीवान रघुनाथ दत्त मोहयाल ब्राह्मण थे। खुर्द में यूं तो मुसलमानों की तादाद हिंदुओं से ज़्यादा थी मगर इंसानी रिश्तों के बीच यहां धर्म कभी दीवार नहीं बना था। सब एक-दूसरे के ग़म और खुशी में शरीक रहते थे। वो मोहब्बतों का दौर था।

दीवान रघुनाथ दत्त अक्सर बेहद सुबह अपनी ज़मीन की देखभाल और अपने कर्मचारियों से बात करने के लिए निकल जाते थे। जब बलराज पांच साल का था तो एक ऐसी ही सुबह उसके पिता घर से निकले,

मगर फिर कभी लौटकर नहीं आए।

उस दिन बलराज और उनकी छोटी बहन रानी पुश्तैनी घर के बाहर खेल रहे थे कि अचानक उन्हें दादी के चीखने की आवाज़ सुनाई दी। वो ज़ोर-ज़ोर से रोती हुई बलराज की तरफ़ आ रही थीं। उन्होंने बलराज को बताया कि उसके पिता को कुछ हो गया है और उन्हें जल्दी उनके पास पहुंचना है। नन्हें बलराज की समझ में कुछ नहीं आ रहा था। आनन-फानन में वो एक तांगे में बैठकर दीवान रघुनाथ की तलाश में निकल गए। दादी लगातार रो रही थीं।

कुछ ही दूरी पर उन्हें भीड़ दिखाई दी। बलराज ने देखा कि उसके पिता ज़मीन पर औंधे पड़े हुए थे। स्थानीय चाय की दुकान पर उनके चारों तरफ भीड़ लगी हुई थी। पिता मानो गहरी नींद में थे। लोग उनको उठाने की कोशिश कर रहे थे। बलराज वहां असहाय सा खड़ा रहा। वो इंतज़ार करता रहा कि उसके पिता आंखें खोलेंगे और उसको दिलासा देंगे। लेकिन उसके पिता दीवान रघुनाथ दत्त इस दुनिया से जा चुके थे।

उसका बचपन वहीं ख़त्म हो गया।

परिवार में सबसे 'बड़े' पुरुष होने के कारण बलराज के कंधों पर यह ज़िम्मेदारी थी कि वह घरवालों को यह बताए कि रघुनाथ दुनिया में नहीं रहे। कांपते हुए उसने अपने पिता के शरीर को आग दी। बहुत देर तक आग की लपटों में अपने पिता के बेजान शरीर को धुआं होते देखता रहा। बाद के सालों में वे यह बताते कि उनको ये तो याद रहा कि उन्होंने अग्नि दी थी, लेकिन वो अपने पिता का चेहरा याद नहीं कर पाते थे : 'आज तक मुझे एक ही बात का अफ़सोस है कि मैंने पिता का चेहरा कभी नहीं देखा। उनकी कोई तस्वीर नहीं थी।'[1] बलराज इस बात को कभी नहीं भूल पाए कि उनका परिवार किन बुरे हालात से गुज़रा। एक इज़्ज़तदार ज़मींदार के राजकुमार जैसे बेटे से अचानक एक संघर्षरत परिवार के सबसे बड़े बेटे होने का क्या मतलब होता है। जब बाप का साथ ना हो तो हर क़दम कितना मुश्किल होता है, ये बात

ज़िंदगी की ठोकरों ने बलराज के वजूद में पैबस्त कर दी थी।

1947 में बर्बादी ने फिर से दस्तक दी। देश के विभाजन के बाद खुर्द पाकिस्तान में चला गया और दत्त परिवार विस्थापित होकर भारत आ गया। 18 साल के बलराज उस वक्त भारत में ही थे, वे सेना में क्लर्क थे। शरणार्थी शिविरों में अपने परिवार वालों को खोजने में उन्होंने कई खौफनाक महीने बिताए। आखिरकार, उनको अंबाला में अपना परिवार मिला। बलराज की पुश्तैनी संपत्ति जा चुकी थी। दत्त परिवार को मजबूर होकर शरणार्थी शिविरों में रहना पड़ा, क्योंकि न तो उनके पास पैसे थे न ही रहने के लिए अपना घर। बंटवारे के इस वाकये को वो कभी भूल नहीं पाए। उम्र भर वो खुद को रिफ्यूजी ही बुलाते रहे।

तीन साल बाद जेब में 50 रुपए लेकर बलराज ने मुंबई का टिकट कटाया। वे महानगर में पढ़ाई करना चाहते थे और रोज़ी-रोटी के लिए कुछ काम भी करना चाहते थे। तब तक उनका परिवार हरियाणा के मंडोली में ठिकाना बना चुका था और कुल मिलाकर उनकी आर्थिक हालत ठीक ठाक ही थी। शहर नए जीवन की संभावनाओं और नए नाम के साथ उनका इंतज़ार कर रहा था। और यहीं उनकी मुलाकात उनकी ज़िंदगी की सबसे बड़ी मुहब्बत से होनी थी। वो लड़की जिसका नाम था–फातिमा।

*

फातिमा अब्दुल रशीद उर्फ़ तेजेश्वरी मोहन को बेहतरीन अदाकारा नरगिस के नाम से जाना जाता है, जिन्होंने फिल्म *मदर इंडिया* में मुख्य भूमिका निभाई थी। नरगिस का ताल्लुक एक इंद्रधनुषी परिवार से था। उनकी नानी हिंदू के रूप में पैदा हुई थीं, वे गानेवालियों के एक दल की सदस्य थीं जहां उनके मुसलमान पति सारंगी बजाते थे। वे दोनों मोतीलाल नेहरू को जानते थे और कहा जाता है कि उनकी बेटी जद्दनबाई (नरगिस की मां) जवाहरलाल नेहरू की 'राखीबंद' बहन थीं।

जद्दन ने भी अपनी मां का पेशा अपनाया, और हर लिहाज़ से वो

उनसे बेहतर गायिका थीं। यह कोई आसान काम नहीं था। कोई निजी ज़िंदगी नहीं थी, और बाकी गानेवालियों की तरह उनको अनजान जगहों पर जाना पड़ता था और अजनबियों के सामने गाना पड़ता था, जिनमें से कुछ उनका शोषण करने की भी कोशिश करते थे। कहा जाता है कि जब जद्दनबाई कुंवारी थीं तब उनके अलग-अलग पुरुषों से दो बेटे थे। उसके बाद उनकी मुलाक़ात उत्तमचंद मोहनचंद या मोहन बाबू से हुई, जो रावलपिंडी के एक अमीर परिवार के वारिस थे, जो डॉक्टर बनने के लिए इंग्लैंड जाने की तैयारी कर रहे थे। लेकिन मोहन बाबू जद्दन के ऊपर फ़िदा हो गए। इंग्लैंड जाने का विचार छोड़ कर उन्होंने जद्दनबाई के सामने शादी का प्रस्ताव रख दिया। ज़ाहिर है, 26 साल के मोहन बाबू के परिवार ने इसका विरोध किया लेकिन उन्होंने जद्दनबाई से विवाह कर लिया, जो उनसे चार साल बड़ी थीं। मोहन ने जद्दन से विवाह करने के लिए इस्लाम कबूल कर लिया और अपना नाम अब्दुल रशीद रख लिया (दिलचस्प तथ्य ये है कि धर्मांतरण के लिए उन्होंने मशहूर स्वतंत्रता सेनानी मौलाना अबुल कलाम आज़ाद की मदद ली)। 1 जून 1929 को उनके एक बेटी हुई। उसके दो नाम रखे गए, फातिमा अब्दुल रशीद और तेजेश्वरी मोहन, यह नाम उसके परिवार की भावना के अनुकूल था जिसकी जड़ें हिंदू और मुसलमान दोनों धर्मों में थीं।

समय बदल रहा था और एक-एक करके गायिकाएं रेडियो की तरफ जा रही थीं और ग्रामोफोन कलाकार बनती जा रही थीं। कुछ फिल्मों की तरफ भी जा रही थीं। जद्दन 1932 में लाहौर गईं और उन्होंने *राजा गोपीचंद* (1933) में महत्वपूर्ण भूमिका निभाई। 1934 में नरगिस के माता-पिता ने मुंबई आकर बसने का फैसला किया, जो बड़ी तेज़ी से हिंदुस्तानी सिनेमा का गढ़ बनता जा रहा था।

अपने समय के लिहाज से काफी बहादुर औरत जद्दनबाई ने 1936 में अपनी फिल्म निर्माण कंपनी संगीत मूवीटोन की स्थापना की और पहली फिल्म का निर्माण किया, जिसका नाम था *तलाश-ए-इश्क़*। इसमें सात

साल की फातिमा ने पहली बार अभिनय किया। फ़िल्मी परदे पर क्रेडिट में उसका नाम था : 'बेबी रानी'। जद्दनबाई ने एक के बाद एक फिल्मों का निर्माण किया, पटकथाएं लिखीं, संगीत निर्माण किया, और अपनी फिल्मों का निर्देशन भी किया। बेबी रानी ने जद्दनबाई की अधिकतर फिल्मों में काम किया। वैसे तो उनकी अधिकतर फ़िल्में बॉक्स ऑफिस पर सफल नहीं रहीं, लेकिन जद्दनबाई मशहूर हस्ती थीं और अक्सर उनको बॉम्बे फिल्म जगत की महारानी कहकर बुलाया जाता था। समय के साथ परिवार मरीन ड्राइव के संभ्रांत इलाके की बिल्डिंग मरीन शैटो में मरीन बिल्डिंग के आलीशान 3000 वर्ग फुट वाले फ़्लैट में आ गया। और उस समय फिल्म जगत की अनेक जानी मानी हस्तियां वहां रहती थीं : दिलीप कुमार से लेकर बलराज साहनी और कमाल अमरोही से लेकर के. आसिफ तक। लेकिन बड़े नाटकीय ढंग से जद्दनबाई का ऐश्वर्य जाता रहा, और परिवार के भविष्य को संवारने का जिम्मा फातिमा के कंधों पर आ गया। जब फातिमा 14 साल की थी तब उसको बड़ा मौका मिला, महबूब खान की फिल्म *तकदीर* (1943) में। इस मशहूर फिल्म निर्माता ने फातिमा से यह वादा किया कि वे उसको सुपर स्टार बना देंगे। उन्होंने बनाया भी। और उन्होंने ही उसको परदे के लिए नया नाम दियाः नरगिस।

*

पांच साल के भीतर नरगिस बहुत बड़ी स्टार बन गईं। वह अपने बाल छोटे रखती थीं, पतलून और स्विम सूट पहनती थीं और उन्होंने उस तरह से विग पहनने से इन्कार कर दिया जिस तरह से उस समय की सभी बड़ी अभिनेत्रियां पहनती थीं। उन्होंने दिलीप कुमार के साथ *मेला* (1948) और *दीदार* (1951) फिल्मों में काम किया, लेकिन राज कपूर के साथ उनकी जोड़ी ऐसी जमी कि दोनों के लिए फ़िल्मी करियर की पहचान बन गई। उनके फ़िल्मी किरदारों से बाहर भी इस तरह की अफवाहें लगातार सुनने में आती थीं कि दोनों एक दूसरे से प्यार करते थे। किस्सा यह

सुनाया जाता है कि राज कपूर पहली बार युवा नरगिस से मिले तो उसने जब अपने घर का दरवाज़ा खोला तो नरगिस के हाथों में पकौड़े का मसाला लगा हुआ था। राज कपूर ने बाद में इस दृश्य को कमसिन उम्र की प्रेम कहानी वाली ब्लॉकबस्टर फिल्म *बॉबी* (1970) में दोहराया, जिसका उन्होंने निर्देशन किया था।

बरसात (1949) फिल्म में, जिसका निर्माण राज कपूर की फिल्म निर्माण कंपनी आर.के. फिल्म्स द्वारा किया गया था, वह प्रसिद्ध दृश्य है जिसमें नरगिस भाग कर राज कपूर की तरफ जाती हैं। एक हाथ में वायलिन पकड़े राज कपूर दूसरे हाथ से उनको थाम लेते हैं, वह पीछे की तरफ झुक जाती हैं, इससे दृश्य बहुत अंतरंग बन जाता है—इस दृश्य की तस्वीर आर. के. फिल्म्स का प्रसिद्ध प्रतीक चिह्न बन गई। पत्रकार मधु जैन लिखती हैं, 'आर. के. फिल्म्स असल में नरगिस-राज कपूर का बैनर था। वो उसमें हिस्सेदार थीं, उनके साथ आर. के. फिल्म्स के सुनहरे दौर में कई सालों तक अधिकतर वो भी केंद्र में बनी रहीं।'[2] उन्होंने 16 फिल्मों में साथ काम किया, पहली फिल्म *आग* (1948) थी और अंतिम फिल्म थी *जागते रहो* (1956), इनमें से छह फ़िल्में आर. के. फिल्म्स के बैनर तले बनी थीं। कहते हैं कि नरगिस की ज़िंदगी और करियर पर राज कपूर का इस क़दर प्रभाव था कि अपने करियर के चरम पर नरगिस या तो सिर्फ आर.के. बैनर फिल्मों में काम करती थीं या फिर उन फिल्मों में जिन्हें राज कपूर की मंजूरी थी।

लेकिन जहां नरगिस राज कपूर से विवाह करना चाहती थीं, वहीं राज कपूर पहले से शादीशुदा थे और उनके बच्चे भी थे। नरगिस बेचैन होने लगीं और उनके रिश्ते के बीच का जादू जाता रहा। नरगिस को यह बात समझ में आ गई कि राज कपूर अपने बीवी-बच्चों को नहीं छोड़ेंगे और उन्होंने उनके साथ रिश्ता तोड़ लिया, आर. के. फिल्म्स छोड़ दिया, और राज कपूर के प्रतिद्वंद्वी महबूब खान की फिल्म *मदर इंडिया* साइन कर ली और राज कपूर को बताया तक नहीं।

*

जबकि नरगिस हिंदी सिनेमा की बहुत बड़ी स्टार थीं, वहीं बलराज दत्त रोज़ी-रोटी के लिए संघर्ष कर रहे थे। उन्होंने जय हिंद कॉलेज में बी. ए. में दाखिला लिया था। लेकिन पैसों की किल्लत के कारण वे बीइएसटी के बस डिपो में पार्ट टाइम क्लर्क के रूप में काम करते थे। वे मुंबई के उपनगरीय इलाके काला घोड़ा में एक नाई की दुकान में सोया करते थे, जिसका नाम था शिमला हेयर कटिंग सैलून। दुकान सुबह 7 बजे से रात के 9 बजे तक खुली रहती थी, और बलराज आखिरी ग्राहक के जाने के बाद वहीं फर्श पर सो जाते थे। नरगिस का घर शैटो मरीन बलराज के कॉलेज के पास ही था। सुनील दत्त याद करते थे कि कॉलेज जाने से पहले वह और उनके दोस्त शैटो मरीन के ठीक सामने मरीन ड्राइव की रेलिंग पर बैठकर नरगिस की सफ़ेद रेले कार के जाने का इंतज़ार करते थे।

बलराज को आखिरकार रेडियो पर प्रेज़ेंटर के रूप में काम मिला। रेडियो सीलोन पर एक कार्यक्रम *लिप्टन के सितारे* के लिए वे फ़िल्मी सितारों के इंटरव्यू लेते थे। इस तरह से वे पहली बार एक दूसरे से मिले, जब बलराज ने 1953 में फिल्म *दो बीघा ज़मीन* के प्रीमियर पर नरगिस का इंटरव्यू लिया। उन्हीं दिनों बलराज को निर्देशक रमेश सैगल की फिल्म *शिकस्त* (1953) के सेट पर दिलीप कुमार का इंटरव्यू करने के लिए आमंत्रित किया गया। रमेश सैगल इस नौजवान के आत्मविश्वास, आवाज़ तथा उसकी भावपूर्ण आंखों से बेहद प्रभावित हुए। उन्होंने बलराज से पूछा कि क्या वह फिल्मों में काम करना पसंद करेंगे। बलराज ने जवाब दिया, 'अगर आप मुझे हीरो का रोल दें तो।' उनको दिलीप कुमार की शर्ट-पैंट पहनकर स्क्रीन टेस्ट देने के लिए कहा गया। कुछ दिनों बाद 26 साल की उम्र में उनको पहली फिल्म के लिए साइन किया गया, फिल्म का नाम था *रेलवे प्लेटफॉर्म* (1955)। उस समय परंपरा थी फिल्म अभिनेताओं को आकर्षक और अलग तरह के नाम दिए जाते थे, इसलिए

बलराज को सुनील दत्त के नए नाम से अभिनय करना पड़ा। फिल्म जगत में दो बलराज नहीं हो सकते थे, और प्रसिद्ध बलराज साहनी पहले से ही थे।

उम्र में उनसे महज पांच दिन बड़ी नरगिस तब तक बहुत बड़ी अदाकारा हो चुकी थीं, तब तक उनके नाम पर 45 फ़िल्में हो चुकी थीं। वो स्थापित थीं, सफल थीं और उनकी बेहद मांग थी।

*

सुनील दत्त की पहली फिल्म के कुछ सालों बाद ही उनको और नरगिस को एक फिल्म में काम करने का मौका मिला : महबूब खान की फिल्म *मदर इंडिया* (1957) में। *मदर इंडिया* के सेट पर ही उनकी उस प्रेम कहानी की शुरुआत हुई, कुछ ऐसा हुआ जिससे अमर कहानियां बनती हैं। और यह हुआ एक क्लासिक फिल्म के निर्माण के दौरान। एक समय वह था जब सुनील दत्त नरगिस के घर के बाहर बैठकर उनके वहां से गुज़रने का इंतज़ार किया करते थे, और अब उनके पास मौका था नरगिस के पास जाने का।

एक दिन महबूब खान के सेट पर हालात बुरी तरह बिगड़ गए : आग के नाटकीय दृश्य के फिल्मांकन के दौरान गलती से नरगिस आग के बीच फंस गईं, उनके चारों तरफ आग की लपटें थीं। सुनील ने हिम्मत की और उनको बचाने के लिए दौड़ पड़े, इस सबके दौरान वे बुरी तरह घायल हो गए। उस दुर्घटना के हफ़्तों बाद नरगिस की देखभाल से सुनील की सेहत ठीक हो गई—और बिलकुल बॉलीवुड के अंदाज़ में दोनों एक दूसरे के प्यार में पड़ गए। कुछ सप्ताह बाद, सुनील ने नरगिस के सामने शादी का प्रस्ताव रखा और वो तत्काल मान गईं।

मदर इंडिया 1957 में रिलीज़ हुई और फिल्म को आलोचकों और लोगों के बीच भरपूर प्रसिद्धि मिली। नरगिस 'भारतीय मातृत्व' और 'स्त्री के त्याग' की अमर प्रतिमूर्ति बन गईं। वह नरगिस के करियर की सबसे

यादगार फिल्म बन गई। हालांकि नरगिस के विद्रोही बेटे के रूप में सुनील दत्त के काम की सराहना हुई, लेकिन वह हर लिहाज से नरगिस की फिल्म थी। वह बड़ी स्टार थीं और यह असंतुलन दोनों के निजी रिश्तों में भी दिखता था। जनवरी 1958 में जब नरगिस को पद्मश्री मिला तो वह यह सोच रही थीं कि कहीं सुनील हीन भावना का शिकार न हो जाएं। शायद इसी वजह से सुनील ने इस बात पर ज़ोर दिया कि शादी के बाद नरगिस फ़िल्मी करियर को अलविदा कह दें।

11 मार्च 1958 को सुनील दत्त और नरगिस ने आर्य समाज रीति से शादी कर ली। ग्लैमरस पत्नी के साथ नए-नए फिल्म कलाकार अपने वास्तविक जीवन में परिवार के मुखिया की ज़िम्मेदारी उठाने वाले थे, यह भूमिका जीवन भर के लिए होने वाली थी, जो सबसे चुनौतीपूर्ण भी रहने वाली थी। सुनील दत्त और नरगिस के लिए एक नया अध्याय खुलने वाला था।

3

प्रेस्ली जूनियर का आगमन

जिन दिनों नरगिस और सुनील दत्त एक दूसरे के प्यार में थे तब नरगिस, सुनील दत्त को प्यार से एल्विस प्रेस्ली बुलाती थीं। उन्होंने यह ख़्वाब देखा था कि एक दिन उनका प्रेस्ली 'जूनियर' भी होगा। कुछ महीने के बाद उनकी शादी हो गई और फिर जल्द ही नरगिस मां बनने वाली थीं। 29 जुलाई 1959 की रात 2 बज़कर 45 मिनट पर नरगिस और सुनील दत्त ने प्रेस्ली 'जूनियर' का इस दुनिया में स्वागत किया, उस स्वस्थ बच्चे का नाम उन्होंने संजय रखा।

मज़ेदार बात यह है कि इस नाम का चुनाव लोकप्रिय फिल्म और तहज़ीबी पत्रिका *शमा* में जनता से राय मांगकर किया गया था। पत्रिका के पाठकों से यह कहा गया कि वे सुनील और संजय दत्त के बच्चे का नाम सुझाएं। एक नाम जो सुझाया गया वह था संजय कुमार।[1]

नरगिस ने खुद को मातृत्व की दिनचर्या में ढाल लिया। बेबी बुक में उन्होंने बड़े प्यार और बड़ी मेहनत के साथ संजय की पहली मुस्कान, उसकी पहली खिलखिलाहट, और उसके पहले कदम को दर्ज किया। संजय के जन्म लेने के बाद परिवार का भाग्य भी सुधरने लगा। सुनील दत्त को फिल्मों में नियमित रूप से हीरो की भूमिका मिलने लगी। 1950 के

दशक के बाद के सालों में दिलीप कुमार, देव आनंद और राज कपूर बॉलीवुड के सबसे बड़े स्टार थे। सुनील दत्त अभी भी शीर्ष से कुछ क़दम नीचे थे। इसके बावजूद कि सुनील दत्त की फ़िल्में अच्छा व्यवसाय कर रही थीं और उनके पास अच्छे-अच्छे प्रस्ताव आते जा रहे थे। इन्हीं दिनों सुनील दत्त ने अपनी फिल्म निर्माण कंपनी बनाने का फैसला किया। इस कंपनी का नाम रखा अजंता आर्ट्स। सुनील दत्त अजंता आर्ट्स में ऐसी फिल्मों का निर्माण करना चाहते थे जो उनकी रचनात्मक ख्वाहिश को पूरा कर सकें।

1 जनवरी 1961 को इस बैनर की पहली फिल्म के मुहूर्त के शॉट वाले दिन नरगिस ने संजय के बेबी बुक में दर्ज किया : '(आज) मेरी और मेरे पापा की ज़िंदगी में एक महत्वपूर्ण घटना हुई...मुझे एक फिल्म के मुहूर्त शॉट के लिए अंधेरी के मोहन स्टूडियो ले जाया गया। फिल्म का नाम था *मुझे जीने दो*। वह अनुभव भी क्या खूब था, मैं पापा को पहचान ही नहीं पाया, उन्होंने डाकुओं जैसे कपड़े पहन रखे थे और काफी डरावने लग रहे थे। मैं उनके पास तभी गया जब उन्होंने मुझे बुलाया–फिल्म के मुहूर्त शॉट के लिए मैंने कैमरा को चला दिया–और दिल ही दिल में मैंने भगवान से यह दुआ की कि वे पापा का ध्यान रखें और उन पर भरपूर मेहरबानी रखें। मैं पापा के लिए खुशकिस्मत साबित होऊं।'[2]

जब सुनील दत्त फिल्मों की शूटिंग में काफी व्यस्त हो गए, तब नरगिस जहां भी जाती थीं बड़े गर्व के साथ संजय को अपने साथ ही ले जाती थीं। वह एक मशहूर अभिनेत्री थीं और उन्होंने अपनी इच्छा से फिल्मों से संन्यास ले लिया था इसलिए उनके पास बहुत समय भी रहता था, नरगिस को पद्म पुरस्कार भी मिल चुका था, इस कारण से नरगिस को अक्सर सरकारी आयोजनों में बुलाया जाता था। 1961 में, जब ब्रिटेन की महारानी एलिज़ाबेथ गणतंत्र दिवस परेड के मौके पर मुख्य अतिथि के रूप में आई थीं तब उस मौके पर नरगिस और संजय दिल्ली गए थे। संजय के बेबी बुक में नरगिस ने संजय बनकर लिखा : 'मैंने

गणतंत्र दिवस का समारोह देखा—वह बहुत तड़क-भड़क वाला आयोजन था। मुझे जलसा बहुत अच्छा लगा—जिसमें खूब सजे-धजे हाथी, ऊंट और घोड़े थे। और हां महारानी भी—मैंने महारानी को भी देखा। वह हाथ हिलाकर सभी का अभिवादन कर रही थीं, और मैंने भी उनकी तरफ देखकर हाथ हिला दिया।'[3]

हालांकि सुनील दत्त इस बात के खिलाफ थे कि शादी के बाद नरगिस फिल्मों में काम करें, लेकिन उन्होंने नरगिस से यह वादा किया था कि वह एक आखिरी फिल्म में काम कर सकती थीं क्योंकि उनका भाई ऐसा चाहता था। जब नरगिस के भाई अख्तर हुसैन बुरे दौर से गुज़र रहे थे तब उन्होंने नरगिस से अपने द्वारा निर्मित एक फिल्म में अभिनय करने के लिए कहा था। फिल्म का नाम था *रात और दिन*, जिसमें नरगिस ने एक ऐसे किरदार की भूमिका निभाई थी जिसको स्किजोफ्रेनिया था। फिल्म की शूटिंग शुरू हुई 1961 में, जब नरगिस को दूसरा बच्चा होने वाला था। *रात और दिन* 1967 में रिलीज हुई, और नरगिस को अपने अभिनय के लिए सर्वश्रेष्ठ अभिनेत्री का राष्ट्रीय पुरस्कार मिला।

5 जनवरी 1962 को सुनील दत्त और नरगिस की दूसरी औलाद नम्रता का जन्म हुआ। उनको प्यार से अंजू बुलाया जाने लगा ताकि वो सुनने में संजू जैसा लगे। जब संजय बड़े हुए और प्रीस्कूल में जाने लगे तो नरगिस ने सामाजिक कार्य करना शुरू कर दिया और वह अपना समय और अपनी ऊर्जा उन कामों के लिए देने लगीं जो उनके दिल के बेहद करीब थे। बाद में 1972 में नरगिस स्पास्टिक्स सोसायटी ऑफ़ इंडिया की पहली संरक्षक बन गईं। असल में, नरगिस दत्त अपने सामाजिक कामों के लिए इस कदर जानी जाती थीं कि खुद प्रधानमंत्री ने स्पास्टिक्स सोसायटी ऑफ़ इंडिया के संस्थापकों से इस बात की अनुशंसा की कि उनको नरगिस के पास जाना चाहिए।

1960 का दशक सुनील दत्त के करियर का भी स्वर्णिम काल था,

हालांकि वे उतने बड़े सुपरस्टार कभी नहीं बन पाए जिस तरह की सुपरस्टार नरगिस अपने अभिनय के दिनों में थीं। उनकी फिल्म *मुझे जीने दो* (1963) बेहद कामयाब रही और उस फिल्म के लिए उस साल सुनील दत्त को पहली बार सर्वश्रेष्ठ अभिनेता का पुरस्कार मिला। इस फिल्म का प्रदर्शन कान फिल्म महोत्सव में हुआ और फिल्म को आलोचकों की खूब तारीफ़ मिली। संजय दत्त की बेबी बुक में सुनील और नरगिस के लिए जो दुआ लिखी हुई थी–'मैं उनके लिए खुशकिस्मत साबित होऊं'–यह बात सच साबित हुई।

*

दत्त परिवार में प्यार और समर्पण था। वे एक दूसरे को दिल खोल कर प्यारी चिट्ठियां लिखा करते थे। 1966 में सुनील दत्त हैदराबाद में शूटिंग कर रहे थे कि उनको नरगिस का टेलीग्राम मिला जिसमें उन्होंने सुनील दत्त को फिल्म *खानदान* में सर्वश्रेष्ठ अभिनेता का पुरस्कार मिलने की बधाई दी थी। फिल्म में सुनील ने एक विकलांग आदमी की भूमिका निभाई थी। नरगिस का टेलीग्राम पढ़कर सुनील बेहद भावुक हो गए। उन्होंने जवाब में लिखा : 'मैं तुमको प्यार करता हूं–मैं अपने बच्चों को बहुत प्यार करता हूं...उनको प्यारे और बुद्धिमान इंसान के रूप में बड़ा होना चाहिए, न कि उस तरह से जिस तरह से आज के बच्चे बड़े हो रहे हैं। यह सब तुम्हारे ऊपर निर्भर करता है, और इस बात के ऊपर कि तुम उनके साथ कितना समय बिताती हो। हमारे बच्चे अच्छी तरह से बड़े हों और अच्छे इंसान बनें तो वो तुम्हारे द्वारा किए गए सामाजिक कार्यों से ज़्यादा बड़ा योगदान होगा।'[4]

परिवार में इस तरह से काम का विभाजन था : सुनील पैसे कमाने के लिए फिल्मों में काम करते थे और नरगिस के ऊपर बच्चों को पालने की ज़िम्मेदारी थी, और ज़ाहिर है, वह सामाजिक कार्य भी करती थीं। उन्होंने कभी इस बात के लिए अफ़सोस नहीं किया कि उनको अपने

स्टारडम को पीछे छोड़कर सिर्फ मिसेज दत्त के रूप में रहना पड़ रहा था। 28 अगस्त 1966 को दत्त परिवार की सबसे छोटी सदस्य प्रिया दत्त का जन्म हुआ।

सुनील दत्त अपने काम में पहले से भी अधिक व्यस्त हो गए थे, नरगिस अपने तीनों बच्चों के लालन-पालन के लिए अपनी मां के परिवार की भरोसेमंद मदद के ऊपर निर्भर थीं। वहां से उनको अपने लिए बहुत राहत का अनुभव होता था और जब भी उनको काम के लिए बाहर जाना पड़ता था तो वे इस बात को लेकर निश्चिंत रहतीं कि उनके बच्चों की देखभाल अच्छी तरह से हो सकेगी। संजय के कुछ शुरुआती करीबी दोस्त नानी के घर में रहते हुए ही बने। और यहीं रहकर संजय अपनी मुस्लिम विरासत के करीब आए। सुनील और नरगिस के घर में धर्म को लेकर किसी तरह का कोई तनाव नहीं था। बचपन में सुनील दत्त जब खुर्द में थे तब उनका सामना अलग-अलग धर्मों के बीच सद्भाव से हुआ था। और नरगिस के परिवार में तो अंतर धार्मिक विवाहों की लंबी परंपरा थी। दोनों परिवारों में किसी तरह की कोई धार्मिक कट्टरता नहीं थी।

चाहे अपने माता-पिता के घर में रहते हों या अपनी नानी के घर, संजय को राजकुमार की तरह देखा जाता था। उनकी हर ख्वाहिश को परिवार के लोग पूरा करते थे क्योंकि ऐसा लगता था परिवार के हर सदस्य की ज़िंदगी संजय के नखरों के इर्द-गिर्द ही घूमती रहती थी। अपनी मर्ज़ी को मनवा लेने के कारण संजय एक जिद्दी बच्चे के रूप में बड़े हुए। जब संजय अपने प्रतिष्ठित परिवार के साथ बड़े-बड़े आयोजनों में जाते थे या जब फ़िल्मी दुनिया के जाने-माने लोग जब उनके घर आते थे और उनके द्वारा जिस तरह से प्यार दिया जाता था उसके कारण उनका सिर चढ़ता जा रहा था। स्कूल में भी सब इस बात को जानते थे कि वह कौन थे और उनको इस बात में मज़ा भी आता था। जब संजय बच्चे थे तब दत्त परिवार का वारिस होने वाला उनका यह भाव

बड़ा प्यारा लगता था, लेकिन जब वे किशोर होने लगे तो यही उनके सिर चढ़ने लगा।

'मैं अपने बचपन में बड़ा नटखट था। मुझको काबू में रखना बहुत मुश्किल था,' संजय कहते हैं। नरगिस उनके साथ सख़्ती बरतती थीं। 'मां कई बार संजय से गुस्सा हो जाती थीं। वह उसको उल्लू, गधा कहती थीं और कई बार उसको चप्पल फेंककर भी मारती थीं,' नम्रता दत्त ने उन दिनों को याद करते हुए कहा जब वो और संजय छोटे थे।[5] आखिर में लेकिन नरगिस भी उनकी मांगों के सामने पिघल जाती थीं।

लेकिन संजय महज बिगड़े अमीरज़ादे नहीं थे। उनका एक कोमल पक्ष भी था जिसको लेकर उनके दोस्त और चाहने वाले आज भी क़समें खाते हैं। नम्रता के मुताबिक़, 'वह बहुत उदार हैं और लोगों को कुछ उपहार में देने में कोई हिचक नहीं दिखाते। उनके बारे में एक कहानी है जिसे दोहराती हुई मेरी मां कभी नहीं थकती थीं—वह उनके ऊपर इस कदर नाज़ करती थीं। एक बार मेरे मां-पापा संजय को किसी शादी में शामिल होने के लिए दिल्ली लेकर गए, उस समय संजय की उम्र महज दस साल थी। ठंड थी और उसने सूट पहना हुआ था। उसने देखा कि एक बच्चा भीख मांग रहा था और उसने कुछ नहीं पहन रखा था। संजय ने अपना सूट उतारा और भिखारी को दे दिया।'[6]

कई दफा तो संजय की शैतानियां हास्यजनक होती थीं, जिसके कारण उनके मां-पापा को बड़ी परेशानी होती थी। एक बार नरगिस और संजय सुनील दत्त से मिलने के लिए कश्मीर गए थे, जहां सुनील दत्त शूटिंग कर रहे थे। संजय ने देखा कि उनके पिता अपने दोस्तों के साथ सिगरेट पी रहे हैं और उन्होंने मांग की कि उनको भी सिगरेट दी जाए। नरगिस अवाक रह गईं। उन्होंने मना किया तो संजय ने तूफ़ान मचा दिया। नरगिस अपने बेलगाम बेटे के सामने फक पड़ गईं और संजय की पिटाई करने लगीं। आखिर में, सुनील दत्त ने बीच-बचाव किया और एक अलग सा सुझाव लेकर आए : उन्होंने सोचा कि शायद छह साल

का बच्चा सिगरेट पी नहीं सकेगा। सुनील दत्त साहब ने यह सोचा कि बेहतर यही होगा कि संजय को सिगरेट पीने से मना करके स्मोकिंग के प्रति उसके आकर्षण को बढ़ाने के बजाए उसे सिगरेट पीने की कोशिश करने दी जाए। उन्हें लगा कि ऐसा करते हुए वो अपनी उंगली जला लेगा या धुएं से खांसने लगेगा और उसके बाद से सिगरेट पीने को लेकर उसके अंदर डर बैठ जाएगा। सुनील दत्त अपने बेटे को एक तरफ लेकर गए और उसको सिगरेट थमा दी। उन्होंने संजय को यह दिखाया कि उसको किस तरह से अपने होंठों से लगाना चाहिए, किस तरह से कश लेना चाहिए और किस तरह नाक से धुआं निकालना चाहिए। सतर्क संजय दत्त ने बड़े ध्यान से अपने पिता के निर्देशों का पालन किया और किसी पेशेवर धूम्रपान करने वाले की तरह सिगरेट का धुआं उड़ाने लगे। सुनील दत्त ने अपने बेटे को कम करके आंका था। संजय ने हंसते हुए याद किया, 'मुझे जिस तरह से पापा ने बताया था मैंने उसी तरह से किया और पूरी सिगरेट पी गया। दत्त साहब बहुत गुस्से में आ गए और उनको बड़ी चिंता होने लगी। उन्होंने मेरी पिटाई शुरू कर दी और मुझे धूप में खड़ा कर दिया।'[7]

लेकिन सज़ाओं का वह असर नहीं हुआ जो होना चाहिए था। संजय लगातार कायदों को तोड़ने और बड़ों की बात की अनदेखी करते गए। उनको जितनी सज़ा दी जाती वे उतने ही अटल होते जाते। छोटे बच्चे को इस बात का पता था कि वह चाहे जो भी करे, उसके आसपास के लोग उसको बिना शर्त प्यार करते रहेंगे। वह चाहे जो करे उसका कुछ बिगड़ने वाला नहीं था। वह संजू बाबा जो था।

आखिरकार जब संजय दस साल के थे, फैसले की घड़ी आ गई। सुनील दत्त ने बाद में इस घटना को याद करते हुए कहा : 'मेरे घर फिल्म जगत के बहुत सारे लोग और निर्माता आते रहते थे। वे संजय दत्त से लाड़ जताते... वे मेरे साथ बैठकर अक्सर सिगरेट पीते।'[8] पाली हिल बंगले के ऊंचे बरामदे पर बैठकर एक दिन सुनील दत्त और उनके

मेहमान ने अलसाते हुए नीचे बगीचे में सिगरेट का टुकड़ा उछाल दिया। वहां संजय ज़मीन पर लेटकर इंतज़ार कर रहा था।

'मैं बगीचे में लेटकर सिगरेट के टुकड़े उठाकर पीने लगता था। फिर एक दिन दत्त साहब ने इस बात पर ध्यान दिया कि बगीचे वाले क्षेत्र से धुआं उठ रहा था और उन्होंने उस तरफ झांककर देखा। तब उन्होंने यह पाया कि मैं ज़मीन पर लेटकर सिगरेट के टुकड़े के कश उड़ा रहा था,' संजय ने कई साल बाद इस बात को स्वीकार किया।[9]

सुनील दत्त को इस बात की फिक्र थी कि संजय को अधिक लाड़-प्यार जताने से वह बाद में बेलगाम हो जाएगा। संजय जो करते थे उसके लिए उनको ज़िम्मेदार ठहराया जाना तब तक असंभव लग रहा था क्योंकि संजय की मां, बहन, नानी और चाचा-मामा उसको शायद क़त्ल से भी बचा ले जाते। सुनील को इस बात की फ़िक्र भी थी क्योंकि फिल्म उद्योग का जो माहौल था वह शायद संजय के किशोर मानस के लिए उचित नहीं था। इसलिए उन्होंने एक कड़ा फैसला लिया : 'मैंने मिसेज दत्त से कहा कि अब हालात हाथ से बाहर हो रहे हैं। हमारे घर जितने भी फ़िल्मी लोग आते हैं एक दिन सब मिलकर संजू को बर्बाद कर देंगे। तब हमने उसको बोर्डिंग स्कूल भेजने का फैसला लिया।'[10]

संजय दत्त के अनुसार, प्रधानमंत्री इंदिरा गांधी ने, जो दत्त परिवार की एक अच्छी पारिवारिक मित्र भी थीं, दत्त दंपती को यह सुझाव दिया कि वे अपने बेटे को लॉरेंस स्कूल, सनाबर में पढ़ने के लिए भेज दें। लॉरेंस स्कूल अपने सैन्य अनुशासन के लिए जाना जाता था। संजय की बहनें अपने पिता के इस फैसले से बहुत दुखी और खिलाफ़ थीं। उनका भाई उनकी ज़िंदगी का केंद्रबिंदु था और उसकी बदमाशियों से उनका लगातार मनोरंजन होता रहता था। परिवार के लिए संजय के बिना ज़िंदगी की कल्पना कर पाना भी मुश्किल था। नम्रता का यह कहना था कि उनके भाई को इस जुदाई से बहुत सदमा पहुंचा। 'वो सही नहीं था। वह तीसरी कक्षा में ही पढ़ता था,' उन्होंने बताया। नरगिस ने ऊपर से

ऐसे जताया जैसे वह बहुत बहादुरी के साथ इस फैसले का सामना कर रही थीं लेकिन अंत में वह कई दिनों तक रोती रहीं। लेकिन फैसला तो लिया जा चुका था।

और फिर एक दिन संजय मुंबई में अपने बचपन के घर को विदा कह कर सनावर के लिए रवाना हो गए। संजय और उनके परिवार के ऊपर उदासी के बादल छा गए। उस रोज़ जैसे-जैसे संजय की कार घर से दूर होती गई, उनका लाड़-प्यार, खूबसूरत यादों और आराम से भरी ज़िंदगी पीछे छूटती गई।

4

बोर्डिंग स्कूल

'मेरे मां-पापा को ऐसा लगता था कि बोर्डिंग स्कूल जाने से मेरे जीवन में स्थिरता आएगी और उससे मैं बेहतर इंसान बन पाऊंगा। वे सही थे लेकिन उस उम्र में मुझे ऐसा लगता था जैसे मैंने कुछ गलत किया हो इसलिए मुझे बाहर भेज दिया गया,' संजय दत्त ने बाद में कहा। हिमाचल प्रदेश के पहाड़ों में बसे लॉरेंस स्कूल में संजय की ज़िंदगी वैसी ऐशोआराम भरी नहीं रहने वाली थी जैसी मुंबई में थी। कैंपस में घुसते ही बड़े-बड़े अक्षरों में लिखा हुआ था, 'सेंड हिम टू सनावर एंड मेक अ मैन आउट ऑफ हिम' (बच्चे को सनावर भेजें और उसको एक आदमी बनाएं)। ओल्ड स्पाइस के विज्ञापन की तरह लगने वाले ये शब्द नोबेल पुरस्कार प्राप्त लेखक रुडयार्ड किपलिंग के लिखे हुए बताए जाते हैं, और एक ऐसी संस्था के लिए बेहद उपयुक्त हैं जिसकी स्थापना 1847 में ब्रिटिश भारतीय सेना के अधिकारियों व सिपाहियों के बच्चों को शिक्षा देने के लिए की गई थी।

सनावर में लोकप्रियता की सीढ़ियां चढ़ने का उपाय सीधा-सा था : जो खेलकूद में अच्छे होते थे वे सबसे ऊपर होते थे, उसके बाद उनका नंबर आता था जो खेलकूद से इतर गतिविधियों में अच्छा करते थे, जैसे

वाद-विवाद और नाटक में, उसके बाद पढ़ने-लिखने वालों का नंबर आता था जब परीक्षा पास आती थी तब उनकी लोकप्रियता अधिक बढ़ जाती थी और सबसे नीचे वे लोग आते थे जो ऊपर के किसी भी वर्ग में नहीं आते थे। विद्यार्थियों का पांचवां वर्ग भी था : स्टार बच्चे यानी मशहूर हस्तियों के बच्चे। उनको ऊपर बताए गए किसी भी वर्ग में समाने की ज़रूरत नहीं पड़ती थी। वे छोटे-छोटे चमकते नक्षत्रों जैसे थे जिनकी तरफ दूसरे विद्यार्थी आकर्षित होते थे। बोर्डिंग स्कूल में विद्यार्थी अलग-अलग हाउसों में रहते थे संजय दत्त को शिवालिक हाउस में रखा गया, जहां उनको हाउसमास्टर और ट्यूटर की कड़ी निगरानी में रहना था। सनावर के शीर्ष पर हेडमास्टर थे जो कोई मिथकीय आदमी हुआ करते थे।

जब संजय, नरगिस और सुनील दत्त के साथ पहली बार सनावर आए, जो उनको वहां पहुंचाने आए थे, तो संजय के मन में डर बैठा हुआ था। हेडमास्टर और मेट्रन से परिचय, फिर स्थानीय बाज़ार में घूमने के बाद, उनकी मां बार-बार संजय को आश्वस्त करती रहीं कि चिंता की कोई बात नहीं। मगर संजय को महसूस हो रहा था जैसे सबकुछ हाथ से निकलता जा रहा है। फिर उसके बाद आया वो पल जब उनके मां-पापा संजय को पीछे छोड़कर मुंबई जाने के लिए तैयार हुए। उनकी मां की आंखों से आंसू बह रहे थे, संजय की निगाहें उनकी तरफ खोजती निगाहों से देख रही थीं। मां की कार धीरे-धीरे आगे बढ़ती जा रही थी, संजय पीछे छूटते जा रहे थे। उनको ऐसा लग रहा था कि मानो वो बिलकुल अकेले रह गए। दिल में ये ख़याल घर कर चुका था कि उनको पूरी तरह से त्याग दिया गया है।

उस दिन को अच्छी तरह से याद करते हुए संजय ने कहा, 'जब वे मुझे छोड़कर गए तो मैं बुरी तरह टूट गया। मेरी मां मेरे लिए बहुत ख़ास थीं। मैं कई दिन तक ज़ार-ज़ार रोता रहा। मुझे घर से दूर भेजकर वो भी बुरी तरह से टूट गई थीं...'[1]

उस दिन आधी रात को संजय अपनी डॉरमेट्री में जाग पड़े। उनको

ऐसा लगा जैसे डॉरमेट्री के बाहर से उनकी मां की आवाज़ आ रही हो। उनको एक तरह की घबराहट के साथ अजीब सी राहत भी महसूस हुई। अंधेरे में आंखें मलते हुए उस आवाज़ के पीछे जाकर उन्होंने अपनी मां को ढूंढ़ने की कोशिश की। लेकिन जल्द ही यह अहसास हो गया कि ये सिर्फ उनके मन का वहम है। मां वहां नहीं थी। मां की याद अचानक दिल को और ज़्यादा चीर देती थी। अकेलापन खाने को दौड़ता और हर पल ये बात ज़ेहन में आती कि उनको ठुकरा दिया गया था।

'मां और पापा दोनों यही चाहते थे कि मैं अधिक विनम्र बनूं, अधिक स्वतंत्र बनूं। शुरू-शुरू में मुझे यह बात समझ में नहीं आई और मुझे ऐसा लगता जैसे मुझे ठुकरा दिया गया हो। मैं तब महज दस साल का था।'[2]

संजय को इस बात में कुछ साल लगे जब उनको सनावर पसंद आने लगा। लेकिन इस बीच उनको प्यारी चिट्ठियों और घरवालों द्वारा कभी-कभार आकर मिलने से ही काम चलाना पड़ा। अपने बेटे को लिखी शुरुआती चिट्ठियों में से एक में नरगिस ने संजय से यह बताया कि जब वह उसको स्कूल में छोड़कर वापस आ रही थीं तब उसको रोते हुए देखकर बेहद परेशान हो गई थीं। उन्होंने संजय को उस चिट्ठी में बताया कि उसके बिना घर खाली लग रहा था और जिस तरह से संजय को उनकी याद आ रही थी उसी तरह से उन लोगों को भी उसकी याद आती रहती थी। लेकिन उसको यह बात समझनी चाहिए कि यह बात उसके अपने हित में ही थी।

सनावर के एक अध्यापक ने इस बात की पुष्टि की कि बोर्डिंग स्कूल में शुरुआती कुछ दिन संजय के लिए मुश्किल थे। उनको घर की बेहद याद आती थी और वे अक्सर रोने लगते थे। लेकिन स्कूल की ख्याति अपने अनुशासन के कारण थी, जो इस बात के ऊपर जोर देती रही कि 'यह जल्दी ठीक हो जाएगा।' संजय के लिए, यह संक्रमण निर्मम था। प्रिया दत्त के अनुसार, 'वह लिखते थे, "मां मुझे आपकी याद आती

है, मैं आपको प्यार करता हूं, मैं घर आना चाहता हूं।" मां उनको सांत्वना देने के लिए चिट्ठियां लिखा करती थीं। पलक झपकते ही वह उनसे मिलने के लिए सनावर चली जाती थीं।'[3] नरगिस हर हाल में पूरी कोशिश करती थीं कि वह सनावर में सभी महत्वपूर्ण अवसरों पर मौजूद रहें, जबकि सुनील दत्त फिल्मों की शूटिंग में लगातार व्यस्त रहते थे और वहां ज़्यादा नहीं जा पाते थे। स्कूल के दोस्त इस बात को याद करते हैं कि वह बहुत सहज थीं और मुश्किल समय में संजय को मजबूत बनाने का काम करती थीं।

अन्य सितारों के बच्चों के उलट, जिनके मां-पिता की ख्याति के कारण उनको स्कूल और सामाजिक जीवन में आगे बढ़ने में मदद मिलती थी, संजय की पारिवारिक पृष्ठभूमि उनके लिए एक बोझ की तरह थी। 'शुरुआत में पहले दो साल तक मुझे 30 जोड़े सफेद जूते रोज़ पॉलिश करने होते थे। यह सब सिर्फ इसलिए क्योंकि मैं सुनील दत्त का बेटा था। मैं रोज़ 15-20 सीनियर विद्यार्थियों के बिस्तर ठीक किया करता था,' संजय ने एक इंटरव्यू में कहा।[4] उन्होंने डरते हुए नरगिस को यह बताया कि डॉरमेट्री में एक लड़का उसको छेड़ता और चिढ़ाता था क्योंकि 'तुम्हारी मां एक अभिनेत्री है और तुम एक अभिनेता के बेटे हो।' संजय ने यह कहा कि उनको डर लग रहा था कि वह बदमाश और दूसरे बच्चे उसकी पिटाई कर सकते थे। वे उनको गालियां देते थे और धमकाते थे कि वे नरगिस, सुनील और बहनों के साथ भी हिंसा करेंगे।

उस दिन नरगिस ने लिखा, 'संजय बहुत घबराया हुआ था। वह मेरे साथ वापस जाना चाहता था...उन्होंने उससे कहा था कि अगर तुम्हारी बहन मेरी जितनी बड़ी है तो तुम उसको यहां लेकर क्यों नहीं आते। हम उसके साथ कुछ करना चाहेंगे और उन्होंने उसको डरा दिया था. ..वह लगातार यह कहता रहा कि मम्मा प्लीज़ मुझे यहां से ले चलो, मुझे यह स्कूल पसंद नहीं है, मुझे वापस कैथेड्रल में डाल दीजिए, मुझे दोबारा क्लास फाइव में पढ़ना पड़े तब भी मुझे किसी तरह की परेशानी

नहीं थी...वो एक तरह से गिड़गिड़ा रहा था कि मैं उसको वहां छोड़ कर न जाऊं।'[5]

लेकिन नरगिस और सुनील ने उसको सांत्वना दिलाते हुए यह कहा कि वह सब होस्टल के मुश्किल जीवन का हिस्सा था और उसको उनसे निबटना आना चाहिए और अपनी लड़ाई खुद लड़नी चाहिए। जब उनको यह बात लग गई कि अतीत में उन्होंने जो बदमाशियां की थीं उसकी एक बड़ी सज़ा के रूप में उनको सनावर में रखा गया था, तब संजय अपनी चिट्ठियों में नरगिस और सुनील दत्त से माफ़ी मांगते थे। वह लिखते, 'मैंने आप लोगों को परेशान किया इसके लिए मुझे माफ़ कर दीजिए और मैंने आपकी बातों का जवाब दिया इसके एक बार और माफ़ी मांगता हूं।' लेकिन कुछ समय के बाद संजय अपने पिता से इस बात के लिए नाराज़गी दिखाने लगे कि उन्होंने उनको पढ़ने के लिए सनावर भेज दिया। उन्होंने बाद में कहा, 'इसके कारण मैं उनसे नफरत करता था। मुझे अपने ऊपर इतना अफ़सोस होता था कि मुझे सच में ऐसा लगने लगा जैसे मैं अपने मां-पापा की असली संतान ही नहीं था।'[6]

संजय के लिए, उनका स्टार परिवार में जन्म लेना उनके लिए एक अभिशाप जैसा ही था, और जब भी उनके मां-पापा के बारे में अखबारों में छपता था, उनको बदमाश लड़कों के ताने झेलने पड़ते थे। 1970 के दशक के आरंभिक वर्षों में जब राज कपूर की फिल्म *बॉबी* की चारों तरफ चर्चा थी, तब यह अफवाह फैली हुई थी कि उसमें ऋषि कपूर की हीरोइन डिंपल कपाड़िया, जिनकी वो पहली फिल्म थी, असल में नरगिस और राज कपूर के प्रेम की निशानी यानी उनकी बेटी थीं। युवा डिंपल काफी कुछ नरगिस जैसी दिखती थीं। इस अफवाह का जवाब उन लोगों ने चुप रहते हुए ही दिया जिनके नाम इसमें आए थे लेकिन यह अफवाह फैलती रही। सनावर के कुछ बदमाश सीनियर विद्यार्थियों के लिए यह एक ऐसा मसाला था जिसको लेकर वो संजय को और परेशान करते थे। संजय के बाल मन के लिए यह एक और गहरा घाव था।

जब यह अफवाह ख़त्म होने का नाम ही नहीं ले रही थी तो नरगिस ने एक इंटरव्यू देकर धुंध को साफ़ करने की कोशिश की : 'कैसे, कब और क्यों इस तरह की अफवाह शुरू हुई मुझे इसकी ज़रा सी भी भनक नहीं है। मैं बस यही कह सकती हूं कि जिसने भी यह अफवाह उड़ाई उसका दिमाग गंदा और सड़ा हुआ है। सिर्फ इसलिए कि राज कपूर ने उस तरह डिंपल की कल्पना 'बॉबी' के रूप में की है जिस तरह से मैंने *आवारा* में भूमिका की थी और चूंकि थोड़ी-बहुत समानताएं हैं। यह इसके लिए पर्याप्त आधार नहीं है कि ऐसे बेवकूफी भरे नतीजे निकाले जाएं। भगवान न करे, लेकिन अगर ऐसा रहा होता तो मैंने अपनी बेटी को कभी छोड़ा नहीं होता। डिंपल बहुत होशियार लड़की है कि उसने इस तरह की बातों को एक बड़े मज़ाक की तरह लिया। जहां तक मेरी और मेरे परिवार की बात है तो मेरे पति ने इन बातों को नज़रअंदाज़ किया, और मेरी बेटियों ने हंसी में उड़ा दिया। संजय को इससे बहुत चोट पहुंची, लेकिन वह इससे निकल आएगा। मैं इस बारे में बात करके इस को तवज्जो नहीं देना चाहती। मैं इस तरह की घटिया अफ़वाहों को हवा देना नहीं चाहती। मैं चाहती हूं कि यह स्वाभाविक रूप से अपनी मौत मर जाए।'[7]

*

समय के साथ संजय सनावर के रंग में ढल गए। स्कूल जाने के पांच साल बाद संजय ने नरगिस को लिखे पत्र में यह लिखा कि वह स्कूल कभी छोड़ना नहीं चाहते। अपने क्लास के कई अन्य विद्यार्थियों की तरह संजय भी पायलट बनना चाहते थे। संजय द्वारा मां को लिखी जाने वाली चिट्ठियों में बदलाव आने लगा था। पहले जहां उनकी चिट्ठियों में इस बात की गुज़ारिश होती थी कि उनको सनावर से ले जाया जाए, वहीं अब उनमें ज़रूरी तौर पर खरीदे जाने वाले सामान की सूची होने लगी।

अपने पिता को लिखे एक पत्र में, जो विदेश जा रहे थे, संजय

ने अगस्त 1974 में लिखा, 'मुझे वहां से कुछ चीज़ें चाहिए।' उस सूची में शामिल चीज़ें थीं—हील वाले जूते, लेवाइस की जींस और शॉर्ट जैकेट, मोहरी वाली पैंट, पॉकेट ट्रांज़िस्टर, एक घड़ी, पिंक फ्लॉयड, एलिस कूपर, ब्लैक सब्बाथ, डीप पर्पल, जेथ्रो टूल और द डोर्स के नए रेकॉड्र्स।

लेकिन संजय जहां भावनात्मक और सामाजिक तौर पर बेहतर होते जा रहे थे, वहीं स्कूल में उनका प्रदर्शन निर्णायक रूप से औसत से कमतर हो रहा था। ऐसा लगता था जैसे उनकी दिलचस्पी सिर्फ 'मौजमस्ती' में ही रह गई थी।[8] जब एक बार नरगिस स्कूल गईं तो संजय की क्लास टीचर मिस नायडू ने उनसे कहा, 'संजय पढ़ाई में कमज़ोर है, अगर वह कोशिश करे तो वह बेहतर हो सकता है, लेकिन वह एकाग्र नहीं होता है और क्लास में लगातार सपने देखता रहता है—अपना काम पूरा नहीं करता है और लिखने के काम में उसको मुश्किल होती है।'[9] नरगिस इस बात को लेकर बहुत बेचैन थीं कि संजय पढ़ाई के ऊपर ध्यान लगाए, इसलिए उन्होंने संजय को लिखा : 'तुमको पता है कि तुम मेरे एकमात्र बेटे हो और तुमसे हमें बड़ी उम्मीदें हैं। तुमको खूब मन लगाकर पढ़ना चाहिए जिससे तुम खूब बड़े आदमी बनो और बुढ़ापे में हमारा ध्यान रख सको...प्लीज संजय मेरे लिए अपनी पढ़ाई के ऊपर ध्यान दो, अपनी मां के लिए तुमको यह करना ही चाहिए।'[10] सुनील दत्त ने भी संजय दत्त से यह कहा कि अगर वे वैज्ञानिक या एस्ट्रोनॉट बनना चाहते हैं तो उनको अपना ध्यान पढ़ाई में लगाना चाहिए।

लेकिन सुनील दत्त और नरगिस को संजय की वास्तविकता के बारे में कुछ भी पता नहीं था। जब संजय सनावर में रच बस गए तो संजय के अंदर जो शरारती बालक था वह फिर से उभरने लगा। नियम-कायदों को आजमाने की चाहत एक बार फिर जाग गई थी। पहले से बड़े संजय अब एक खतरनाक रास्ते पर चल रहे थे।

*

इधर संजय बोर्डिंग स्कूल के उतार-चढ़ाव से गुज़र रहे थे, वहीं दत्त परिवार की ज़िंदगी मुश्किल भरी करवट लेने वाली थी।

1971 में सुनील दत्त ने *रेशमा और शेरा* बनाने की योजना बनाई, इस फिल्म को वे जल्दी बनाना चाहते थे। दत्त परिवार के लिए यह फैसला फंसने वाला साबित हुआ। सुनील दत्त ने बड़े दुस्साहसी तरीके से इस बात की घोषणा की कि फिल्म की शूटिंग 15 दिनों में पूरी हो जाएगी और फिल्म की शूटिंग राजस्थान के दूर-दराज के गांव में होने वाली थी। फिल्म का निर्देशन एस. सुखदेव को करना था, तथा फिल्म में मुख्य भूमिका सुनील दत्त और वहीदा रहमान की होने वाली थी। फिल्म की पूरी यूनिट करीब 100 लोगों की थी, जिनमें फिल्म के हीरो-हीरोइन के अलावा राखी, विनोद खन्ना और नए अभिनेता अमिताभ बच्चन भी थे। सभी लोग पोचिना नामक एक छोटे से गांव में तंबुओं में रह रहे थे। गांव के सबसे नज़दीक जो बड़ा शहर था वह जैसलमेर था और वह उस गांव से 80 किलोमीटर की दूरी पर था। जब सुनील दत्त *रेशमा और शेरा* की शूटिंग में व्यस्त थे उस समय नरगिस अपने बंगले के परिसर में प्रीव्यू थिएटर बनवाने में व्यस्त थीं—जिसे फिल्म निर्माता डबिंग एवं फिल्म दिखाने के लिए किराए पर ले सकें।

जब 12 साल के संजय छुट्टियों में स्कूल से घर आए तो वे अपने पिता से मिलने के लिए राजस्थान में उनके फिल्म के सेट पर गए। अचानक ही सुनील ने अपने बेटे से फिल्माई जा रही कव्वाली 'ज़ालिम शराब में यह क्या मिला दिया' में मुख्य कव्वाल सुधीर लूथरा के साथ परदे पर आने के लिए कहा। अपनी पहली फिल्म में जूनियर कव्वाल के रूप में संजय प्यारे लगते हैं—और आत्मविश्वास से भरपूर भी। सुनील दत्त संजय के प्रदर्शन से इतने प्रभावित हो गए थे कि वे संजय को मज़ाक में 'चमेली जान' कहने लगे। असल में, उसके बाद से पिता जब अपने बेटे को लिखते तो उसकी शुरुआत 'डियर चमेली जान' से शुरू होती।

लेकिन जब अधिकतर फिल्म की शूटिंग हो गई और सुनील दत्त ने रशेज यानी फिल्म की शूटिंग के हिस्से देखे तो उनको बहुत निराशा हुई। सुनील दत्त ने सुखदेव को हटा कर फिल्म के निर्देशन की ज़िम्मेदारी अपने ऊपर ले ली और पूरी फिल्म को दोबारा शूट करने का फैसला किया। अंत में, फिल्म क्रू को दो महीने तक शूटिंग के लिए रहना पड़ा जबकि आकलन पंद्रह दिनों का था। 'मैंने बहुत खर्च करके पूरी फिल्म को दोबारा शूट किया। आखिरकार, जब फिल्म पूरी हुई तो मेरे ऊपर करीब 60 लाख का कर्ज चढ़ गया...पांच महीने तक मैंने अभिनय भी नहीं किया,' सुनील ने बताया।[11]

रेशमा और शेरा फिल्म 1971 में रिलीज हुई। इस खूबसूरत फिल्म को तीन राष्ट्रीय पुरस्कार तो मिले लेकिन बॉक्स ऑफिस पर यह फिल्म बुरी तरह असफल रही। दत्त परिवार अचानक बुरी तरह से आर्थिक संकट में घिर गया। जब वक़्त बदला और पैसे ख़त्म हो गए तो दत्त परिवार के घर आने वालों की तादाद भी कम होने लगी। 42 साल के सुनील दत्त को तीन बच्चों और पत्नी की ज़िम्मेदारी उठानी थी। सुनील दत्त ने सालों पहले शरणार्थी होने का दुख झेला था, अब एक बार फिर से वो शून्य पर आ गए थे। 'मेरे पास पैसे नहीं थे। मेरे पास सात गाड़ियां थीं, एक को छोड़कर सभी बिक गईं। उस एक से मुझे अपनी बेटियों को स्कूल छोड़ने जाना होता था। मेरा घर गिरवी था। मैं बस में चलने लगा। मुझे अक्सर यह बात सुनने को मिलती थी : क्यूं, सुनील दत्त? सब ख़तम हो गया तेरा? अभी बस में जाना शुरू कर दिया?'[12]

दत्त परिवार के लिए किस्मत की बात यह रही कि नरगिस ने बंगले में प्रीव्यू थिएटर बनवा लिया था। वे लोग डबिंग और फिल्मों की स्क्रीनिंग के लिए उसे किराए पर देने लगे। कंगाली के उन दिनों में परिवार का खर्चा इसी से चलने लगा। नरगिस और सुनील दत्त ने कोशिश यह की कि उनके इन हालात का असर उनके बच्चों के ऊपर

न पड़े लेकिन फिर भी अगले दो साल बड़े भारी रहे। हालांकि संजय बोर्डिंग स्कूल में थे लेकिन परिवार की स्थिति उनसे छुपी हुई नहीं थी। उन दो सालों के दौरान जब वे छुट्टियों में घर आते थे, तो वे देखते थे कि परिवार को चलाए रखने के लिए उनके पिता काम में डूबे रहते थे और माहौल में तनाव का उनको अहसास हो जाता था। संजय के एक क्लासमेट ने एक चिट्ठी को याद करते हुए बताया जिसमें नरगिस ने संजय को यह समझाया था कि परिवार आर्थिक संकट के काल से गुज़र रहा था और वे उस साल विदेश में छुट्टी मनाने जाने का खर्चा नहीं उठा सकते थे। नम्रता ने याद करते हुए कहा, 'इस दौर में वे कुछ भी अतिरिक्त खर्च बर्दाश्त नहीं कर सकते थे, लेकिन वे हमें यह नहीं बताना चाहते थे कि हमारा घर गिरवी था। यह पिता के जीवन का अंधेरा दौर था।'[13]

लेकिन बुरे से बुरे दौर में भी उम्मीद की किरण दिखाई दे ही जाती है। घर में साहसी नरगिस ने सबका हौसला बनाए रखा। *मदर इंडिया* के अंदाज में उन्होंने सबका उत्साह बनाए रखा। किसी जमाने में बॉलीवुड की सुपर स्टार रहीं नरगिस एक गुल्लक में पैसे रखती थीं। नम्रता ने एक दिन याद करते हुए कहा, 'डैड ने हमें बताया...वे सच में कंगाल हो गए थे और उनके पास घर के खर्चे के लिए भी पैसे नहीं थे। मम्मी ने गुल्लक खोला और सभी सिक्कों को बिस्तर पर बिखेर दिया और उनको गिनने में लग गईं। खुले पैसे इतने अधिक थे कि गिनने में कई घंटे लग गए, लेकिन उनको इस बात की जानकारी से खुशी हुई कि अब उनके पास इतने पैसे आ गए थे कि अगले 30 दिनों का खर्च चल सकता था। मुझे लगता है कि उनके इसी सकारात्मक रुख के कारण हममें से किसी को भी इस बात का अनुभव नहीं हुआ कि हमारे मां-पापा उस समय सच में बुरे दौर से गुज़र रहे थे।'[14]

अंत में, उस कठिनाई से भरे दो साल बाद भाग्य का चक्र घूमने

लगा। 1973 के बाद से सुनील दत्त ने कई ऐसी फिल्मों में काम किया जो बॉक्स ऑफिस पर कामयाब रहीं *हीरा* (1973), *गीता मेरा नाम* (1974), *प्राण जाए पर वचन न जाए* (1974) और *नहले पर दहला* (1976)। जबकि दत्त परिवार की ज़िंदगी पटरी पर लौट आई थी, दत्त जूनियर भी सनावर में अपनी पढ़ाई को पूरा करने के अंतिम दौर में थे।

5

बदमाश बच्चा

'जब मैं सीनियर हुआ तो मैं भी उनकी तरह हो गया...बदमाश! मैं बहुत बदमाश था। हम अक्सर नियमों को तोड़ देते थे, हम भागकर कसौली के पास जाबली गांव जाते थे, और मैं वहां से ठर्रा (देसी शराब) खरीद लेता था, शराब पीता, सिगरेट पीता...सब कुछ करता। मैंने बहुत सारे लोगों को बर्बाद कर दिया,' संजय लॉरेंस स्कूल के दिनों की मौजमस्ती को याद करते हुए हंसने लगते हैं।[1]

वह संजय, जो पहली बार सनावर आने के समय उदास आंखों वाला, दुखी दिखने वाला और संकोची लगता था, अब बहुत हृष्ट-पुष्ट था। संजय अपने पिता की तरह लंबे, खूबसूरत नौजवान बने, और उसके नैन नक्श अपनी मां की तरह भावपूर्ण थे और आंखें गहरी। समय के साथ उन्होंने बोर्डिंग स्कूल के तौर-तरीके सीख लिए। वैसे तो वह दिल के नरम और संवेदनशील थे, लेकिन अपने आपको बचाने के लिए उन्होंने बदमाश बच्चों से दोस्ती कर ली। उनके सुंदर नैन नक्श और आकर्षक व्यक्तित्व का जादू स्कूल की लड़कियों के ऊपर चल गया। 'वहां वैसी लड़कियां थीं, पता है न हम सब जब बड़े हो रहे होते हैं तो कैसे होते हैं—किसी पर दिल आ जाना, प्रेम पत्र। मैंने बहुत सारे प्रेम पत्र लिखे'[2],

संजय ने याद करते हुए कहा। स्कूल के एक जूनियर संजीत सिंह बाला उन दिनों संजय की लोकप्रियता को याद करते हैं, 'सब संजय से जलते थे क्योंकि सबसे अधिक लड़कियां उसके पीछे भागती रहती थीं। बाकी हम लोगों को ऐसा लगता था जैसे इस मामले में हम किसी लायक नहीं थे।[3]

संजय को नियम तोड़ना और हदों की परीक्षा लेना पसंद था। स्कूल में संजय के जूनियर रहे, फिल्मकार अपूर्व लखिया ने कहा, 'जब मैंने उनको (संजय को) पहली बार देखा तब वे बारहवीं कक्षा में थे और मैं कक्षा छह में। हम सभी उनको उनके मशहूर मां-पापा के कारण जानते थे। स्कूल में भी उनकी छवि बहुत बड़ी थी। अभी वे जिस तरह के हैं, तब भी वे किसी बात की परवाह नहीं करते थे और जो जी में आता था करते थे।'[4] एक और जूनियर ने बताया कि पंद्रह साल की उम्र में संजय को महज लड़ाई करने के लिए स्कूल प्रशासन के साथ भिड़ने में मज़ा आता था, जिसके कारण वे सनावर में अक्सर परेशानी में आ जाते थे। संजय को बिगड़ैल बच्चे की तरह देखा जाता था, जो स्कूल के अध्यापकों के लिए लगातार सरदर्द और परेशानी का कारण बने रहते थे, जो उनको सज़ा देने में किसी तरह की कंजूसी नहीं करते थे। बाला ने आगे कहा, 'सज़ाएं तो हम सभी को मिलती थीं, लेकिन उनको कुछ अधिक ही मिलती थी।'

सनावर में जिस तरह की सज़ाएं मिलती थीं वे बहुत मशहूर और रचनात्मक किस्म की होती थीं।[5] संजय ने याद करते हुए बताया कि एक बार उप प्राचार्य श्री बी. सिंह ने उनको रात में एक लड़की के साथ कोई मज़ाक करते हुए देख लिया। उन्होंने संजय को बुलाया और पूछा, 'तुम उस लड़की के साथ क्या कर रहे थे?'

संजय ने जवाब दिया, 'नहीं सर, मैं कुछ नहीं कर रहा था।'

'चुप हो जाओ। सुबह मुझसे आकर मिलो।'

अगले दिन उप प्राचार्य ने संजय को दो थप्पड़ लगाए। उसके बाद

उन्होंने जो सज़ा दी वह लॉरेंस स्कूल की प्रसिद्ध सज़ा बन गई। संजय ने याद करते हुए कहा, 'उन्होंने कहा, "अपने कंधे पर राइफल रखकर ज़मीन पर रेंगते हुए चलो... कीड़े की तरह।" इस तरह मैंने सिर्फ एक लड़की के साथ खेलने के कारण पंद्रह दिनों तक ऐसा किया।' बाला के अनुसार, 'उसको अपनी पीठ पर राइफल रखकर पक्की सड़क पर रेंगना पड़ता था। वह सोलह साल का था...वो सज़ा बहुत मुश्किल थी। उसके खून बहने लगा था।'

इस सज़ा का ज़िक्र लेखक सुकेतु मेहता की मशहूर किताब *मैक्सिमम सिटी* में भी आया है। कुछ लोगों का ऐसा मानना है कि संजय दत्त को सनावर में अध्यापकों के हाथों इसलिए इतनी क्रूर सज़ाएं भुगतनी पड़ीं क्योंकि वे सुनील दत्त और नरगिस के बेटे थे। मेहता के मुताबिक़, 'अध्यापकों को दुनिया के सामने यह साबित करना था कि वे उसकी पृष्ठभूमि से कोई ख़ास प्रभावित नहीं थे। उनमें ऐसी शक्ति थी कि वे बंबई की फ़िल्मी दुनिया से जुड़े लड़के की भी पिटाई कर सकते थे; वह अपने आप को समझता क्या है? एक बार किसी छोटी सी गलती पर एक अध्यापक ने उनसे यह कहा कि वे पथरीली ढलान पर अपने पंजों और घुटनों के बल चलें। उनकी हथेलियों और घुटनों की चमड़ी छिल गई। अगले दिन अध्यापक ने घाव की पट्टियों को हटाया और उनसे उसी ढलान पर फिर से उसी तरह रेंगने के लिए कहा गया।'[6] बाला ने बताया कि आमतौर पर संजय के मां-पापा कभी नरमी बरतने के लिए आग्रह नहीं करते थे, लेकिन इस मामले में, जब सज़ा कई दिनों तक जारी रही तो उनको मजबूर होकर हस्तक्षेप करना पड़ा।

यह कहना कि सनावर में अनुशासन बहुत सख्त था, बात को कम करके कहना ही होगा। सुकेतु मेहता ने एक और हैरान कर देने वाली घटना के बारे में लिखा है, जिसमें संजय दत्त को इतनी बुरी तरह से मारा गया था कि उनको गैंग्रीन हो गया। उनके मां-पापा को उनको दिल्ली के एक अस्पताल में भर्ती करवाना पड़ गया।[7] चाहे सज़ा कितनी भी

सख़्त रही हो संजय ने उसको अपने ऊपर लिया और दूसरों पर इल्ज़ाम नहीं लगाया। उनके दोस्त और सहपाठी विजय परमार के अनुसार वे अपने दोस्तों के साथ खड़े होने वाले इंसान हैं और कभी इधर की उधर नहीं करते।[8] जिसके कारण अक्सर संजय को दूसरों के कसूर की सज़ा भुगतनी पड़ जाती थी। उनके एक नज़दीकी सहयोगी के अनुसार उनका यह ऐसा उसूल है जिसका वे आज तक पालन करते हैं। वे हद से बढ़कर विश्वसनीय हैं।

ऐसा नहीं है कि सब कुछ कठोर, भयानक ही था। वहां कुछ ख़ुशी से भरपूर, उन्मुक्त दिन भी बीते। संजय ने सनावर में कुछ लंबे समय तक चलने वाली दोस्तियां कीं। उन ख़ुशगवार दिनों को याद करते हुए वह कहते हैं : 'हम स्कूल से निकल जाते थे और पहाड़ों पर नीचे उतरकर जाते और बन-समोसा खाकर वापस आ जाते थे।' और, जैसा कि पहले ही बताया जा चुका है कि हमेशा चाय की दुकान से ही खाने-पीने के सामान नहीं खरीदे जाते थे : संजय को दो रुपए का जो साप्ताहिक भत्ता मिलता था उससे पीने की कुछ दूसरी तरह की चीज़ें खरीदते। वह और उनके दोस्त 'जाबली जाते और देसी दारू लेकर आते, उसी तरह की चीज़ें।' कभी इतवार को वे पास में कसौली चले जाते, या किसी दिन स्कूल से बिना बताए गायब हो जाते थे और फिल्म देखते।

संजय ने अपने मां-पापा की ज़िंदगी में कभी चैन नहीं पड़ने दिया। वे लगातार एक बिगड़ैल बच्चे बने रहे। 'वह पक्का नाटकबाज़ था,' दिल्ली में रहने वाली नरगिस की एक दोस्त का कहना था।[9] सनावर जाते समय दत्त दंपती उनके यहां ठहरते थे। संजय कई बार ज़िद ठान लेते थे कि उनको एक और दिन दिल्ली में रहने दिया जाए। नरगिस जब हार मान जाती थीं तब अचानक उनका मूड बदल जाता और वह मस्ती करने लगते। एक पल पहले गुस्से में दिखाई देने वाला लड़का अगले ही पल कहता कि वह बाहर जाकर खाना चाहता है, फिल्म भी देखना चाहता है।

जब संजय के अनुशासन पसंद पिता की बात आती तो ज़ाहिर है उसकी नहीं चल पाती थी। एक बार जब नरगिस विदेश यात्रा पर थीं तो संजय स्कूल से भाग कर नरगिस की उन्हीं दोस्त के यहां आ गए, उन्होंने बहाना बनाया कि उनको चोट लग गई थी और उनके पास पैसे नहीं थे। उन्होंने सोचा कि चूंकि उनकी मां तो थीं नहीं इसलिए उनकी दोस्त उनसे संपर्क करने की कोशिश नहीं करेंगी। नरगिस की दोस्त ने सीधे सुनील दत्त को फोन कर दिया, सुनकर वो गुस्सा हुए और फ्लाइट लेकर दिल्ली आ गए। संजय अपने पापा की फिल्म *नहले पे दहला* देखने गए हुए थे। जब वे घर लौटे और जब उन्होंने देखा कि उनके पापा उनका इंतज़ार कर रहे थे तो वे अवाक रह गए। अगर नरगिस रही होतीं तो हो सकता है उन्होंने संजय से लाड़ जताया होता, लेकिन सुनील दत्त ने सख़्ती दिखाते हुए संजय को फौरन स्कूल वापस भेज दिया।

संजय जब बड़े हुए तो और भी जिद्दी होते गए। बेहद लाड़ के बावजूद नरगिस उनके नखरों और उनकी मांगों से दुखी रहने लगी थीं। वो चाहती थीं कि संजू अपनी ज़िम्मेदारियों को समझें। कई बार वो परेशान होकर रोने लगतीं और कहतीं, 'यह मुझे मार डालेगा। एक दिन यह मुझे मार डालेगा।'[10]

6
घर वापसी

संजय ने अपनी अब तक की आधी उम्र लॉरेंस स्कूल में गुजारते हुए, 1977 में पढ़ाई पूरी कर ली। वह 18 साल के नौजवान हो चुके थे और मुंबई में अनंत संभावनाएं उनका इंतज़ार कर रही थीं। इस बीच, देश में इंदिरा गांधी ने उसी साल मार्च में आम चुनावों की घोषणा कर दी, और इमरजेंसी की ज़्यादतियों के कारण उनकी बुरी तरह हार हुई। इसके बाद, इंदिरा गांधी के थोड़े से ही 'विश्वस्त' लोग उनके साथ रह गए थे। उनमें से सुनील और नरगिस भी थे, जिन्होंने चुनावों में श्रीमती गांधी के लिए प्रचार भी किया था। सोनिया गांधी के अनुसार, 'जब मेरी सासू मां सत्ता से बाहर हो गईं और जब उनको पीड़ित किया जा रहा था, उनको अपमानित किया जा रहा था तब भी सुनील दत्त उनके साथ खड़े रहे, ऐसे समय में जब अधिकतर लोग उनका साथ छोड़ रहे थे।'[1] इस दौरान, सुनील दत्त का मन भी फिल्मों से ऊबने लगा था और वे राजनीति में आने का सपना देखने लगे थे, जबकि नरगिस हमेशा से सक्रिय रूप से समाज सेवा में लगी रहती थीं।

'जब मैं घर लौटकर आया तो सब कुछ सचमुच में बदल चुका था,' संजय दत्त याद करते हुए कहते हैं। उनकी बहनें बड़ी हो चुकी

थीं, उनकी मां बुज़ुर्ग हो चुकी थीं और समाज सेवा में डूबी हुई थीं, और उनके पिता हमेशा की तरह फिल्मों में व्यस्त थे। संजय अब घर के केंद्र में नहीं रह गए थे, अब वे एक ऐसे बेटे नहीं रह गए थे जिसके आसपास सब कुछ केंद्रित हो। बल्कि, सबकी अपनी अपनी ज़िंदगी थी और संजय को उसी में अपनी जगह बनानी थी।

संजय को जहां इस बात की कमी खलती थी कि अब वे सब लोगों के ध्यान के केंद्र में नहीं थे, वहीं उस आज़ादी की कमी भी खलती थी, जो उन्हें बोर्डिंग स्कूल में रहते हुए हासिल थी। मां-बाप की लगातार टोका-टाकी से उनको चिढ़ भी होती थी। वो अक्सर सोचते थे, 'मेरे मां-पापा मुझे ये या वो करने के लिए क्यों कहते हैं?'[2] सनावर में उनको एक आत्मनिर्भर युवा के रूप में तैयार किया गया था, जबकि घर में सभी उनको बच्चे की तरह ही देखते थे। 'सनावर में आप पर हर बात की ज़िम्मेदारी थी और अचानक आप घर आते हैं तो पाते हैं कि वहां मां-पापा के सख्त नियम हैं। छह बजे के बाद बाहर मत जाओ! डिनर परिवार के साथ करो! दस बजते ही सोने के लिए चले जाओ! अब आप सनावर में सालों रहे हों, पहले से ही वहां बहुत सारे कायदे तोड़ चुके हों...(आप) घर में भी कायदे तोड़ने शुरू कर देते हैं। आप विद्रोही हो जाते हैं।'

*

बीए की डिग्री के लिए संजय का दाखिला एल्फिन्स्टन कॉलेज में करवाया गया। उनके पापा इस बात के लिए अड़े हुए थे कि चाहे संजय जो भी करना चाहते हों, उनको पहले डिग्री लेनी थी। लेकिन पढ़ाई में संजय की किसी तरह की दिलचस्पी नहीं थी। वह स्टार के बेटे होने की सारी सुविधाओं को उठाते हुए आराम का जीवन जीना चाहते थे। उन दिनों संजय के एक दोस्त ने बताया कि वे नए-नए बने होटल ओबेरॉय के डिस्कोथेक सेलार में अक्सर जाते थे, रॉक संगीत के कार्यक्रमों में जाते

थे और फ़िल्में देखते थे। जहांगीर आर्ट गैलरी के कैफे में भी वो अक्सर देखे जाते थे। स्कूल की ही तरह कॉलेज में पढ़ाई में उनकी ख़ास रुचि नहीं थी। उनके प्रोफेसरों का दावा है कि एल्फिन्स्टन कॉलेज में पूरे अकादमिक वर्ष के दौरान उन्होंने उनको बस एक बार देखा था।[3]

संजय हमेशा से कुछ बेकाबू किस्म के थे, लेकिन जब वे मुंबई में अपने घर आ गए तो वे इसको एक स्तर और आगे ले गए। 'मैं एक साल कॉलेज गया। वहीं यह सब शुरू हुआ। मैं ड्रग्स लेने लगा,' संजय कहते हैं।[4] पीछे मुड़कर देखने पर संजय अपनी इस जीवन शैली का हिस्सा बनने के लिए कुछ हद तक अपने दोस्तों को ज़िम्मेदार मानते हैं : 'कॉलेज में मैं ड्रग्स लेने लगा। वहां बात ऐसी थी कि अगर आप नहीं लेते तो आपको कोई कुछ नहीं समझता। इसलिए, मैंने लेना शुरू कर दिया, लेकिन मुझे आदत पड़ गई...'[5] एक अन्य इंटरव्यू में संजय ने कहा, 'मैं कॉलेज में उनमें से कुछ लड़कों से मिला और उन्होंने कहा कि यह लेकर देखो। उन्होंने कोई पाउडर निकाला और कागज़ पर रखते हुए बोले कि आपको इसको पीना पड़ेगा। जब शुरू-शुरू में मैंने पीया तो मैं बीमार जैसा महसूस करने लगा। मैं अपनी हिचक को तोड़ने के लिए लेना चाहता था।'[6]

उन दिनों मुंबई में ड्रग्स का चलन बढ़ रहा था, और ज़्यादातर लोगों को इस बारे में अच्छी तरह से पता नहीं था कि उसके क्या दुष्प्रभाव पड़ते थे। संजय ने मारिजुआना (गांजा) के साथ प्रयोग महज इसलिए शुरू किया था ताकि वह भी कुछ दिख सकें लेकिन जल्दी ही वे उसके बुरी तरह आदी हो गए। समय के साथ संजय हेरोइन, कोकीन, एलएसडी या एसिड लेने लगे। उनके मुताबिक़, 'जितने तरह के ड्रग्स के नाम आपने सुने हों मैंने सभी लिए। लेकिन मैं कोकीन और हेरोइन लेना पसंद करता था। आप कोकीन को सूंघकर लेते हैं, आप हीरोइन को पीकर ले सकते हैं, आप उसको सूई से इंजेक्ट भी कर सकते हैं। आधे समय तो मैं बाथरूम में ही घुसा रहता था।'[7]

नरगिस का ध्यान अपने बेटे में तेज़ी से आ रहे नाटकीय बदलावों की तरफ गया। वो बड़े भोलेपन से संजय के कमरे से आ रही 'अगरबत्ती की गंध' के बारे में पूछती थीं—उनको इस बात का कोई अंदाज़ा नहीं था कि यह मारिजुआना की गंध थी। नरगिस लगातार यह सोचती रहती थीं कि उनका लड़का देर-देर तक कमरे में बंद क्यों रहता है। उसके ये नए दोस्त कौन हैं? उनको पता था कि कहीं कुछ गड़बड़ थी। लेकिन वह जब भी संजय से बात करने की कोशिश करती थीं तो वह उनके डर को खारिज कर देते और कहते कि सब कुछ बढ़िया था।

भोली और न समझने वाली नरगिस अपने बेटे को बचाने के लिए झूठ भी बोलती थीं। 1988 में *मूवी* पत्रिका में एक बातचीत में संजय ने एक घटना का ज़िक्र किया है जिससे यह पता चलता है कि नरगिस उनको बचाने के लिए किस हद तक चली जाती थीं :

> हमारे घर में यह अनकहा नियम सा था कि शाम में छह बजने के बाद हमसे यह उम्मीद की नहीं की जाती थी कि हम घर के बाहर रहें। मैं किसी तरह अपनी कार लेकर बाहर निकल जाता था। एक दिन मेरे डैड को इस बारे में पता चल गया। उन्होंने मेरी मां से मेरे बारे में पूछा। बेचारी ने उनसे झूठ बोल दिया कि मैं सो रहा था। डैड बेडरूम में गए और ज़ाहिर है कि मैं वहां नहीं था। वह बिना सोए मेरा इंतज़ार करते रहे। मैं सुबह में करीब तीन बजे आया और चौकीदार को यह हिदायत दी गई थी कि वह मुझे अंदर नहीं आने दे। मुझे लगता है कि मेरे मां-पापा के बीच कहासुनी हुई थी। आखिरकार जब मुझे अंदर आने की इजाज़त मिली, तो गुस्से में मेरे डैड गाड़ी लेकर निकल गए। हम घबरा गए और उनके पीछे गाड़ी लेकर भागे और काफी नाटक हुआ तब हम उनको घर वापस लेकर आ पाए।

संजय में जो बदलाव आ रहे थे उनको सुनील दत्त से छिपाने के लिए नरगिस ने हरसंभव उपाय किए क्योंकि उनको भी अच्छी तरह से

यह समझ में नहीं आ रहा था। लोग जो चाहते हैं उसमें वे यकीन करते हैं, और नरगिस इससे कोई अलग नहीं थीं। इस बात के पूरे प्रमाण के बावजूद कि संजय नशीली दवाओं के लती हो चुके थे, वह संजय के ऊपर भरोसा करती थीं। यहां तक कि जब कोई हितैषी नरगिस से संजय के बारे में बात करने की कोशिश करता तो उनका जवाब तैयार रहता था, 'मेरा बेटा न तो शराब पीता है न ही ड्रग्स लेता है।'[8] प्रिया दत्त के मुताबिक़, नरगिस इस बात का इतनी मज़बूती से खंडन करती थीं कि 'एक बार मैंने मां को अपने एक दोस्त से यह कहते सुना, "जब संजय के दोस्त यहां होते हैं तो संजय का कमरा हमेशा बंद क्यों रहता है? ऐसी क्या बात है? उम्मीद करती हूं वो गे (समलैंगिक) नहीं है।'[9]

सुनील दत्त भी असलियत को नहीं समझ पाए। एक बार जब नशे की झोंक में संजय अपने पापा के साथ डिनर खा रहे थे, उसने उससे पहले ही हेरोइन का नशा किया था। संजय ने याद करते हुए बताया, 'मैं अपनी दाल में ही सो गया यार। मेरे डैड ने कहा, "इसको क्या हो गया यार?" उनको यह बात समझ में नहीं आई कि क्या हो रहा था।'[10] नासमझी, चाहे जानबूझकर हो या किसी और कारण से, खुशी की वजह हो सकती है।

*

कॉलेज में करीब एक साल बिताने के बाद संजय ने यह फैसला किया कि वह पढ़ाई नहीं करेंगे बल्कि अभिनेता बनेंगे। वह याद करते हुए कहते हैं, 'मुझे लगा कि अभिनेता होना कितना आसान है, मैं कॉलेज में जाकर पढ़ाई क्यों करूं? मैंने डैड से यह कह दिया कि मुझे अब पढ़ाई नहीं करनी है। मैं एक्टर बनना चाहता हूं। यह सुनकर वे बड़े दुखी हुए। उन्होंने कहा, "तुमको डिग्री लेनी है, तुम्हें ग्रेजुएट बनना है, मुझे कोई परवाह नहीं...तुमको क्या लगता है कि एंक्टर बनना मज़ाक है?"'[11] लेकिन संजय ने, जो ज़िद्दी थे और उनको अपनी बात मनवाने की आदत थी,

हार नहीं मानी। आखिरकार, थक-हार कर सुनील दत्त ने बेटे की ख्वाहिश के सामने हार मान ली। लेकिन एक शर्त पर : संजय को इस काम को गंभीरता से लेना होगा और एक्टर बनने के लिए प्रशिक्षण लेना होगा। सुनील दत्त का ऐसा मानना था कि एक्टर बनना कोई बच्चों का खेल नहीं था, इसलिए उनको उच्चारण, घुड़सवारी, कराटे, डांस आदि के प्रशिक्षण की ज़रूरत थी–जो बॉलीवुड में हीरो बनने के लिए बुनियादी ज़रूरतें मानी जाती थीं।

अगले साल संजय का प्रशिक्षण शुरू हुआ लेकिन वह रुक-रुक कर आगे बढ़ा। वह ड्रग्स छोड़ नहीं पा रहे थे। संजय की लापरवाही का मतलब यह था कि नरगिस अब और झूठ बोलकर नहीं रह सकती थीं। 'उनको कोकीन या हेरोइन, मारिजुआना और अन्य ड्रग्स के थोड़े बहुत अंश मिलने लगे। इस तरह से उनको इस बारे में पता चला,' वह याद करते हुए बताते हैं।[12] लेकिन जबकि नरगिस को समस्या की गंभीरता का अंदाज़ा हुआ तो उनको यह नहीं समझ में आ रहा था कि इस मामले से किस तरह निपटा जाए। नरगिस की भतीजी रेहाना ने एक इंटरव्यू में बताया, 'पप्पो (बुआ) बहुत दुखी थीं। वह कहती थीं कि मैं संजय से परेशान हो चुकी हूं। देख लेना या तो मैं पागल हो जाऊंगी या यह एक दिन मुझे मार डालेगा।'[13] नरगिस अपने बेटे के ऊपर चिल्लाती थीं और उनको लगता था कि उनके लिए वह अपनी आदत को छोड़ देगा; वह उसको मारती थीं और रोती थीं, लेकिन ड्रग्स के नशे में संजय के ऊपर किसी तरह का प्रभाव नहीं पड़ता था। संजय को किसी पेशेवर की मदद की ज़रूरत थी। हालांकि, नरगिस ने अभी भी अपने पति को यह नहीं बताया था कि उनका बेटा नशे का आदी हो चुका था। 'मिसेज दत्त को संजू के ड्रग्स की आदतों के बारे में पता था लेकिन उन्होंने मुझे बताया नहीं,' सुनील दत्त ने याद करते हुए कहा।[14]

संजय अक्सर लड़ाई-झगड़े करने लगे। उन्होंने बातचीत करना बंद कर दिया और या तो अधिकतर वक्त अपने नशेबाज़ दोस्तों के साथ बिताते

थे या घंटों अपने कमरे में बंद रहते थे। नरगिस को ऐसा लगता था कि फ़िल्मी पेशा रामबाण का काम करेगा और वह जादुई रूप से संजय को नशे की आदत से मुक्त कर देगा। उनको ऐसा लगता था कि संजय की आदतें गलत संगत के कारण आईं और एक बार फिल्मों में आने के बाद वह इतना व्यस्त हो जाएगा कि उनकी आदतें सही हो जाएंगी।

सुनील दत्त को इस बारे में कुछ पता नहीं था कि मामला कितना संगीन था और वे तो संजय की पहली फिल्म की तैयारी कर रहे थे।

7

फिल्मी दुनिया में पहला कदम

1980 के दशक में कई बड़े फ़िल्मी सितारों के बेटों ने फिल्मों में कदम रखा और उन फिल्मों का निर्माण उनके पिताओं द्वारा किया गया था। 1980 के दशक के आरंभ में तीन प्रमुख फ़िल्मी सितारों के बेटों ने फिल्मों में पदार्पण किया : धर्मेन्द्र के बेटे सन्नी देओल, राजेंद्र कुमार के बेटे कुमार गौरव तथा सुनील दत्त के बेटे संजय दत्त ने।

दत्त परिवार में इस बात को लेकर खूब बातें हो रही थीं कि संजय फिल्मी दुनिया में कदम रखने वाले थे। 1978-79 के दौरान सुनील दत्त ने संजय दत्त के लिए प्रशिक्षण की बहुत सख्त योजना बनाई, और नशे के आदी होने के बावजूद संजय ने आखिरकार अपना प्रशिक्षण पूरा कर लिया। इस दौरान संजय की ट्रेनिंग की तस्वीरों को सुनील इकट्ठा करते रहते थे।

1978 के आखिर तक संजय का कड़ा प्रशिक्षण भी पूरा हो गया। कई साल पहले, जब सुनील दत्त बॉलीवुड में अपना मुकाम बना रहे थे, तब निर्देशक रमेश सैगल ने सुनील दत्त को अपनी फिल्म के लिए साइन करने से पहले उनका स्क्रीन टेस्ट लिया था (जब कैमरे के सामने किसी कलाकार को दिए गए दृश्य को करके दिखाना होता है)। सुनील यह

चाहते थे कि संजय भी हीरो बनने से पहले स्क्रीन टेस्ट पास करें।

स्क्रीन टेस्ट खुद सुनील दत्त ने लिया था। जब स्क्रीन टेस्ट के नतीजे आए तो सुनील ने गर्व के साथ नरगिस की भतीजी रेहाना के पति अमरजीत को जोश में आकर फोन किया। अमरजीत एंक मशहूर पीआरओ (पब्लिक रिलेशन ऑफिसर) थे और फिल्म जगत में उनके गहरे संपर्क थे। सुनील ने उनसे बड़े उत्साह के साथ पंजाबी में कहा, 'मेरा मुंडा ता हुण तैयार हो गया है। तू आ ऑडिशन देखन वास्ते।' उस शाम, अमरजीत और रेहाना के सामने संजय ने बॉलीवुड के अलग-अलग अंदाज़ के 15 किरदारों के छोटे-छोटे सीन का अभिनय करके दिखाया—चोर, डाकू, पुलिस इंस्पेक्टर, नवाब, आदि। उन्होंने बड़े आत्मविश्वास के साथ अभिनय किया और सभी अपने प्यारे संजू से बहुत प्रभावित हुए। सुनील ने अमरजीत की तरफ मुड़ते हुए कहा, 'लांच करिए मुंडे नू!' अमरजीत ने जवाब दिया, 'हुण मैं अपना चक्कर चलांदा दत्त साहब। हुण तुसी रेस्ट करो।'[1]

एकदम बॉलीवुड के अंदाज़ में अमरजीत सीधे गुलशन राय से मिलने गए, जो दीवार और त्रिशूल जैसी फिल्मों के सफल निर्माता थे। अमरजीत ने 'सुनील दत्त के मुंडे' की खूब तारीफ़ की और राय से कहा कि वे अपनी अगली फिल्म में उसको ले लें। राय तुरंत तैयार हो गए और उसी समय बातचीत पक्की करने के लिए सुनील दत्त के बंगले की तरफ निकल पड़े।

हाथ में अपनी पसंदीदा व्हिस्की लिए, सुनील दत्त ने संजय को बुलाया और बड़े अंदाज़ के साथ उनको निर्माता से मिलवाया। गुलशन ने संजय का ध्यान से निरीक्षण किया। उनके प्रशिक्षण से जुड़े चित्रों का उन्होंने निरीक्षण किया और मुस्कुराए। 'ठीक है, मैं आपको एक करोड़ रुपए देता हूं (फिल्म बनाने के लिए)। श्री गणेश करते हैं।' *रॉकी* फिल्म का निर्माण, अमरजीत के नालंदा प्रोडक्शंस के बैनर तले किया जाना तय हुआ। ये भी फैसला किया गया कि फिल्म का निर्देशन खुद सुनील दत्त करेंगे और उसे पिता-पुत्र की अनूठी फिल्म के रूप में पेश किया जाएगा।

नरगिस की खुशी का ठिकाना नहीं था। उनका सबसे बड़ा ख़्वाब पूरा हो रहा था। उनका संजू बॉलीवुड हीरो बनने के लिए तैयार था। कुछ परिवारों में, यह परंपरा है कि बेटा अपनी पहली कमाई अपनी मां को देता है। नरगिस मुस्कुराईं और उन्होंने संजय से पहली कमाई के चेक के बारे में पूछा।

संजय ने बिना किसी हिचक के जवाब दिया, 'अपने लिए एक मर्सिडीज़ 450 एसएल ऑटोमैटिक, मम्मा के लिए स्पोर्ट्स कार...और डैड के लिए घड़ी।'

संजय की इस दरियादिली को देखकर नरगिस ने पूछा, 'तुमको क्या लगता है कि तुम अमिताभ बच्चन हो गए हो?'[2]

परिवार सातवें आसमान पर था। संजय ने बड़े लाड़ भरे अंदाज़ में कहा, 'मैं अपनी मां और डैड के साथ फिल्म में काम करना चाहता हूं। मैं अपनी मां को परदे पर अपनी मां के रूप में वापस लेकर आऊंगा।'

'लेकिन बेटे मैं तुम्हारे साथ दो मिनट का रोल नहीं करूंगी।' नरगिस ने हंसते हुए कहा। 'तुम्हारे पापा समझौता कर सकते हैं, लेकिन मैं नहीं। किसी भी पेशेवर काम में नहीं...लेकिन अगर कोई मां केंद्रित फिल्म हो और उसमें तुम्हारा छोटा-सा रोल हो तो मैं इसके बारे में सोच सकती हूं,' नरगिस ने उनकी टांग खींची।[3]

कमरे में मौजूद सभी लोग हंसने लगे। वे सभी सांसें थामे बड़े परदे पर संजय को देखने का इंतज़ार कर रहे थे।

*

रॉकी के मुहूर्त शॉट की तैयारी होने लगी। 1 जनवरी 1979 के दिन बांद्रा के महबूब स्टूडियो में एक शानदार सेट लगाया गया। बहुत सारे फ़िल्मी सितारे सुनील दत्त और नरगिस के बेटे के पहले शॉट के दिन उसको आशीष देने के लिए जुटे थे। फिल्म की हीरोइन टीना मुनीम, और अन्य कलाकार राखी, शक्ति कपूर, अमजद खान और गुलशन ग्रोवर, सभी वहां

मौजूद थे। कई बरसों के बाद भी उस दिन को याद करके सुनील दत्त की आंखें चमक उठीं। 'प्रशिक्षण के दौरान हमने जितने भी फोटोग्राफ उसके लिए थे उनको मुहूर्त के दिन महबूब स्टूडियो में लगा दिया था। दिलीप कुमार साहब और अन्य बड़े सितारे वहां आए थे। जब दिलीप साहब फोटो गैलरी से गुज़र रहे थे तो उन्होंने टिप्पणी की, 'अब मुहूर्त शॉट देखने की कोई ज़रूरत नहीं है। हमने संजय दत्त को देख लिया। यह एक स्टार है।'[4]

दत्त परिवार को सब कुछ सही होता लग रहा था। नरगिस यह दुआ कर रही थीं कि संजय की नई शुरुआत और सफलताएं उनको ड्रग्स से दूर कर देंगी। नरगिस का सामाजिक काम और राजनीतिक जीवन सही चल रहा था। बल्कि, 1980 के आरंभ में नरगिस को संसद के उच्च सदन (राज्य सभा) के लिए नामांकित कर दिया गया था, और इस तरह वो राज्य सभा के लिए मनोनीत होने वाली पहली अभिनेत्री थीं। उस समय नम्रता कॉलेज में थीं और प्रिया स्कूल में। सुनील दत्त का काम भी ठीक चल रहा था। लेकिन स्टूडियो की चमकती रोशनी और चमकदार कपड़ों के पीछे संजय के नशे की लत और भी बुरी होती जा रही थी।

*

1979 में *रॉकी* की शूटिंग की तैयारियां ज़ोर-शोर से चलती रहीं। अपने बेटे के लिए ज़बरदस्त फिल्म बनाने के लिए सुनील दत्त ने किसी तरह की कोई कसर नहीं छोड़ी। जबकि संजय अपनी ही दुनिया में थे। एसिड से उनको खूब नशा चढ़ जाता था। उसके बाद उनका दिमाग सुस्त पड़ जाता था और कई बार तो उनको मतिभ्रम होने लगता था।

संजय उन दिनों की एक मज़ेदार घटना याद करते हैं जो यह बताती है कि सुनील दत्त को अपने बेटे की असली हालत के बारे में कितना कम पता था : 'मैंने थोड़ी-सी एसिड, एलएसडी ले ली थी। उसको पर्पल हेज़ कहा जाता है। यह ऐसा ड्रग है जिसका नशा आपको थोड़ी देर बाद

चढ़ता है।'[5] संजय कमरे में अकेले बैठे हुए थे और नशे के चढ़ने का इंतज़ार कर रहे थे। अचानक घर का फोन बजने लगा। सुनील दत्त के दफ्तर से ऑपरेटर का फोन था। उसने संजय से कहा कि उनके डैड उनसे बात करना चाहते थे। 'उन्होंने कहा कि ऑफिस आ जाओ।' संजय जाने से मना करना चाहते थे, उनको पता था कि अभी एलएसडी का नशा चढ़ने ही वाला था। लेकिन सुनील अड़े हुए थे, उनको संजय से जल्दी से जल्दी मिलना था। शायद वे *रॉकी* की शूटिंग के शेड्यूल के बारे में बात करना चाहते थे।

जब संजय पापा के दफ्तर पहुंचे तब तक एलएसडी ने अपना असर दिखाना शुरू कर दिया था। उस शाम को याद करते हुए संजय ने कहा, 'तो डैड जब मुझसे बात कर रहे थे तब अचानक मुझे हिट हुआ (एलएसडी)। वह मुझसे बात कर रहे थे और मुझे सुनाई दे रहा था 'ऊंऊंऊंऊंऊंऊं...!' मैं खुद से कहता, "संजू तुमको नशा चढ़ रहा है। ज़रा काबू रखो। बस सर हिलाते रहो।" इसलिए मैं सिर हिलाता रहा और उनको सुनता रहा। मुझे बस सुनाई दे रहा था 'आऊंऊंऊंऊं ऊंऊंऊं...!'[6]

मेज़ की दूसरी तरफ सुनील दत्त को ऐसा लग रहा था कि संजय को उनकी बातों में किसी तरह की दिलचस्पी नहीं थी। उसके बाद संजय को मतिभ्रम होने लगा : 'अचानक मैंने यह देखा कि उनके सर से विग निकल गया और उस विग में आग लग गई...और मैं उनको देखते हुए सोच रहा था कि यह सब क्या हो रहा था!' संजय ने याद करते हुए कहा। संजय यह चाहते थे कि इससे पहले कि लपटें उनके पापा को अपनी चपेट में ले लें, वे उनको बचा लें। उनके दिमाग का एक हिस्सा उनसे यह कह रहा था कि वे नशे में थे। लेकिन जल्दी ही वास्तविकता से उनका ध्यान हट गया। अचानक संजय की आंखों के सामने नया दृश्य आ गया—'डैड मोम की तरह पिघलने लगे। वह किसी मोमबत्ती की तरह लग रहे थे।' अब संजय से बर्दाश्त नहीं हुआ। संजय सुनील

दत्त के ऊपर कूद पड़े और उनके 'चेहरे को पिघलने से रोकने की कोशिश' की। वह चिल्ला पड़े, 'डैड! डैड! आप मत मरिए। मत पिघलिए।'

लेकिन बात सुनील की समझ में नहीं आई। अपने बेटे की ये हालत देखकर वो चिंतित हो पंजाबी में चिल्ला पड़े, 'कि होया...कि होया यार मेरे पुत्तर नू?'

संजय बताते हैं, 'उस समय तक किसी को यह नहीं पता था कि ये चीजें क्या हैं। इलाज के लिए भी कोई केंद्र नहीं थे। मेरे पापा को नहीं पता था, मेरी बहनों को नहीं मालूम था, दोस्तों को नहीं मालूम था। किसी को भी नहीं पता था कि यह पाउडर क्या था।' संजय बुरी तरह से नशे की गिरफ्त में आते जा रहे थे। उनको मदद की ज़रूरत थी।

*

लेकिन फिल्म का काम तो होना ही था। *रॉकी* मुख्यधारा की एक्शन ड्रामा फिल्म थी जिसमें बदले की कहानी थी और जिसके प्लाट का अंदाज़ा लगाया जा सकता था। यूनियन नेता शंकर (सुनील दत्त) अपनी पत्नी पार्वती (राखी) और छोटे से बेटे राकेश (बड़े राकेश की भूमिका संजय ने निभाई थी, सुनील दत्त छोटी सी भूमिका में थे, और संजय के साथ उनका कोई सीन नहीं था)। शंकर एक कंस्ट्रक्शन कंपनी में काम करता है, जिसका मालिक रतनलाल (अनवर हुसैन) है। शंकर और रतनलाल दोनों की हत्या जगदीश (रंजीत) द्वारा कर दी जाती है। जगदीश शंकर की विधवा पार्वती के ऊपर भी हमला करने की कोशिश करता है, जो किसी जटिल कारण से राकेश को रॉबर्ट (अमजद खान) और उसकी पत्नी कैथी (अरुणा ईरानी) को गोद दे देती है, जो उसका नाम रॉकी रख देते हैं। रॉकी बड़ा होता है और रेणुका (टीना मुनीम) के प्यार में पड़ जाता है। बाद में उसको यह पता चलता है कि उसकी मां अभी भी ज़िंदा है तो वह अपने पिता की मौत का बदला लेने के लिए निकल पड़ता है। कहानी जटिल तो है, लेकिन बॉलीवुड की आम फिल्मों की तरह ही है।

रॉकी फिल्म की शूटिंग का पहला शेड्यूल 23 दिन का था, जो कश्मीर में था। संजय बहुत तनाव में थे।[7] 'मुझे याद है कि मेरा पहला शॉट श्रीनगर में था। मुझे एक गाने के दौरान खिड़की से कूदना था। 200-300 लोग वहां जुटे हुए थे। मैं बहुत घबराया हुआ था क्योंकि डैड वहां थे, प्रिया वहां थी और यह बात बहुत जरूरी थी कि मेरा शॉट सही हो जाए। और वह शॉट ओके भी हो गया,' संजय ने बाद में याद करते हुए कहा।

फिल्म के कुछ रोमांटिक दृश्य और कुछ गाने—'क्या यही प्यार है' तथा 'आओ मेरे यारो आओ' जो बाद में बेहद लोकप्रिय भी हुए, कश्मीर में ही फिल्माए गए थे। संजय के साथ हीरोइन टीना मुनीम थीं, जो उनसे दो साल बड़ी थीं, बाद में जिनकी शादी अंबानी परिवार के वंशज अनिल अंबानी से हुई। शूटिंग का वह शेड्यूल जब ख़त्म हुआ तब संजय-टीना के बीच की नज़दीकी सभी को दिखाई दे रही थी।

एक उदाहरण यहां खास तौर पर देना चाहता हूं। एक सुबह करीब 200 लोग शूटिंग देखने के लिए वहां मौजूद थे। तब उनमें से किसी दर्शक ने टीना की तरफ अश्लील इशारा किया, संजय गुस्से में उसकी तरफ दौड़ पड़े। दिसंबर 1989 की स्टारडस्ट पत्रिका के अंक के मुताबिक़, वह भागकर भीड़ में गए और उन्होंने उस आदमी को पकड़ लिया, उसके सभी कपड़े फाड़ दिए और अपनी वैन में खींच लिया, जहां उन्होंने उसको नंगा करके करीब एक घंटे तक बांधे रखा। 'मैं काफी गुस्सैल था,' संजय ने गर्व के साथ बताया। 'वास्तव में, थोड़े से उकसावे पर भी मैं तलवार निकाल लेने जैसे काम करता था। मैंने काफी लोगों की पिटाई की है।'[8]

संजय के बारे में अन्य कई तरह की मज़ेदार कहानियां सुनाई जाती हैं। उनके मेकअप मैन मनोज के मुताबिक़, जिन्होंने संजय के साथ उनकी कुछ शुरुआती फिल्मों में काम किया था[9], संजय को शिकार करने का जुनून था। *स्टारडस्ट* पत्रिका में संजय के इस पागलपन का वर्णन इस तरह से किया गया है : 'कौन आदमी चीता को एकदम करीब से गले

में गोली मार सकता है, और फिर उसके गिर जाने पर राइफल से उसके पैर कुचल देता है?'

बात इतनी ही नहीं थी। पत्रिका में आगे कहा गया है : 'कौन सा सामान्य आदमी किसी मॉनिटर लिजार्ड (बिस्खोपरा) का गला काटकर उसका खून पी जाता है और उसके दुष्प्रभावों को दूर करने के लिए एक घंटे तक दौड़ता रह सकता है, वह भी सिर्फ इसलिए क्योंकि शक्ति कपूर ने उसको ऐसा करने की चुनौती दी थी?' मनोज एक और घटना के बारे में बताते हैं जब संजय ने 'बोतल से अपने हाथ को काट लिया था,' क्योंकि वह 'नशे' में था। जब डॉक्टर उनको टांका लगाने के लिए आए तो संजय ने खुद ही सिलने की कोशिश की वह भी बिना अनेस्थिसिया के!

हालांकि, कश्मीर में शूटिंग के शेड्यूल के दौरान संजय किसी तरह कुछ दिनों तक ड्रग्स की आदत के ऊपर काबू रख पाने में कामयाब हुए। शूटिंग के दौरान अपने पिता की लगातार मौजूदगी के कारण संजय डरे हुए रहते थे। वह अपने पेशे के लिए भी ड्रग्स के ऊपर अपनी निर्भरता पर काबू रखना चाहते थे। लेकिन कहना आसान है, करना मुश्किल। मुंबई लौटकर आने के बाद संजय फिर से ड्रग्स लेने लगे। हालांकि नशीली दवाओं की लत के अलावा जीवन में उनके लिए एक और जुनून आ गया था। टीना।

उनको प्यार हो गया था। जल्दी ही वे टीना को डेट करने लगे, और इन युवा प्रेमियों के बारे में खबर फ़ैल गई। संजय के साथ उन आरंभिक दिनों में काम करने वाले एक सह-कलाकार ने याद करते हुए कहा कि वे और टीना हर वक्त साथ-साथ रहते थे। सेठ एवं महबूब स्टूडियो के गलियारे और मेकअप रूम और वहां काम करने वाली यूनिट के लोग इसके गवाह बने। अगर उनमें से एक की शूटिंग होती तो दूसरा आ जाता। 1981 में टीना ने एक साक्षात्कार लेने वाले से कहा था, 'मैं उसको उसी तरह की बातें कहती हूं जिस तरह से लड़कियां आम तौर

पर अपने ब्वॉयफ्रेंड से कहती हैं कि अगर हम जुदा हुए तो मैं मर जाऊंगी या आत्महत्या कर लूंगी या अपनी जान ले लूंगी, और इसी तरह की बच्चों वाली बातें मुझे पता है कि मुझे ज़िंदगी से क्या चाहिए...हम एक दूसरे की बहुत अधिक केअर करते हैं, और काश हमारा साथ लंबे समय के लिए बना रहे।'[10]

'मुझे याद है कि मैं संजय और टीना से जुहू के सन एंड सैंड में टकरा गया था। वे दोनों बहुत कम उम्र के थे, करीब-करीब टीनएजर जैसे। संजय बिगड़ैल बच्चा था। वह पीने का शौक़ीन था और इंडस्ट्री में हम सभी यह जानते थे कि वह ड्रग्स का भी आदी था। लेकिन मुझे यह लगता है कि टीना को पहले ड्रग्स की बात के बारे में पता नहीं था। दोनों प्यार में दिख रहे थे और संजू ब्वॉयफ्रेंड के रूप में बहुत अधिक पज़ेसिव थे...एक सनक की हद तक पजेसिव,' एक फिल्म निर्माता ने याद करते हुए कहा।[11]

लेकिन उन दिनों जब संजय से यह पूछा गया कि क्या वे पज़ेसिव थे, टीना के जीवन में बहुत अधिक हस्तक्षेप करने वाले ब्वॉयफ्रेंड थे, उनका जवाब था, 'ईमानदारी से कहूं, मैंने अपनी गर्लफ्रेंड के करियर में कभी भी दखल नहीं दी, सिवाए उसके कपड़ों के बारे में बोलने के। मैं उसको लेकर बहुत अधिक पज़ेसिव हूं। वह मेरी है और मुझे यह पसंद नहीं है कि वह परदे पर अंग प्रदर्शन करे। उसके करियर में मेरी दिलचस्पी यहीं तक है ...मैं यह नहीं चाहता हूं कि वह अगले तीन सालों तक अपना काम छोड़े, क्योंकि इसके बाद ही मेरा उससे शादी करने का इरादा है। मैं यह चाहता हूं कि वह अपने जीवन का मज़ा उठाए, तब तक जो करना चाहती है वह करे।'[12]

नरगिस को संजय और टीना के बीच की बढ़ती नज़दीकी अच्छी नहीं लग रही थी। उनको ऐसा लगता था कि संजय की उम्र बहुत कम थी और उनको अपने करियर के ऊपर ध्यान देना चाहिए, जिसके लिए उन्होंने और उनके पिता ने इतनी अधिक मेहनत की। नरगिस ने अपनी

भतीजी रेहाना से कहा, 'तुम क्या चाहती हो कि संजू की शादी करके उसके करियर का कत्ल कर दूं?' रेहाना के मुताबिक़, 'उनको टीना का नाम सुनना भी पसंद नहीं था।'[13] लेकिन संजय को अपनी मां की बात सुनने की आदत नहीं थी, और ये आदत बदलने के लिए अब शायद देर हो चुकी थी।

पूरा दत्त परिवार बड़ी बेसब्री से संजय की पहली फिल्म के रिलीज़ होने का इंतज़ार कर रहा थ। किसी को इस बात की हल्की सी भी भनक नहीं थी कि बड़ी खामोशी से एक गहरा ग़म उनकी ज़िंदगी में दाख़िल हो रहा था।

8

चमत्कारिक स्त्री

अगर संजय को इस बात का पता रहा होता कि उनकी मां के लिए कितने कठिन दिन आने वाले थे तो शायद उन्होंने कुछ अलग तरह से बर्ताव किया होता। नरगिस को हमेशा थकान महसूस होती रहती थी और उनका वज़न भी धीरे-धीरे कम होता जा रहा था। पहले पहल दत्त परिवार को ऐसा लगा कि काम का बोझ बहुत अधिक होने के कारण और सांसद होने के कारण उनको दिल्ली बार-बार जाने के कारण ऐसा हो रहा था, लेकिन डॉक्टरों के यहां कुछ बार जाने के बाद यह पता चला कि नरगिस को डायबिटीज़ हो गया था। इसके बावजूद उन्होंने अपनी बेहद व्यस्त दिनचर्या को ब़दलने से साफ़ इन्कार कर दिया और पहले की तरह ही काम में डटी रहीं।

29 जुलाई 1980 के दिन मुंबई के प्रसिद्ध सी रॉक अस्पताल में संजय के लिए जन्मदिन की पार्टी का आयोजन किया गया, जहां उनकी दूसरी फिल्म की घोषणा की गई—*रॉकी* अभी रिलीज़ भी नहीं हुई थी और संजय को दूसरी फिल्म *युद्ध* का प्रस्ताव भी मिल गया था, जिसका निर्देशन गुलशन राय के बेटे राजीव राय द्वारा किया जाना था। नरगिस इस बात से तो खुश थीं कि उनका बेटा अगली फिल्म साइन कर रहा

था, लेकिन दिल्ली में होने के कारण वह पार्टी में शामिल नहीं हो पाईं।

संजय की पार्टी के चार दिन के बाद नरगिस की हालत बिगड़ गई। उनको तत्काल मुंबई लाया गया। मुंबई हवाई अड्डे पर उनकी हालत इतनी खराब हो गई थी कि वह चल भी नहीं पा रही थीं। नरगिस को जल्दी से ब्रीच कैंडी अस्पताल ले जाया गया। वहां डॉक्टरों ने आशंका यह जताई कि उनको पीलिया हो गया था। जिस समय नरगिस को अस्पताल में भर्ती करवाया गया, उस वक्त संजय ड्रग्स के नशे में थे, उनको अपनी मां की बिगड़ती सेहत के बारे में कुछ भी नहीं पता था।[1]

अगले पंद्रह दिन नरगिस ने ब्रीच कैंडी अस्पताल में बिताए, एक के बाद एक उनके टेस्ट हो रहे थे। डॉक्टरों को कुछ समझ में नहीं आ रहा था कि उनको क्या हुआ था। नरगिस की हालत बिगड़ती जा रही थी और उनका वज़न लगातार गिरता जा रहा था। वह दुखी थीं और निरुत्साहित लग रही थीं।

अंत में, एक शाम डॉक्टरों ने कुछ ऐसा समाचार सुनाया जो सुनील दत्त को तोड़ कर रख देने वाला था। नरगिस को अग्न्याशय का कैंसर था। उनको जल्दी से जल्दी मेमोरियल स्लोआन केटरिंग कैंसर सेंटर ले जाया जाना था, जो न्यूयॉर्क सिटी में कैंसर के इलाज और उसके बारे में शोध से संबंधित जाना-माना अस्पताल है।

सुनील खामोश थे। जब वे घर लौटे तो उनका दिल मानो डूबा हुआ था। उन्होंने अपने तीनों बच्चों को पास बुला लिया। उस पल को संजय कभी नहीं भूल सकते। 'उस शाम डैड ने मुझे दोनों बहनों के साथ बिठाया और हमें यह बताया कि हमारी मां को कैंसर था।'[2]

58 पाली हिल आने वाली किसी बड़ी अनहोनी की आशंका से घिर गया।

*

'उनको अमेरिका ले जाया गया। हमने *रॉकी* का काम बंद कर दिया।

वह दौर बहुत भयानक था,' संजय याद करते हैं।[3] 21 अगस्त, 1980 के दिन सुनील दत्त, नरगिस के साथ न्यूयॉर्क चले गए। तीनों बच्चे मुंबई में ही रह गए। तीन दिनों के बाद नरगिस को स्लोआन केटरिंग में दाखिल करवाया गया। 'डॉक्टरों ने उनकी अच्छी तरह जांच की और हमें यह बताया कि हम उनको सही समय पर लेकर आए थे। उनको ठीक किया जा सकता था,' संजय ने बाद में कहा।[4] पूरे परिवार को ऐसी उम्मीद थी कि नरगिस कुछ सप्ताह में घर वापस आ जाएंगी।

लेकिन उम्मीद बेकार साबित हुई। उनके शरीर में पित्त वाहिनी में एक ट्यूमरनुमा बाधा थी, जिसको निकालना ज़रूरी था, ताकि उनके शरीर में जमा ज़हरीला द्रव्य निकाला जा सके। अगले कुछ दिन तक डॉक्टरों ने उनके शरीर से ज़हरीला द्रव्य निकालने का प्रयास किया।

जब कुछ हफ्ते इलाज चला तो थके हुए और अकेले पड़ गए पिता ने अपनी बेटियों को फोन किया और न्यूयॉर्क आने के लिए कहा। संजय से कहा गया कि वो मुंबई में ही रहें और अपने काम के ऊपर ध्यान दें। नम्रता और प्रिया 5 सितंबर को न्यूयॉर्क पहुंचीं। जब उन्होंने पहली बार अपनी मां को देखा। इलाज के कारण उनकी त्वचा काली पड़ चुकी थी और वह इतनी कमज़ोर लग रही थीं कि उनकी आंखें बाहर की तरफ निकली हुई थीं—तो वे बुरी तरह रोने लगीं। यह वो नरगिस नहीं थीं जो उनको याद थीं।

15 सितंबर के दिन नरगिस का ऑपरेशन हुआ। इलाज उससे लंबा खिंच रहा था जितना दत्त परिवार ने सोचा था और इसलिए लड़कियों को वापस भेज दिया गया ताकि उनकी पढ़ाई में बाधा न आए। पहले ऑपरेशन के तुरंत बाद दूसरे ऑपरेशन के दौरान नुकसानदेह घाव को सफलतापूर्वक निकाल दिया गया, लेकिन उसके बाद नरगिस के शरीर से बहुत अधिक खून निकलने लगा जिसके कारण उनको वापस ऑपरेशन थिएटर में ले जाया गया। उनकी हालात नाज़ुक थी।

*

'नगरिस दत्त फाइटिंग फॉर लाइफ, सुनील दत्त शैटर्स' (नरगिस दत्त ज़िंदगी की लड़ाई लड़ रही हैं, सुनील दत्त टूट चुके हैं) फिल्म साप्ताहिक *स्क्रीन इंडिया* में यह सुर्खी थी। 'हम आतंकित थे,' संजय ने याद करते हुए कहा। 'हमें यह विश्वास ही नहीं हो रहा था कि हमारे साथ यह सब हो रहा था। वह पागल कर देने वाला दुस्वप्न था। कुछ उस तरह का जो उपन्यासों में या फिल्मों में किसी और को हो जाता है...जब डैड ने डॉक्टरों को मां का ऑपरेशन करने की अनुमति देने वाले कागज़ात पर दस्तखत किए, तो मैं इस बात से डर गया कि इसका मतलब यह भी हो सकता था कि डैड ने उनकी मृत्यु के कागज़ पर दस्तखत किए थे। सब कुछ बहुत भयानक था!'[5]

नरगिस का आंतरिक रक्तस्राव तेज़ हो रहा था, तो डॉक्टरों को उसे रोकने के लिए उनका ऑपरेशन खोलना पड़ा। लेकिन उनका शरीर यह सहन नहीं कर पाया और नरगिस बेहोश हो गईं। डॉक्टरों ने और अधिक ऑपरेशन की सलाह दी लेकिन उनको इस बात का डर था कि कहीं ऑपरेशन टेबल पर ही नरगिस की मौत न हो जाए। सुनील दत्त असहाय महसूस कर रहे थे। वह अकेले थे और यह नहीं चाहते थे कि सारे फैसले वे अकेले ही लें। उन्होंने अपने तीनों बच्चों को तत्काल अमेरिका आने के लिए कहा।

इस बात को जानते हुए कि उनकी मां की हालत कितनी नाजुक थी, संजय ने कुछ दिनों के लिए अपने ड्रग्स की आदत को छोड़ने की कोशिश की। लेकिन छोड़ने के कारण उनकी हालत बहुत दर्दनाक हो जाती थी और जिसको सह पाना मुश्किल हो जाता था। इसलिए जब दत्त परिवार उस नारकीय पीड़ा के दौर से गुज़र रहा था, संजय तब मादक द्रव्यों का सेवन कर रहे थे। ड्रग्स ने उनको पूरी तरह से अपने वश में कर लिया था, जिसके कारण वे लापरवाहियां किया करते थे। जब उनको अपनी बहनों के साथ अमेरिका जाना था तब वे यह सोच रहे थे कि वहां किस तरह से ड्रग्स हासिल करेंगे। वे ड्रग्स न मिलने पर होने वाली

दर्दनाक स्थिति में नहीं पड़ना चाहते थे। उसके बाद संजय ने जो किया उसको याद करके संजय आज भी कांप उठते हैं। 'जब मैं इसके बारे में सोचता हूं तो मुझे इसपर यकीन नहीं होता है। मैंने करीब 30 ग्राम हेरोइन अपने जूते में रख लिया, और मेरी बहनें मेरे साथ थीं,' उन्होंने एक टीवी इंटरव्यू में याद किया।[6] संजय को ठीक से यह याद नहीं है कि वे सुरक्षा जांच से किस प्रकार पार हुए। कहा जाए तो एक तरह से वो ड्रग्स स्मगल करके अमेरिका ले गए थे। अगर वे पकड़े जाते तो? उस संकट के दौर में वह दत्त परिवार के लिए असहनीय होता।

तीनों भाई-बहन सीधे अस्पताल गए। नरगिस जीवन रक्षक संयंत्रों पर थीं, बहुत सी नलियां और मशीन उनके शरीर से जुड़े हुए थे। अपनी मां को इस हाल में देखकर संजय अवाक रह गए। वो कुछ न कह सके। उनकी आंखों में आंसू भर गए। 'हमारे पास करने के लिए एक ही काम रह गया था दुआ करना,' संजय ने कहा। 'हम लोगों ने न्यूयॉर्क सिटी में गुरुद्वारा, मस्जिद और मंदिर ढूंढ़े। सभी डॉक्टर हमारे ऊपर हंसते थे। डॉ. फोर्टनर ने हमें यहां तक कह दिया कि अगर मां बच गईं तो वे हिंदू बन जाएंगे।'[7]

सुनील दत्त लगातार प्रार्थना किए जा रहे थे। वे प्रार्थना करते हुए अस्पताल की परिक्रमा किया करते थे। हर सुबह सुनील दत्त और बच्चे इस उम्मीद में अपने किराए के अपार्टमेंट से अस्पताल जाते थे कि कहीं कोई अच्छी खबर मिल जाए। लेकिन नरगिस बेहोशी से बाहर नहीं आईं। दत्त परिवार कुछ भी नहीं कर सकता था। अस्पताल में दिन बीते जा रहे थे। उनमें से अगर कोई साहस दिखाकर दूसरों को दिलासा देने की कोशिश करता तो एक के आंसू निकल आते और सभी रोने लगते थे। 'हम सब लोग रो रहे थे। डैड पागल हो गए थे...उस पल मैं दुनिया में कुछ भी और नहीं चाहता था कोई पैसा नहीं, कोई फिल्म नहीं, कोई स्टारडम नहीं, न बंदूक, न दोस्त बस मैं अपनी मां को चाहता था... मैं वहां बैठकर उनको जाते हुए किस तरह देख सकता था? मैं बहुत असहाय

था, मुझे ऐसा महसूस हो रहा था मानो मैं नपुंसक हो गया हूं,' संजय ने कहा।[8]

वह पीड़ा असहनीय थी और संजय ने ड्रग्स की अपनी दुनिया में जाकर राहत पाने की कोशिश की। 'मैं न्यूयॉर्क के अपार्टमेंट में हेरोइन को अपने बिस्तर के नीचे छिपा कर रखता था, और एक दिन मुझे वह नहीं मिला। मुझे यह पता चला कि वह डैड के पास था। और मेरे अंदर इतना साहस आया कि मैं उनके पास गया और बोला, "मुझे मेरे ड्रग्स वापस दे दीजिए।"'[9] संजय के इस बर्ताव से सुनील दत्त अंदर तक हिल गए। वो संजय पर गुस्सा हुए मगर संजय कुछ सुनने को तैयार नहीं थे। संजय ने बाद में बहुत अफ़सोस के साथ इस बात को याद किया कि उनके नशे का आदी होने के कारण उन्हें मां को खून भी नहीं देने दिया गया।

परिवार महीनों न्यूयॉर्क में रहा, लेकिन संजय को *रॉकी* का काम पूरा करने के लिए वापस आना पड़ा, 'मुझे यकीन नहीं हो रहा था कि मुझे *रॉकी* को पूरा करने के लिए वापस आना पड़ा...गाना गाने के लिए तथा इस तरह के दूसरे कामों के लिए, जबकि मेरी मां कोमा में थीं। लेकिन काम को तो चलते रहना ही होता है,' संजय ने उन दिनों को याद करते हुए कहा।[10] *रॉकी* के निर्माता गुलशन राय को इस बात की आशंका थी कि वह फिल्म फंस गई थी और फिल्म के लिए उन्होंने दूसरे अभिनेताओं से जो डेट्स लिए थे वे सब बर्बाद हो जाने वाले थे। सुनील दत्त को अपने फिल्मकार दोस्त राज खोसला से यह कहना पड़ा कि वे फिल्म का निर्देशन संभाल लें। धीरज के साथ उन्होंने राज खोसला को फोन पर सभी सीन एक-एक शॉट करके समझाए और उनसे यह आग्रह किया कि जहां उन्होंने उस फिल्म को छोड़ा था, वो वहां से आगे फिल्म को संभाल लें।

महीने गुज़रे जा रहे थे, नरगिस का कुल मिलाकर सात बार ऑपरेशन हुआ। डॉक्टर परिवार वालों से अकसर कहते थे कि वे 'उनको शांति

से जाने दें'। लेकिन सुनील दत्त और बच्चे नरगिस को छोड़ने के लिए तैयार नहीं थे।

और फिर एक चमत्कार हुआ।

सुनील दत्त प्यार से घंटों नरगिस का हाथ थामे रहते थे। एक दिन सुनील दत्त को ऐसा महसूस हुआ कि नरगिस उनके हाथ को दबा रही थीं। बेहोश होने के करीब तीन महीने बाद नरगिस ने अपनी आंखें खोलीं। अस्पताल में सभी लोग उनको 'स्लोआन केटरिंग की चमत्कारी महिला' बुलाने लगे।

जब वह बेहोशी से बाहर आईं, तो उन्होंने जो बात सबसे पहले पूछी वह थी, 'संजू कहां है?' सुनील दत्त ने बहाना बनाया और संजय दत्त को फोन करके कहा कि वे मुंबई से पहली फ्लाइट ले लें। संजय जब अंततः पहुंचे तो सुनील दत्त ने नरगिस से कहा कि उनके लिए एक सरप्राइज़ है। 'उनकी आंखें बंद थीं और मैंने अंदर घुसते हुए 'मां' कहा?' संजय ने याद करते हुए कहा। 'उनके चेहरे का रंग एकदम बदल गया। वह इतनी खुश हो गईं वह मुझे पकड़ कर रो रही थीं। उनके हाथ कांप रहे थे। वह बस घर वापस आना चाहती थीं।'[11] नरगिस बहुत बेचैन थीं और वह यह जानना चाहती थी कि संजय के जीवन और उनके करियर में क्या कुछ चल रहा था। सबसे ज़्यादा वो अपने बेटे की फिल्म *रॉकी* देखने के लिए बेचैन थीं।[12]

*

नरगिस जिन महीनों के दौरान बेहोशी में रहीं, सुनील दत्त को उनकी जोशीली आवाज़ की याद आती थी। उनकी आवाज़ ही उनको लड़ने के लिए साहस देती थी, शक्ति देती थी। यह सोचकर सुनील दत्त के रोंगटे खड़े हो जाते थे कि एक दिन ऐसा हो सकता था कि वो उनकी आवाज़ बिलकुल नहीं सुन पाएं। इसलिए जब नरगिस को दुबारा होश आया तो उन्होंने यह तय किया कि नरगिस की आवाज़ और उनके साथ

अपनी कुछ बातचीत को रेकॉर्ड कर लिया जाए। वे रोज़ घंटों बातें करते थे, कई बार पुराने दिनों को याद करते हुए, कई बार अपने बच्चों के भविष्य के बारे में। इन बातचीत के टेप्स में नरगिस की आवाज़ कई बार थकान के मारे कांपने लगती है; कई बार उम्मीद से भरी लगती है लेकिन अक्सर उदासी में डूबी हुई है। सुनील दत्त ने ऐसी ही एक मार्मिक बातचीत को याद किया है जिसमें सुनील कहते हैं :

'मुझे याद है कि सर्दी का मौसम था, बाहर बर्फ पड़ रही थी। वो कुछ सोच में पड़ी हुई थीं।'[13]

नरगिस : जब इंसान बीमार होता है तो बुरे-बुरे ख़यालात ज़्यादा आते हैं।

सुनील दत्त : लेकिन मैं तो हूं आपके पास।

नरगिस : मुझे नहीं पता! मैं ऐसा क्यों नहीं सोचती?

सुनील दत्त : क्या?

नरगिस : कि मैं जल्दी से अच्छी हो जाऊं...मैंने न अपने बच्चों की खुशी देखी...(रोती हैं) कितना अरमान था कि अंजू (नम्रता) की शादी होगी। और मैं भी वैसे ही करूंगी जैसे हर मां करती है।

नरगिस बहुत बेचैन थीं कि अपने बच्चों की शादी और उनको घर बसाते देख लें। कम से कम एक बार वापस अपने घर चली जाएं। शायद ऊपर कोई उनकी दुआओं को सुन रहा था।

*

स्लोआन केटरिंग में डॉक्टर इस बात को लेकर आश्वस्त थे कि नरगिस का कैंसर ठीक हो गया था। लेकिन नरगिस की रोग प्रतिरोधक क्षमता कमज़ोर थी और कोई छोटा सा संक्रमण भी खतरनाक हो सकता था।[14] उनको अस्पताल से निकालकर दत्त परिवार के किराए के अपार्टमेंट में ले जाया गया। एक समय ऐसा था जब नरगिस को भारत की सबसे सुंदर अभिनेत्री माना जाता था। उनकी तस्वीरें पत्रिकाओं के मुखपृष्ठ

पर छाई रहती थीं। अस्पताल के कमरे में तो सुनील दत्त ने सारे शीशे हटवा दिए थे। लेकिन अपार्टमेंट में जाने के बाद नरगिस ने जब अपना चेहरा आईने में देखा तो वो फूटफूटकर रो पड़ीं। उनका चेहरा बीमारी और कैंसर की दवाइयों से काला पड़ चुका था, उनकी झुर्रियां लटक आई थीं और उनके बाल उड़ चुके थे। नरगिस अपने दुस्वप्नों को अमेरिका में ही छोड़कर वापस घर जाना चाहती थीं।

आख़िरकार 6 मार्च 1981 के दिन, मुंबई से जाने के क़रीब छह महीने बाद, 'स्लोआन केटरिंग की चमत्कारी महिला' घर वापस जा रही थी। संजय की खुशी की कोई सीमा नहीं थी : 'मैं पूरी दुनिया को उनके क़दमों में बिछा दूंगा। मैं अब उनको कभी परेशान नहीं करूंगा। मैं इस बात का ध्यान रखूंगा कि मेरी बहनों की शादी जल्दी हो जाए। हम *रॉकी* के लिए खूब भव्य प्रीमियर का आयोजन करेंगे...मैं उनको अब फिर से खोना नहीं चाहता।'[15]

संजय ने अपने आंसुओं से लड़ते हुए कहा, 'भगवान का शुक्र है कि परीक्षा की घड़ी पूरी हुई!'

9

एक आख़िरी सफ़र और एक फिल्म का प्रीमियर

नरगिस अंततः घर आ रही थीं। जहाज़ के मुंबई उतरने से पहले उन्होंने थोड़ी सी लिपस्टिक लगाई और एयर होस्टेस से कहा कि वह साड़ी ठीक करने में उनकी मदद करे। 'मुझे अच्छा दिखना चाहिए। मैं बहुत लंबे समय बाद अपने देश वापस जा रही हूं,' उन्होंने कहा। मौत को हराकर वो अपने शहर वापस आ गई थीं।[1]

58 पाली हिल को उनके स्वागत में रोशनियों से सजाया गया था। उनके आने की ख़ुशी में पटाख़े चलाए जा रहे थे और नज़दीकी दोस्त, रिश्तेदार दरवाज़े से ही लाइन लगाकर उनके स्वागत के लिए खड़े थे। गाड़ी बंगले में दाख़िल हुई और कमज़ोर हो चुकी नरगिस बड़ी मुश्किल से कार से बाहर निकलीं। उस पल सब उनको देखकर सन्न रह गए। उनके सुंदर बाल और उनकी त्वचा कैंसर के कारण नष्ट हो चुके थे और अभी भी उनके शरीर से कई नलियां लगी हुई थीं। लेकिन नरगिस की आंखें चमक रही थीं। उनमें ख़ुशी के आंसू थे। वह घर आ चुकी थीं।

सबकी शुभ कामनाएं लेते हुए जब वह एक बार अपने पुराने कमरे में लौट कर आईं तो संजय समेत पूरे परिवार की आंखों में ख़ुशी के

आंसू छलक पड़े। सभी ने राहत की सांस ली। यह तय हुआ कि नरगिस घर में पहली मंज़िल पर रहेंगी और उनसे मिलने जाने वाले को मास्क पहनना पड़ेगा। डॉक्टरों की सख़्त चेतावनी थी कि उनको संक्रमण हो सकता था।

कुछ वक़्त के लिए ऐसा लग रहा था कि दत्त परिवार में रोशनी वापस आ गई हो। जब नरगिस के शरीर में कुछ ताकत वापस आई तो उन्होंने संजय से कहा कि वह *रॉकी* देखना चाहती थीं, जो कुछ ही महीनों में रिलीज़ होने वाली थी। नरगिस अभी भी इतनी कमज़ोर थीं कि वह थोड़ी दूर भी नहीं चल सकती थीं। 9 मार्च 1981 के दिन शाम को करीब छह बजे सुनील गाड़ी में बिठाकर उनको अपने विशाल परिसर के एक कोने में ले गए जहां परिवार का डबिंग स्टूडियो और प्रीव्यू थिएटर बना हुआ था। वहां उन्होंने अपने प्यारे संजू की पहली फिल्म देखी। उस शाम के बारे में *संडे मैगज़ीन* में रिपोर्ट छपी : 'श्रीमती दत्त *रॉकी* फिल्म देखने आई थीं...जब फिल्म का निर्माण हो रहा था उस दौरान उन्होंने फिल्म के रशेज़ देखे थे, लेकिन यह पहली बार था जब उन्होंने पूरी फिल्म देखने की कोशिश की। वह फिल्म की महज़ सात रील ही देख पाई थीं कि थकान की वजह से उनको वापस बिस्तर पर जाना पड़ा।'[2]

लेकिन नरगिस ने जो थोड़े बहुत दृश्य फिल्म के देखे उससे उनको बेहद ख़ुशी महसूस हुई। वह बड़ी शिद्दत से यह उम्मीद कर रही थीं कि संजय कामयाब फिल्म स्टार बन जाएं। *रॉकी* का वो छोटा-सा हिस्सा देखकर उन्होंने यही महसूस किया कि कम से कम उनकी यह दुआ कबूल हो जाए। उसी हफ्ते एक बड़ी फिल्म *विधाता* का मुहूर्त था, जिसका निर्देशन शो मैन सुभाष घई करने वाले थे। फिल्म में दिलीप कुमार, शम्मी कपूर, संजीव कुमार जैसे जाने-मानेस्टार काम करने वाले थे। फिल्म में संजय को भी अहम भूमिका दी गई थी। लेकिन उनकी नशे की लत और टीना के साथ उनके संबंध की बात भी लगातार नरगिस के ज़ेहन में रहती

थी। रेहाना याद करते हुए बताती हैं, 'नरगिस आंटी को अपने आखिरी दिनों में ऐसा लगने लगा था कि संजय उनसे दूर जा रहा था। जब संजय दत्त ने 50,000 रुपए की साइनिंग राशि नरगिस को सौंपी जो उनको गुलशन राय ने फिल्म *विधाता* के लिए दी थी तब नरगिस ने संजय से पूछा "तुम मुझे अब भी प्यार करते हो न संजू?"' रेहाना के मुताबिक़ उनको ऐसा लगने लगा था कि संजय किसी और के हाथों में जा रहा था।[3]

11 मार्च 1981 को नरगिस और सुनील दत्त के विवाह की वर्षगांठ थी, नम्रता और प्रिया ने नरगिस की शादी वाली हरी साड़ी पहनने में नरगिस की मदद की। उन्होंने उस दिन जलसे के लिए कुछ करीबी दोस्तों को बुलाया था। लेकिन उस मौके पर खुश होने के बजाए नरगिस बेहद उदास थीं। पार्टी ख़त्म होने के बाद उन्होंने सुनील से कहा, 'मुझे लगता है कि यह मेरी आखिरी मैरिज एनिवर्सरी है।'[4]

नरगिस सही थीं। मुश्किलों से गुज़र कर उनकी हालत में जिस तरह सुधार हुआ था, अब उसी तरह अचानक उनकी सेहत बिगड़ गई। नरगिस को ब्रीच कैंडी अस्पताल ले जाया गया। इन दिनों का संजय को कम होश है क्योंकि वो नशे में डूबे हुए थे। अपने मुश्किल हालत में भी नरगिस को संजय के नशे की लत की बात लगातार खाए जा रही थी।

नरगिस की भतीजी अभिनेत्री ज़ाहिदा हुसैन ने कहा, 'यह बात उनको अंदर ही अंदर खाए जा रही थी। "ज़ाहिदा वह ड्रग्स पीता है," वह मुझे कहती थीं। जब वह ब्रीच कैंडी अस्पताल में थीं तो मैं संजू को एक रेस्तरां में लेकर गई और उससे बोली, "अगर तुमने अपनी मां का दिल इस तरह तोड़ा तो एक झापड़ लगाऊंगी।" लेकिन संजू बेफिक्री से कोल्ड कॉफ़ी के साथ सैंडविच खा रहा था, वह पूरी तरह से निश्चिंत लग रहा था और उसने इस बात से पूरी तरह से इन्कार कर दिया कि वो ड्रग्स लेता था। उसने कहा कि उसकी मां हमेशा बढ़ा चढ़ा कर बातें करती

हैं, "मां कसम आपा, मैं ड्रग्स नहीं लेता हूं।"' लेकिन नरगिस को सच पता था, उनको और बेवकूफ नहीं बनाया जा सकता था। उनको पता था कि संजय ड्रग्स का गुलाम हो चुका था। जब ज़ाहिदा ने नरगिस से बताया कि संजय ने क्या कहा था, तो नरगिस फौरन बोलीं, "वह झूठ बोलता है। उसकी बात का यकीन मत करना।"[5]

*

नरगिस को ज़रूर इस बात का अंदाज़ा हो गया था कि वक़्त उनके हाथ से फिसलता रहा है। बीमारी में ही उन्होंने सुनील से कहा कि *रॉकी* को जल्दी रिलीज़ किया जाए। वो फिल्म को अपनी आंखों के सामने रिलीज़ होते देखना चाहती थीं। ये उनका ख़्वाब था। उनकी मर्ज़ी के मुताबिक 8 मई 1981 की तारीख़ नियत की गई।

लेकिन नियति की अपनी मर्ज़ी थी।

अप्रैल 1981 के मध्य में नरगिस की तबीयत बहुत ख़राब हो गई। उनको जीवन रक्षक उपकरणों पर रखा गया। कुछ दिन के लिए उनकी हालत स्थिर हुई मगर 2 मई को फिर बहुत बिगड़ गई। बेटी प्रिया दत्त ने अपनी डायरी में लिखा, '...वह रात मेरे जीवन की सबसे भयावह और डरावनी रात थी। अस्पताल का माहौल भी बहुत डरावना लग रहा था। कुत्ते रो रहे थे और बिल्लियां लड़ रही थीं, चीख चिल्ला रही थीं और इन सभी बातों को अपशकुन के रूप में देखा जाता है।'[6] सुबह 5 बजे सुनील दत्त ने बच्चों को अस्पताल से वापस घर भेज दिया। जब सुनील को यह बताया गया कि नरगिस की हालत अब स्थिर है तो सुनील दत्त भी घर चले गए। लेकिन सुनील दत्त के 58 पाली हिल पहुंचने के कुछ मिनटों के अंदर ही फोन की घंटी बज उठी—फोन कॉल के लिहाज से वह मनहूस समय था। अस्पताल के डॉक्टरों ने दत्त परिवार से जल्दी आने के लिए कहा। नरगिस की हालत बुरी तरह बिगड़ रही थी।[7]

नरगिस को संक्रमण का खतरा था इसलिए उनसे मिलने जो भी

जाता था उसे मास्क पहनना पड़ता था। मगर उस दिन को याद करते हुए प्रिया दत्त ने लिखा है, 'जब मैं अंदर गई... और मैं चेहरे पर मास्क पहनने वाली थी कि नर्स ने कहा, "आपको मास्क पहनने की कोई ज़रूरत नहीं है, आप अंदर जाकर देख सकती हैं।" मुझे तब भी कुछ समझ में नहीं आया। मैं अंदर गई। वहां डैड (सुनील) बैठे हुए थे। नम्रता और संजय भी साथ बैठे थे...पापा ने मां का हाथ थाम रखा था।'[8]

नरगिस जा चुकी थीं।

*

नरगिस को आग से डर लगता था और उन्होंने सुनील दत्त से कह रखा था कि वह नहीं चाहती हैं कि उनको आग के हवाले किया जाए। वह चाहती थीं कि उनको दफनाया जाए, मुस्लिम रीति-रिवाज़ों के अनुसार। उनको कब्रिस्तान ले जाने से पहले सुनील दत्त ने बेटियों की मदद से नरगिस को नहलाया। उसके बाद सुनील दत्त और संजय दत्त उनको लेकर कब्रिस्तान के लिए निकल गए जबकि नम्रता और प्रिया घर में ही रह गईं। नरगिस को मरीन लाइंस पर बड़ा कब्रिस्तान (सोनापुर कब्रिस्तान) में दफनाया गया जहां उनकी मां जद्दनबाई को दफनाया गया था। उनको दफनाने से पहले नमाज़-ए-जनाज़ा अदा की गई। सुनील दत्त और संजय ने भी सब लोगों के साथ वहां नमाज़ अदा की। उसके बाद आख़िरी अलविदा कहकर नरगिस को कब्र में उतार दिया गया।

एक पारिवारिक मित्र के मुताबिक़ इस पूरे हादसे के दौरान संजय बेतहाशा नशे में थे। *डार्लिंगजी : द ट्रू लव स्टोरी ऑफ नरगिस एंड सुनील* दत्त की लेखिका किश्वर देसाई के मुताबिक, 'संजय इस कदर नशे में थे कि वे न तो पिता के दर्द को समझ पाए न ही उनसे हमदर्दी जता पाए। असली त्रासदी तो यह थी कि उनकी प्यारी मां जब मरीं तो संजय एक दूसरी ही दुनिया में थे।' ऐसा लगता था कि ड्रग्स और नशा ही उनके दर्द को कुछ कम कर सकता है। नम्रता दत्त बताती हैं, 'हमने

उनको (नरगिस को) बड़ी सावधानी से उनकी शादी की लाल और हरी साड़ी पहना कर तैयार किया। संजय को कुछ समझ में नहीं आ रहा था वह होश में ही नहीं था। वह वहीं था लेकिन किसी भी रीति रिवाज़ में मदद नहीं कर पा रहा था।'[9] ऐसा लगता है कि संजय को शायद इसका अंदाज़ा भी नहीं था कि क्या हो रहा था। इस दुनिया में उन्हें सबसे अज़ीज़ उनकी मां थीं। वो मां जा चुकी थी, उनकी पहली फिल्म *रॉकी* के प्रीमियर से महज़ पांच दिन पहले।

आंखों में गहरा ग़म लिए संजय बस खामोश रहे। वो बिलकुल रोए नहीं।

*

रॉकी का प्रीमियर 8 मई को ही हुआ जैसा कि नरगिस चाहती थीं। मां की अंतिम यात्रा के बाद से *रॉकी* फिल्म की रिलीज़ तक संजय के अगले पांच दिन किस तरह बीते उनको इसका कुछ ध्यान नहीं। 'उनको फिल्म रिलीज़ करनी थी। उनको उसका प्रीमियर आयोजित करना था जिसका मेरे या मेरे पिता के लिए कोई मतलब नहीं था,' संजय ने याद करते हुए कहा।[10] प्रीमियर वाले दिन दत्त परिवार नरगिस की कब्र पर गया और आंखों में आंसू लिए मां की कब्र पर फूल रखे और दुआ की। संजय मां की कब्र को ख़ाली आंखों से देखे जा रहा थे। एक ऐसी औरत जो पूरे घर को गुलज़ार कर सकती थी, आज अपने कब्र में असंभव रूप से ख़ामोश थी।

'उसको यह समझ में नहीं आ रहा था कि जो दिन उसके जीवन का बड़ा दिन था, उसकी फिल्म रिलीज़ हो रही थी, उस दिन उसे खुश होना चाहिए या रोना चाहिए,' सुनील दत्त ने उन लम्हों को याद करते हुए कहा था।[11] अब मां नहीं थी तो सुनील ने आगे बढ़कर कुछ ऐसे काम किए दिए जो नरगिस सामान्य तौर पर संजय का ध्यान रखते हुए करतीं। प्रीमियर वाली शाम करीब 7 बजे सुनील दत्त संजय के कमरे

में गए जहां वो नींद के झोंके में लेटे हुए थे। सुनील दत्त ने उदासी के उस माहौल में ऊपर से खुश दिखने की कोशिश करते हुए बेपरवाही से कहा, 'तैयार हो जा यार। ज़रा देखो कैसे लग रहे हो। शेव करो और नहा लो...और बाकी सभी लोगों से भी तैयार हो जाने के लिए कहो...हमें ठीक आठ बजे निकलना है।' दत्त परिवार में हर कोई उस शाम ग़म छुपाने की नाकाम कोशिश कर रहा था।[12]

मुंबई के गंगा सिनेमा हॉल में फिल्म जगत की बड़ी-बड़ी हस्तियां आई थीं। संजय की पहली फिल्म का जश्न मनाने और उन्हें शुभकामनाएं देने वालों से हॉल भरा हुआ था। लेकिन सीट E-15 खाली थी। नरगिस की याद में सुनील दत्त ने उनके नाम से ये सीट खाली रखी थी। सुनील उस खाली सीट की दाईं तरफ बैठे जबकि संजय बाईं तरफ। फिर हॉल की रोशनी बुझ गई और फिल्म शुरू हुई। सबकी आंखें परदे पर टिक गईं। लेकिन उन लम्हों में सुनील दत्त और संजय की नज़रें बार-बार उस खाली सीट पर आकर ठहर जाती थीं। मानों नरगिस वहां मौजूद हों। 'मुझे अभी भी याद है कि मेरे डैड वहां बैठे हुए थे और एक आदमी आया और बोला, "दत्त साहब, ये सीट खाली है?" डैड ने कहा, "नहीं, यह मेरी पत्नी की सीट है," संजय ने याद करते हुए कहा।[13]

जब फिल्म ख़त्म हुई तो हॉल तालियों की आवाज़ से गूंज उठा। फिल्म जगत के बड़े-बड़े लोगों ने उत्साह से संजय को गले लगा लगाकर बधाइयां दीं। लेकिन संजय के लिए जिस इंसान की शाबासी सबसे मायने रखती थी वह नहीं थी।

ये ग़म साए की तरह साथ रहने वाला था।

*

नरगिस की मौत के बाद के दिनों में दत्त परिवार को ऐसा लग रहा था जैसे उनके साथ धोखा हुआ हो। ऐसा कोई भगवान नहीं था जिसके सामने उन लोगों ने नरगिस की ज़िंदगी के लिए शिद्दत से दुआ न मांगी

हो। छला हुआ महसूस करने के बाद गुस्से के मारे उन लोगों ने घर से भगवान की सभी मूर्तियां निकाल दीं। 'भगवान बहुत क्रूर रहे हैं हमारे लिए... उन्होंने उसको वहां (न्यूयॉर्क) पर बचाया ही क्यों कि उसको और तकलीफ दी जा सके?'[14] सुनील दत्त रोते हुए बोले।

हताशा और बदहवासी की हालत में संजय ने खुद को ड्रग्स में डुबो लिया। संजय को बड़ी शिद्दत से ऐसे किसी की ज़रूरत थी जो उनको रौब में रखे, उनको प्यार से डांटकर उसकी ज़िंदगी बर्बाद होने से बचा सके। लेकिन दुख में डूबे सुनील बेख़बर थे। वह अब खूब सिगरेट और शराब पी रहे थे। 'मुझे काम किसलिए करना चाहिए? मेरा दिल काम में नहीं लगता... पैसा, शोहरत, पहचान...मुझे यह सब किसलिए चाहिए?' वे सोचते रहते थे।[15] सुनील दत्त घंटों अपने कमरे में रोते रहते थे। नम्रता ने याद करते हुए बताया कि उनके पिता अक्सर आधी रात में नरगिस की कब्र पर जाकर रोते थे।[16]

सुनील दत्त अपनी ज़िम्मेदारी नहीं समझ रहे थे और संजय मानो समुद्र में बिना लंगर की नाव की तरह हो गए थे। *रॉकी* का प्रदर्शन भी खास नहीं रहा, जिसका मतलब था कि ऐसी स्थिति में संजय को कोई चाहिए था जो उनको सहारा दे। अब उनको पहले से भी अधिक इसकी ज़रूरत थी। दर्शकों की सहानुभूति संजय के साथ होने और उनके पिता द्वारा उनकी पहली फिल्म के लिए बेहद ऊर्जा लगाने के बावजूद फिल्म कमज़ोर थी। संजय की उम्र अभी 20 साल से कुछ ही ज़्यादा थी, वे बहुत दुबले-पतले दिखाई देते थे। बाद के दिनों में उनका व्यक्तित्व जिस तरह का कसा हुआ मर्दाना बन गया, उस तरह का तब नहीं था और तब वो बहुत अटपटे लगते थे। फिल्म में वह भावहीन लगे थे और लगातार ऊपर को चढ़ी, ऊबी हुई आंखें दुखद रूप से फिल्म में उनकी पहचान बन गईं। *इंडिया टुडे* में फिल्म की समीक्षा में यह लिखा था : 'एक बेढब पहली फिल्म।'[17] संजय दत्त के प्रदर्शन की आलोचना करते हुए समीक्षक सुनील सेठी ने लिखा, '...*रॉकी* के आकर्षक न बन पाने

का सबसे बड़ा कारण संजय दत्त खुद हैं...*रॉकी* में चलने लायक काफी कुछ है। बस उसमें एक स्टार की कमी है।' *फिल्मफेयर* की समीक्षा के अनुसार, '*रॉकी* एक चालू फिल्म' थी, और संजय दत्त भोले-भाले और अपने आपको लेकर बहुत सजग लगे। समीक्षक ने यह सुझाव दिया था कि भविष्य में संजय को इमोशन (भावना) पर अधिक ध्यान देना चाहिए और एक्शन (मारधाड़) पर कम।' आलोचकों के अनुसार, संजय अच्छे नहीं लग रहे थे और अगर दर्शक फिल्म में शुरू से अंत तक बैठे रहे तो इसलिए कि नरगिस और सुनील दत्त के बेटे को लेकर उनमें उत्सुकता थी। लेकिन संजय के सामने उस समय शायद निजी ज़िंदगी के ज़्यादा ज़रूरी मसले थे। एक इंटरव्यू में संजय ने कहा, 'दुर्भाग्य से, फिल्म नहीं चली, लेकिन उस समय हमारा दिल और दिमाग़ इसमें था ही नहीं। हम सब तो मां की मौत के सदमे से सन्न थे।'[18]

पिता भी अपने ग़म में डूबे थे। ऐसे मुश्किल वक़्त में उन दिनों संजय जिन लोगों के बेहद करीब थे उनमें से एक थे कुमार गौरव, जिनकी पहली फिल्म *लव स्टोरी* इसी साल आई थी और ब्लॉक बस्टर रही थी। मीडिया गौरव को 'अगला अमिताभ बच्चन' लिख रहा था। कुमार गौरव संजय की बहन नम्रता दत्त से प्यार करते थे। उनके अलावा संजय के बेहद क़रीब थीं उनकी गर्लफ्रेंड टीना मुनीम।

10

पाली हिल में गोलीबारी

मुंबई के एक गुजराती जैन परिवार में पैदा हुईं टीना मुनीम को 1975 में फेमिना टीन प्रिंसेस इंडिया चुना गया था, तब उनकी उम्र 18 साल थी। वह उसी साल अरुबा में अंतरराष्ट्रीय टीन प्रिंसेस प्रतियोगिता में भारत का प्रतिनिधित्व करने गई थीं। वहां, उन्होंने मिस बिकिनी और मिस फोटोजेनिक पुरस्कार जीते और उनको दूसरा उप विजेता चुना गया। प्रतियोगिता के बाद भारत में *फेमिना* पत्रिका के मुखपृष्ठ पर उनकी तस्वीर छपी थी। सदाबहार अभिनेता देव आनंद की नज़र उनपर पड़ी और उन्होंने फिल्म *देस परदेस* (1978) से उनको लॉन्च किया। फिल्म तो बुरी तरह फ्लॉप रही लेकिन ग्लैमरस टीना को कई फिल्मों में काम मिल गया। इनमें से एक फिल्म *रॉकी* भी थी। टीना और संजय पहले से एक दूसरे को जानते थे। काम करने के दौरान नज़दीकियां बढ़ने लगीं। 'वो पहली नज़र का प्यार था,' टीना ने याद किया।[1]

संजय बेहद पज़ेसिव ब्वॉयफ्रेंड थे। जब टीना ऋषि कपूर के साथ सुभाष घई की फिल्म *क़र्ज़* (1980) में काम कर रही थीं, तब यह अफवाह उड़ी हुई थी कि उन दोनों का अफ़ेयर चल रहा था। इसे सुनकर संजय दत्त इतने अधिक गुस्से में आ गए कि वे ऋषि कपूर को पीटने के इरादे

से उनके घर पहुंच गए। संजय ने अभिनेता गुलशन ग्रोवर को अपने साथ ऋषि कपूर के घर चलने के लिए कहा। 'संजय और मैं भाई जैसे थे और इसलिए एक दिन उसने मुझे कहा, "हमें चिंटू (ऋषि कपूर) के घर चलकर उनकी पिटाई करनी है।" हम उनकी पिटाई करने के लिए गए भी लेकिन उनकी मंगेतर नीतू जी ने हमें यह समझा दिया कि चिंटू का कोई चक्कर नहीं था और इस तरह हम वहां से आ गए,' ग्रोवर ने याद करते हुए कहा।[2]

शुरू-शुरू में टीना को यह अंदाज़ा नहीं था कि संजय ड्रग्स के किस हद तक आदी थे। संजय दत्त ने उनको यह जताया था कि उनको शराब पीना बहुत पसंद था और कभी कभार 'सिगरेट पीना' अच्छा लगता था। 'लेकिन इस बारे में अंधेरे में रहने के कारण जब बाद में मेरे सामने सच का खुलासा हुआ तो मुझे झटका सा लगा,' टीना ने बाद में कहा।[3] नरगिस की मृत्यु के बाद संजय की ड्रग्स के ऊपर निर्भरता और भी बढ़ गई। वे ज़्यादातर अकेले ही रहना चाहते थे। 'मैं सबसे भागा भागा फिरता था... मैं बस ऐसे लोगों के साथ रहता था जो ड्रग्स लेते थे,' संजय ने कहा।[4] टीना और उसके बीच अक्सर बहस होती थी, लड़ाई भी होती थी। लेकिन टीना उस रिश्ते में बनी रहीं। 'वह बहुत भावनात्मक दौर था... वह आपको दुखी करने के लिए चाहे जो भी करता हो... जैसे ही वह दुखी भाव से, पश्चाताप के साथ आकर मिलता तो मैं सब बातें भूल जाती थी,' टीना ने कहा।[5]

लेकिन संजय की भटकन बढ़ती जा रही थी। उन्होंने कुछ फ़िल्में साइन की थीं और उनके पास पैसे थे जिनको वह शाही जीवन जीने के लिए अपने ऊपर खर्च करते थे। कई बार वो कई-कई दिनों तक पहुंच से बाहर रहते थे। यह बातें टीना को बहुत परेशान करती थीं। दत्त परिवार को संजय के इस तरह अचानक गायब हो जाने की आदत पड़ चुकी थी। अपने नशेड़ी दोस्तों को अक्सर वो अपनी मेटालिक ब्लू बीएमडब्ल्यू में नशे की हालत में आसपास के किसी ड्रग बेचने वाले के

पास नींद में ऊंघता मिलता तो वो दोस्त उनको घर वापस छोड़ जाते थे।[6] उस ज़माने में यह दृश्य जाना-पहचाना था कि संजय अपनी तीन दिन की बढ़ी हुई दाढ़ी में, लाल-लाल आंखों में, फटे होंठों में उपनगर की सुनसान सड़कों पर अपनी आलीशान कार चला रहे हैं।

नम्रता ने याद करते हुए कहा, 'तब तक संजय बुरी तरह से नशे का आदी हो चुका था। वह रात-रात भर बाहर रहता था...बहुत डर लगता था...कई बार वह कार खुद ही चलाकर ले जाता था, इसलिए इससे और ज़्यादा डर लगता था।' संजय के परिवार ने एक तरह से अपने आपको बंद कर लिया था।[7] लेकिन टीना अब धीरे-धीरे इस रिश्ते से दूर होती जा रही थीं। संजय की हालत देखकर उनको कुछ समझ में नहीं आ रहा था।

दूसरी तरफ, अच्छी बात यह रही कि संजय को कुछ पेशेवर सफलताएं मिलीं। उनकी फिल्म *मैं आवारा हूं* (1983) ने अच्छा प्रदर्शन किया और *विधाता* (1982), जिसका निर्देशन सुभाष घई ने किया था, साल की सबसे हिट फिल्म रही। हालांकि इसमें संजय का योगदान कम ही था। लेकिन संजय की बदनामी बढ़ती जा रही थी। *विधाता* में, मुख्य भूमिकाएं दिलीप कुमार, शम्मी कपूर और संजीव कुमार ने निभाई थी, संजय अलग-थलग से लगे थे। और किसी अच्छे अर्थ में नहीं। वह परदे पर खोए-खोए और किसी 'ज़ॉम्बी' जैसे लगते थे। फिल्म पत्रिकाओं में इस तरह की घटनाओं के बारे में छपा कि वो शूटिंग के समय बेहोश हो जाते थे। उन दिनों को याद करते हुए संजय ने स्वीकार किया, 'अगर आप उन फिल्मों को देखें तो मेरी मानसिक स्थिति सही नहीं थी।'[8]

संजय के निर्माता यह सोचने लगे थे कि वह अपना वादा पूरा भी कर पाएंगे या नहीं। निर्माताओं ने फिल्म में पैसा लगाया हुआ था इसलिए कुछ निर्माताओं ने तो संजय को उनकी पसंद के ड्रग्स भी पहुंचाने शुरू कर दिए, इस उम्मीद में कि शायद वो उनकी फिल्म की शूटिंग किसी तरह पूरी कर दें। एक बार एक हिल स्टेशन पर शूटिंग चल रही थी,

और संजय की हालत बुरी हो गई थी। उनको ड्रग्स नहीं मिल रहे थे और उनकी हालत बिगड़ती जा रही थी। इस हालत को अंग्रेज़ी में विड्राअल सिम्प्टम कहते हैं। वे अपने कमरे में ज़ोर-ज़ोर से चिल्ला रहे थे। फिल्म के निर्देशक और प्रोडक्शन कंट्रोलर इस बात को लेकर दुखी थे कि उनको कहीं शूटिंग न कैंसिल करनी पड़ जाए। संजय की लापरवाहियों के कारण फिल्म बनने में पहले ही देर हो चुकी थी। उन्होंने यह तय किया कि संजय को जो ड्रग्स और शराब चाहिए वह उनको दी जाए। जल्दी ही संजय सेट पर वापस आ गए, नशे की हालत में शूटिंग करने के लिए। फिल्म तो बच गई लेकिन संजय को और भी अधिक नुकसान हुआ।[9]

फिल्म मीडिया संजय की स्थिति के बारे में खूब लिख रहा था। एक लोकप्रिय फिल्म पत्रिका में एक आवरण कथा में छपा, 'संजू अपने निर्माताओं की चिंता का सबब बने हुए हैं। स्टुडियोज़ में उनसे मिलने वाले मुलाकाती कसम खाकर कहते हैं कि इस नौजवान दत्त का सब कुछ ठीक नहीं है। वो हमेशा ही मदहोश रहता है और आधे समय तो उसको पता तक नहीं होता कि वो क्या बोल या कह रहा है।'[10] निर्माताओं के साथ ईमानदार रहने की कोशिश में सुनील दत्त ने उन सबको फोन करके अपने बेटे की हालत के बारे में बताना शुरू कर दिया। संजय के अनुसार, 'उन्होंने मेरे निर्माताओं को फोन किया और कहा, "मेरा बेटा ड्रग्स लेता है। उसको फिल्म के लिए साइन करें तो सावधान रहिए।"'[11] इस दौर में पिता और पुत्र के बीच के रिश्ते तनावपूर्ण थे। संजय ने याद करते हुए कहा, 'मेरे अंदर उनके करीब जाने की कोई ख्वाहिश नहीं थी। जब मैं उनके पास जाता भी था तो वे गुस्से में मुझे झिड़क देते थे। या फिर वे मुझसे बिलकुल ही बात नहीं करते थे... उस समय मुझे लगता था कि मेरी ज़िंदगी मेरी अपनी है। अगर मैं बर्बाद कर रहा हूं तो क्या?'[12]

*

नरगिस की मृत्यु के साल भर बाद अचानक सुनील दत्त को ये महसूस हुआ, अब बहुत हो गया। उन्हें परिवार के लिए खुद को संभालना ही होगा। वे पहले ही अपनी पत्नी को खो चुके हैं, अब वह अपने बेटे को भी नहीं खोना चाहते थे। उनके बेटे को मदद की सख़्त ज़रूरत थी। वो संजय के साथ रिश्ते ठीक करना चाहते थे। संजय को बचाना उनके जीवन का लक्ष्य बन गया।

सुनील दत्त ने शराब और सिगरेट पीना छोड़ दिया और फिर से दिन-दिन भर काम करना शुरू कर दिया। वह धीरे-धीरे अपने जीवन को पटरी पर ला रहे थे। 1981 के अंत में उनको मुंबई का शेरिफ भी नियुक्त किया गया था। यह एक मानद पद है जो मुंबई के गणमान्य नागरिकों को दिया जाता है। सुनील दत्त अपने दुख को अपने काम से भी जोड़ रहे थे वह एक फिल्म बना रहे थे *दर्द का रिश्ता,* जो उनकी पत्नी के लिए श्रद्धांजलि थी। इस फिल्म के माध्यम से सुनील दत्त कैंसर को लेकर जागरुकता का प्रसार करना चाह रहे थे। वास्तव में, फिल्म के कुछ हिस्सों की शूटिंग न्यूयॉर्क के स्लोआन केटरिंग में हुई भी थी। फिल्म की शुरुआत होती है नरगिस की आंखों के क्लोज़ अप से। फिर कैमरा ज़ूम आउट होता है और उनका पूरा चेहरा दिखाई देता है, नीचे परदे पर ये पंक्तियां उभरती हैं :

‘अ प्रॉमिस टू कीप
अ ड्रीम टू फुलफिल
एंड माइल्स टू गो...’

फिल्म में सुनील दत्त की ग्यारह साल की बेटी (खुशबू) को रक्त कैंसर होने का पता चलता है और वह उसको इलाज के लिए अमेरिका लेकर जाते हैं। लेकिन असल ज़िंदगी के विपरीत, सुनील दत्त की फिल्म का अंत सुखद होता है खुशबू का बोन मैरो ट्रांस्प्लांट हो जाता है और वह ठीक हो जाती है। सुनील दत्त ने यह तय किया इस फिल्म से जो आय होगी उसको वे कैंसर मरीजों के हित के लिए तथा ऑटिस्टिक बच्चों

के लाभ के लिए दे देंगे।

लेकिन सुनील दत्त सबसे अधिक फिक्रमंद संजय को लेकर थे। पहले तो उनको यह बात अच्छी तरह समझ में नहीं आई कि ड्रग्स की लत का पेशेवर इलाज भी किया जा सकता है। उस दौर में मुंबई में शायद ही कोई पुनर्वास केंद्र या रिहैब सेंटर था। सुनील ने सबसे सही रास्ता जानने के लिए डॉक्टरों से संपर्क किया। फ़िल्मी पेशे की अपनी-अपनी व्यस्तताओं के बावजूद टीना और कुमार गौरव ने संजय का पूरा साथ दिया। सुनील दत्त को मुंबई में एक छोटी-सी क्लीनिक के बारे में पता चला और संजय को वहां भर्ती करवा दिया गया। वहां उनकी इलेक्ट्रॉड चिकित्सा हुई (मरीज़ के माथे में इलेक्ट्रॉड लगाकर बिजली के हलके झटके देना), जो बहुत तकलीफदेह थी और उसका कोई असर भी नहीं हुआ।

जब इलाज बेअसर साबित हुआ तो संजय को वहां से ब्रीच कैंडी अस्पताल ले जाया गया। उन्होंने अस्पताल की एक घटना को याद किया जो ऊपर से तो मज़ेदार लगती हैं लेकिन इस बात का खुलासा भी करती है कि वो कितने असहाय हो गए थे। हर रात में उनकी एक बहन को अस्पताल में उनके पास रहना होता था ताकि जब संजय को नशे की तलब उठे तो उसकी पीड़ा को सहने में उनकी मदद कर सकें। 'प्रिया तब स्कूल में पढ़ती थी... मुझे मतिभ्रम होने लगा। मुझे लगा कि वह 'गोरखा' थी। मैंने कहा, "ऐ गोरखा! ऐ गोरखा!" प्रिया डर गई लेकिन वह किसी तरह की बकझक नहीं करना चाहती थी। वह ऐसे जताने लगी मानो वह सच में गोरखा हो। उसने कहा, "जी साब, बोलो! क्या करने का है साब?" मैंने कहा, "मेरे को चरस लेके आओ।" वह बोली, "चरस नहीं है, मेरे पास बीड़ी है। बीड़ी मांगता है क्या?"' उस घटना को याद करते हुए संजय ने बाद जो कहा वो सच था, 'केवल मैं ही बीमार नहीं था, बल्कि मेरे साथ पूरा परिवार ही बीमार था।'[13]

ऐसा लग रहा था कोई इलाज काम नहीं आ रहा था।

घबराहट के मारे सुनील दत्त ने विदेश में डॉक्टरों को फोन करना

शुरू कर दिया। ड्रग्स की लत के इलाज से जुड़े एक से एक जर्नल पढ़ने लगे। 1982 में उन्होंने यह तय किया कि संजय को इलाज के लिए जर्मनी भेजा जाए। टीना भी उनके साथ गईं। संजय को ड्रग्स की आदत से मुक्त करवाने के मामले में पिछले इलाजों की तरह ही जर्मनी का इलाज भी काम नहीं आया। अपने आसपास की हर बात से अन्जान संजय तेज़ी से बर्बादी की तरफ बढ़ते जा रहे थे।

इलाज भी तभी काम आता अगर संजय में खुद ठीक होने की ख्वाहिश होती। बाकी सभी की तरह टीना का दिल भी टूट चुका था। कोई उम्मीद नहीं दिखाई दे रही थी। संजय के साथ उनके रिश्ते में पहले से ही तनाव था। अब वो रिश्ता टूटने के कगार पर आ गया था।

*

1982 में टीना ने निर्देशक सावन कुमार की फिल्म *सौतन* (1983) की शूटिंग शुरू कर दी, फिल्म में उनके हीरो थे ढलते हुए सुपरस्टार राजेश खन्ना। वह फिल्म सुपरहिट साबित हुई और राजेश खन्ना की कमबैक (वापसी) फिल्म बन गई। फिल्म की सफलता में कुछ हाथ फिल्म के नायक-नायिका की अंतरंग तस्वीरों का भी था। बॉलीवुड में अफवाहें बहुत जल्दी फैल जाती हैं, और जल्दी ही फिल्म जगत में यह चर्चा होने लगी कि राजेश और टीना के बीच अफ़ेयर चल रहा है। ज़ाहिर है संजय को यह अच्छा नहीं लगा, और इसे लेकर दोनों में झगड़े होने लगे। जल्दी ही संजय का टीना के साथ तीन साल का रिश्ता बिखरने लगा।

संजय के अहं को बड़ी ठेस लगी। वह टीना के ऊपर गुस्से में थे, उन्होंने टीना से कहा, 'अगर टीना अपने बर्ताव को बदल नहीं सकती है तो मुझे अफ़सोस है लेकिन हमारे बीच के रिश्ते का यहीं अंत होगा।'[14] लेकिन उनका रिश्ता ख़त्म हो चुका है, संजय इस बात को स्वीकार नहीं करना चाहते थे। जब यह चर्चा ख़त्म होने का नाम नहीं ले रही थी कि राजेश खन्ना, टीना की ज़िंदगी के नए पुरुष थे तो संजय आपे से बाहर

हो गए। उन्होंने एक इंटरव्यू दिया जिसमें उन्होंने कहा, 'उदाहरण के लिए टीना के साथ मेरे रिश्ते को ही लीजिए। पूरी दुनिया जानती है कि वह सबको बुद्धू बना रही थी, मुझे भी उसने चू... बनाया, लेकिन मैं किसी अंधे आदमी की तरह उसका बचाव करता रहा। ज़ाहिर है अब जबकि सब ख़त्म हो चुका है, राजेश खन्ना के साथ उसको प्यार है या जो भी है वह सबके सामने आ चुका है, तो मुझे ऐसा महसूस हो रहा है कि मैं बुद्धू बन गया। ऐसा लग रहा था जैसे मेरा इस्तेमाल किया गया। मैं जानता था कि फिल्म इंडस्ट्री में सब मेरा मज़ाक उड़ाते थे। सब मेरे ऊपर हंस रहे थे...'[15]

गुस्से और अपमान के मारे पागल होकर संजय महबूब स्टूडियो पहुंचे, जहां राजेश खन्ना किसी फिल्म की शूटिंग कर रहे थे। संजय के अनुसार, 'यह उसके ठीक बाद की बात थी जब टीना मुझसे अलग हुई थी। पता नहीं उस दिन मुझे क्या हो गया था। लेकिन मैं गुस्से के मारे पागल हो गया था...मैं इस बात को बर्दाश्त नहीं कर पा रहा था कि किसी ने मुझे छोड़ दिया। इसलिए मैंने गुस्से में यह तय किया कि राजेश खन्ना को देख लेना है। जहां उनकी शूटिंग हो रही थी मैं गाड़ी चलाकर उस स्टूडियो में गया। वह बाहर आए और कुर्सी पर बैठ गए। मैंने भी उनके सामने कुर्सी खींच ली और उनके ऐन सामने बैठ गया। उसके बाद मैं उनको घूरे जा रहा था और उनको जैसे कुछ समझ में ही नहीं आ रहा था।'[16] संजय उकसा रहे थे कि राजेश कुछ कहें लेकिन राजेश खामोश थे। 'मैंने उसे कूट कर चूर-चूर कर दिया होता। लेकिन वो चुपचाप बैठा रहा। उसकी किस्मत अच्छी थी,' संजय ने बाद में शेखी बघारते हुए कहा। यह घटना अच्छी तरह से बयान करती है कि उन दिनों के संजय दत्त कैसे थे : गुस्सैल, अपरिपक्व और अहंकारी नशेड़ी।

अपनी तरफ से टीना इन अफवाहों का खंडन कर रही थीं कि संजय के साथ उनका रिश्ता टूटने का कारण राजेश खन्ना थे : 'पिछले सालों में कई छोटी-छोटी बातें जमा हो गई थीं और उसी कारण से हमारा ब्रेकअप

हो गया लेकिन निश्चित रूप से उसकी या मेरी ज़िंदगी में कोई और नहीं आया था।'[17]

जब संजय दत्त राजेश खन्ना के साथ टीना के तथाकथित रिश्ते को लेकर दुखी थे, तो इस बात को लेकर खूब अफवाहें थीं कि उन्होंने रेखा से शादी कर ली। सभी प्रमुख फ़िल्मी पत्रिकाओं ने उनके बीच तथाकथित रिश्तों को लेकर विस्तार से छापा। नवंबर 1982 में *सिने ब्लिट्ज़* पत्रिका में लोकप्रिय स्तंभ 'रिप ऑफ़' में लिखा गया, 'हमें 'रिप ऑफ़' के विश्वसनीय सहयोगियों ने, जो होटल सी रॉक के आसपास मोर्चा जमाए हुए थे, यह बताया कि संजय और रेखा ने अपने तथाकथित वैवाहिक जीवन के पहले कुछ दिन वहीं बिताए...और अगर आप यह सोच रहे हों कि किस तरह से उनको पूरे होटल में किसी ने नहीं देखा, तो फिर से सोचिए। होटल में रूम सर्विस भी होती है।' पत्रिका ने आगे यह लिखा, 'संजय दत्त आजकल खुशी के मारे अपने लंबे पैरों से ठुमका लगा रहे हैं...उनके साथ 'छोटी' प्रेम कविताएं हैं, जो उनकी कवयित्री रेखा ने उन्हें समर्पित की हैं... "तुम मेरी शक्ति हो, मेरी मीनार, मेरे प्यारे नन्हे फूल।"'

संजय और रेखा ने बार-बार ज़ोरदार तरीके से इन बातों का औपचारिक खंडन किया। 'मेरा रेखा से कोई रिश्ता नहीं है' शीर्षक इंटरव्यू में संजय ने कहा, 'रेखा से मेरी शादी की जो खबरें शाया हुई हैं उनमें कोई बहुत बड़ी साजिश है। उसी अखबार ने जिसने मेरी शादी की खबर छापी थी, बाद में खुफिया शादी की फर्जी तफसीलात शाया कीं। उसने यहां तक लिख दिया कि संजय दत्त रेखा से शादी के 15 दिन बाद अपनी दुल्हन को घर ले गया और अपने वालिद सुनील दत्त से कहा कि वो रेखा को आशीर्वाद दें। लेकिन (अखबार की खबर के मुताबिक) सुनील दत्त ने रेखा को मुंह लगाने के बजाए उससे घर से निकाल दिया...यकीन जानो मैंने रेखा से शादी नहीं की है यार। ना जाने क्यों मेरा नाम रेखा से जोड़ कर मुझे बदनाम किया जा रहा है। खास तौर पर जब मैं जानता हूं कि उसके फिल्मी दुनिया की एक अहम शख्सियत से ताल्लुकात हैं।'

संजय दत्त के अनुसार हो सकता है इस तरह की अफवाहें इस वजह से उड़ाई गई हों कि 'मैं उस वक्त भी अमिताभ बच्चन की अयादत के लिए नहीं जा सका जब वो अस्पताल में थे।' उन्होंने आगे कहा कि न ही, 'उसने (रेखा ने) मुझसे अमित जी के मुताल्लिक कभी कोई बात की है। इस खबर के शाया होने के बाद कि रेखा से मेरी शादी हो गई, मैं उससे नहीं मिला हूं क्योंकि मैं जानता हूं कि लोग इसके इंतज़ार में हैं कि वो मुझसे रेखा के करीब देखें और अपनी साजिश को तकवियत बख्शें, जो उन्होंने मुझे बदनाम करने के लिए शुरू कर रखी हैं। ऐसी अफवाहें मुझ पर असर अंदाज़ नहीं होंगी, मगर मैं जानता हूं कि रेखा पर इसका असर ज़रूर पड़ेगा।'[18] (उन दिनों इस बात की खूब चर्चा रही, लेकिन समय के साथ ये अफवाहें निराधार साबित हुईं।)

ये बहुत नाज़ुक वक्त था और फिर...गोलियां चल गईं।

*

22 मई 1982। गर्मियों की एक गर्म रात थी। संभ्रांत पाली हिल के ज़्यादातर बाशिंदे गहरी नींद में थे। सेंट ऐन चर्च के पास 58 नंबर बंगले में अंधेरा छाया हुआ था। लेकिन ऊपर से दिखाई दे रही उस शांति के पीछे अंदर का उथल-पुथल छिपा हुआ था। अचानक, इस मुहल्ले को गोली चलने और शीशे टूटने की आवाज़ों ने झकझोर कर जगा दिया।

संजय दत्त हवा में .22 बोर का अपना राइफल लहराते हुए अपने बंगले के परिसर में डगमगाते हुए चल रहे थे। कुछ मिनटों में चिंतित पड़ोसी और उत्सुक राहगीर बाहर आ जुटे और वे अंदर झांकने की कोशिश कर रहे थे। ऐसा लग रहा था कि वह नौजवान आपे में नहीं था, उसे कुछ समझ में नहीं आ रहा था और वह कुछ घबराया हुआ भी लग रहा था। उसके बाद वह रोने लगा। सुबकने से हिलती हुई देह के साथ वह नंगे हाथों से कंटीले तारों की बाड़ पर चढ़ने लगा। अपने हाथ से बहते खून से बेपरवाह संजय की चीख हवा में गूंज रही थी : 'आप सब

लोग मुझसे डरते क्यों हैं? मैं ड्रग एडिक्ट नहीं हूं... मैंने ड्रग्स छोड़ दी हैं!' उसकी आवाज़ से लग रहा था मानो वो टूट चुका है। ऐसा ज़ाहिर हो रहा था कि टीना का इस तरह उसकी ज़िंदगी से चले जाना उसको अभी भी परेशान कर रहा था।

यह बात धीरे-धीरे साफ़ हुई कि हुआ क्या था : शराब के नशे में चूर और दिल टूटने के गम में डूबे संजय ने अपने बंगले में ही हवा में अंधाधुंध गोलियां चलाई थीं। गोलियों से बंगले की कुछ खिड़कियां टूट गई थीं और उनकी कार का शीशा चकनाचूर हो गया था। 'वह इतना अकेला लग रहा था, इतना दुखी और अपने आप से इतना डरा हुआ... सब कुछ बड़ा दुखद लग रहा था,' मिसेज चौधरी ने बड़ी संवेदना से कहा। वो पास में ही रहती थीं और उस घटना की गवाह थीं। संजय बुरी तरह लड़खड़ा रहे थे।[19]

दत्त परिवार के एक पड़ोसी, पेशे से वकील, मिस्टर मेनन भी वहां मौजूद थे, और उन्होंने पुलिस को फोन कर दिया। 'पुलिस बुलाने के लिए मैं किसी के मरने का इंतज़ार नहीं कर सकता था!' मिस्टर मेनन ने कहा। इस पूरी घटना के बाद मानो संजय को यह ध्यान आया कि उन्होंने कितना गैर ज़िम्मेदारी भरा काम किया है, और बहुत सारे लोग उनको देख रहे हैं। वो भागकर अपने घर में वापस गए और उन्होंने खुद को कमरे में बंद कर लिया। जब पुलिस आई और उसने घर की तलाशी ली तो संजय कहीं नहीं मिले। बाद में उन्होंने माना कि एक दोस्त उनको चुपके से निकाल कर ले गया था।

गोलियां चलने की यह घटना जिस समय की है उस समय संजय घर पर अकेले थे। सुनील दत्त शूटिंग के सिलसिले में अमेरिका गए थे और वे अपने साथ दोनों बेटियों को भी ले गए थे। कुमार गौरव भी अमेरिका जा रहे थे। असल में, उसी शाम संजय कुमार गौरव को छोड़ने के लिए एयरपोर्ट गए थे, तभी उनको यह खबर मिली थी कि टीना की फिल्म *सौतन* की शूटिंग पूरी हो गई थी। सिंगापुर में शूटिंग करके फिल्म

सौतन की पूरी टीम वापस आ चुकी थी। लेकिन टीना ने संजय को फोन तक नहीं किया था। जब संजय घर पहुंचे और अपने लिए शराब निकाली, तो वे इस बात से और भी भड़के हुए थे कि टीना ने उनको फोन नहीं किया। उनके बीच ब्रेकअप हो चुका था लेकिन संजय इसको मानना नहीं चाहते थे। उन्होंने कहा, 'शूटिंग ख़त्म हो चुकी है और सभी लोग वापस आ चुके हैं। लेकिन वह है कहां?...मैं उससे प्यार करता हूं...मैं उसके बिना कभी जी नहीं पाऊंगा।'[20]

जैसे-जैसे रात गुज़रती रही संजय और अधिक पीते गए, और उनका गुस्सा बढ़ता गया। उसके बाद खतरनाक ढंग से उन्होंने घर में ही गोलियां चला दीं।

अगले दिन संजय ने आत्मसमर्पण कर दिया। उनकी राइफल और उनका लाइसेंस ज़ब्त कर लिया गया और उनके पासपोर्ट को भी ले लिया गया। उनकी गिरफ्तारी का ब्योरा देते हुए पत्रिका *स्टार एंड स्टाइल* ने लिखा, 'पुलिस रेकॉर्ड साफ-साफ दिखाते हैं कि संजू के खिलाफ आग्नेयास्त्रों के अंधाधुंध और लापरवाही भरे इस्तेमाल का, जिससे इंसानी ज़िंदगियों को नुकसान पहुंच सकता है, एक मामला (शिकायतकर्ता केशव गोपाल मेनन) दर्ज किया गया है (सेक्शन 336)। उन्हें गिरफ्तार किया गया और 500 रुपए की ज़मानत पर छोड़ दिया गया। संजू का कहना है कि वो गिरफ्तार नहीं हुए और ज़मानत का भी सवाल नहीं उठता।'[21]

उनकी गिरफ्तारी के बाद सुबह में शहर के अखबारों में मुंबई के शेरिफ के बेटे की गिरफ्तारी की खबरें छपीं। साप्ताहिक फिल्म पत्रिका स्क्रीन में एक स्टोरी आई थी जिसका शीर्षक था, 'लुक, संजयज़ शूटिंग'। एक और फिल्म पत्रिका में खबर छपी थी, 'पापा बाहर और संजय हुए बेकाबू। बेकाबू होकर उन्होंने बिला वजह गोलियां चलाईं।'[22] एक और पत्रिका ने संजय दत्त के 'हैरान कर देने वाले' रूप के बारे में लिखा।[23]

संजय जल्दी ही ज़मानत पर रिहा हो गए थे। आधिकारिक कथन के अनुसार, जिसकी पुष्टि पुलिस ने भी की, संजय से ग़लती से गोलियां

चल गई थीं। 'संजय उस रात बहुत अकेलापन महसूस कर रहे थे और उन्होंने शराब भी बहुत अधिक पी रखी थी,' पुलिस ने अपने बयान में कहा। संजय ने भी इस घटना को दबाने का प्रयास किया, उन्होंने मीडिया से यह कहा कि 'जब मैं बंदूक़ साफ़ कर रहा था' तब गोली चल गई थी।[24] 'सब मेरे पीछे पड़े हुए हैं', संजय ने घटना के कुछ दिन के बाद अति नाटकीय ढंग से कहा। उन्होंने बड़ी बेपरवाही से पूछा, 'अगर मैं अपने बंगले के अंदर बंदूक से निशाना लगाता हूं तो यह किसी और को किस तरह से प्रभावित करता है?... मैंने अपनी बंदूक़ को साफ़ करने का फैसला लिया और दो गोलियां चलाकर मैं यह देख रहा था कि बंदूक़ सही थी या नहीं। यह मैं पहले भी कई बार कर चुका हूं यहां तक कि अपने पिता के सामने भी।'[25]

हालांकि, बांद्रा पुलिस स्टेशन के एक इंस्पेक्टर के मुंह से एक इंटरव्यू में यह बात निकल गई, 'मेरे ख़याल से उनके इस तरह के बर्ताव का असल कारण उनकी गर्लफ्रेंड ही है... मुझे निजी रूप से यह लगता है कि इस लड़के के साथ प्यार में धोखा हुआ है।'[26] मीडिया ने भी जमकर इस संबंध में कयास लगाए कि उनके इस तरह से भावनात्मक रूप से टूट जाने और गोलियां चलाने के क्या कारण हो सकते थे, मीडिया का यह कहना था कि या तो टीना के साथ खूब बहस हुई थी और/या संजय दत्त ने ड्रग्स और शराब का नशा अधिक कर लिया था।

मीडिया ने प्यार में टूटे संजय की जो छवि बनाई, एक हाथ में व्हिस्की की बोतल और दूसरे हाथ में बंदूक़ लिए ईर्ष्या एवं गुस्से के मारे गोलियां चलाते हुए, उससे टीना के ऊपर भी ध्यान गया। ब्रेकअप के बाद भी संजय उनके लिए शर्मिंदगी का कारण और एक बोझ बने हुए थे।

सुनील को जब उनके एक दोस्त ने फोन करके इस घटना के बारे में बताया तो वे टूट गए। 'अखबार में जो कुछ भी छपता है आप सबके ऊपर यकीन नहीं कर सकते,' उनका जवाब था। पहले पहल तो उन्होंने

इस कहानी को सच मानने से ही इन्कार कर दिया। लेकिन बाद में जब एक रिपोर्टर ने उनसे सवाल किया तो उन्होंने यह मान लिया कि उनके 23 साल के बेटे के पास बंदूक़ थी। 'वह शिकार करता है... मुझे नहीं पता है कि उसके पास किस तरह की बंदूक़ है। वह जो चाहता है खरीदता है। आप मुझसे यह उम्मीद कैसे करते हैं कि मुझे हर बात की जानकारी हो ही कि उसके पास क्या-क्या है?'[27]

'गोलीबारी की उस घटना के कारण मेरी बहुत बदनामी हुई और पुलिस के साथ मेरे जिस तरह के भयानक अनुभव हुए उसको याद करके आज भी मुझे शर्म के मारे अपना मुंह छिपाने का मन करता है,' संजय ने कुछ साल बाद यह कहा।[28] उन्होंने आगे कहा, 'मुझे पता था कि इंडस्ट्री में सब मेरे ऊपर हंसते थे...मैं इस बात के ऊपर यकीन नहीं कर सकता था कि मैं हार गया...किसी और बात से भी अधिक मेरे ईगो को इससे चोट पहुंची थी।'

*

हालांकि संजय ने टीना की तड़प में गोलियां चलाई थीं लेकिन उन्होंने अपने आप को संभाला और जल्दी ही नई-नवेली अभिनेत्री रति अग्निहोत्री के करीब आ गए, जिनके साथ वह कुछ फिल्मों में काम कर रहे थे। इससे पहले कि टीना से जुदाई का सदमा पूरा होता, वह और रति अग्निहोत्री साथ-साथ रोमांटिक इंटरव्यू देने लगे थे। उदाहरण के लिए, *स्टारडस्ट* पत्रिका में इंटरव्यू लेने वाले के सामने किया गया बातचीत का यह अभिनय?[29]

रति : क्या तुम सच में मुझे प्यार करते हो?

संजय : इस सवाल का जवाब तुम बेहतर जानती हो। अगर तुम साफ़-साफ़ सुनना चाहती हो तो हां मैं तुमको प्यार करता हूं। क्या तुम मुझे प्यार करती हो?

रति : तुमको पता होना चाहिए।

संजय : तुमको पता है न कोई भी इस बात में यकीन नहीं कर सकता है कि रति अग्निहोत्री को भी प्यार हो सकता है?

रति : मैं ऐसी नहीं हूं जो चीख-चीख कर कहती फिरूं कि मुझे प्यार हो गया है! और अगर मुझे कहना ही था तो मैंने अपने घर की चहार दीवारी के अंदर तुम्हारे कान में कहा था!

रति : जब तुम्हारा पहला रिश्ता टूटा था तब तुमने टूटने के उस दर्द को किस तरह सहा?

संजय : उस निराशा से उबरने में तुमने ही मेरी मदद की। तुमने मुझे वह दिया मैं जिसकी तलाश में था। मैं प्यार का भूखा था और तुमने मुझे खूब सारा प्यार दिया। और तुमने मुझे हमेशा समझा है। टीना के साथ मेरे रिश्ते में यह बात नहीं थी। शायद वह रिश्ता एकतरफा था।

रति : अगर वह वापस आ जाए तो क्या तुम उसको अपनाओगे?

संजय : कभी नहीं। अगर उसको कभी मेरी ज़रूरत हुई तो मैं हमेशा उसके लिए उपलब्ध रहूंगा, लेकिन मैं उसको कभी वापस नहीं कबूल करूंगा।

ऐसा नहीं है कि संजय का प्रेम जीवन ही भंवर में था। उनका फ़िल्मी करियर भी लगातार नीचे की तरफ जा रहा था। उनके साथ शूटिंग का शेड्यूल बना पाना असंभव था। यह बात पक्के तौर पर कोई नहीं कह सकता था कि वह शूटिंग के लिए आएंगे और फिल्म पूरी कर देंगे।

बर्बादी के अंधेरे में उम्मीद की एक किरण का हर किसी को इंतज़ार था। आखिरकार वो दिन आ गया।

*

एक दिन हेरोइन का खूब सारा नशा करके संजय सोने के लिए अपने कमरे में गए। उनको याद है कि जब उनकी नींद खुली तो उन्हें बहुत ज़्यादा भूख लगी थी : 'सुबह-सुबह का वक़्त था। इसलिए मैंने अपने नौकर से कहा कि मुझे खाने के लिए कुछ दे।' उनका नौकर पहले तो

कुछ पल उनको देखता रहा और फिर फूट-फूटकर रोने लगा। संजय हैरान थे। उसने संजय से कहा कि वह पूरे दो दिन बाद उठे हैं। 'वो बोला, दो दिन पहले आप सोए थे, और पूरा घर आपकी चिंता में पागल सा हो गया था; लोग आपके लिए बेहद परेशान थे।'[30]

संजय को यक़ीन नहीं हो रहा था कि वो दो दिन से सो रहे थे। उन्होंने खुद को आईने में देखा और अवाक रह गए। उनका चेहरा सूजा हुआ था, उनकी आंखें फूली हुई थीं और नशे में लग रही थीं। उनकी त्वचा पर सुई के कई निशान थे जो नशे का इंजेक्शन लेने पर होते हैं। शीशे में दिख रहे आदमी को देखकर उन्हें अचानक झटका लगा। आईने में जो छवि थी वो उस खूबसूरत आदमी की नहीं थी जिसका नाम संजय दत्त था। उन पलों ने संजय को हिलाकर रख दिया : 'मुझे पता था कि मैं मरने जा रहा था।'[31]

घबराए हुए संजय अपने पिता के पास गए और रोने लगे। 'मुझे मदद चाहिए। मैं अपना जीवन बदलना चाहता हूं,' वह रोते हुए बोले। सुनील ऐसे पिता थे जिनसे वे डरते थे, कुछ विद्रोह भी करते थे। लेकिन उस पल में कुछ ऐसा था जो दोनों को करीब ले आया। इस जंग में वो साथ थे।

11

छुटकारा

1984 की सर्द जनवरी में एक दिन संजय ने अपने पिता के साथ अमेरिका के लिए उड़ान भरी। उनको दक्षिण मियामी के एक अस्पताल में भर्ती किया गया। नशा छोड़ने के कारण उन्हें भयानक रूप से विड्राअल सिंप्टम होता था और उनके कमज़ोर शरीर में बेहद दर्द होने लगता था। ड्रग्स की तलब से उनका पूरा वजूद तकलीफ से तड़प उठता।

अस्पताल में उनसे यह पूछा गया कि वे कौन-कौन से ड्रग्स लेते थे। 'वहां एक डॉक्टर ने मुझे ड्रग्स की सूची दी और बोला : "इनमें से जो ड्रग्स आप लेते थे आप उनमें निशान लगा दीजिए।" तो मैंने वह लिस्ट देखी और बोला : "यार, ये तो सब टिक करना पड़ेगा!"' उन्होंने याद करते हुए मज़ाक में कहा। उस समय, डॉक्टरों को इस बात की बहुत हैरानी हुई कि इस हद तक ड्रग्स लेने के बावजूद संजय ज़िंदा थे। उन्होंने उनके पिता से कहा : 'जिस तरह के ड्रग्स वे ले रहे थे उनको अब तक मर जाना चाहिए था।'[1]

संजय को अस्पताल में समूह चिकित्सा तथा सघन नशा मुक्ति के कार्यक्रम से जोड़ा गया। 'एक मारक और थका देने वाला महीना बिताने के बाद मैं घर लौटने के बारे में सोचने भी लगा था। मैं यह सोचने

लगा कि मैं ठीक हो गया था,' संजय ने उसी साल, बाद में एक इंटरव्यू में कहा।[2] उनके पहले के रिहैब यानी नशे से छुटकारे के लिए होने वाले इलाज के बाद जो हुआ था, वैसा ही फिर से होता हुआ दिख रहा था। संजय शुरू में तो इलाज को लेकर गंभीर होते, लेकिन आखिर में वो उतने गंभीर नहीं रहते और इसे बेफिक्री से लेने लगते। 'उसने सोचा कि अब नशामुक्ति तो हो ही गई इसलिए वो कभी-कभार शराब तो पी ही सकता है,' नम्रता ने कहा।[3]

लेकिन दक्षिण मियामी अस्पताल के पास उनके लिए कुछ अलग ही प्लान था। वे इस बात पर ज़ोर दे रहे थे कि रिहैब सेंटर में लंबे समय के लिए उनका इलाज हो। 'उनकी समस्या केवल ड्रग्स नहीं हैं, यह एल्कोहॉलिक (शराब के आदी) भी हैं,'[4] उन्होंने कहा। संजय को यह बात अच्छी नहीं लगी और वह उन लोगों के ऊपर यह कहते हुए चिल्लाए, 'मुझे शराब की कोई समस्या नहीं है। मैं इसलिए पीता हूं क्योंकि मुझे शराब पसंद है। लेकिन मुझे उसकी लत नहीं है...मैं घर के सिवाय कहीं भी नहीं जाने वाला।'[5] उनके पिता ने उनको समझाने की कोशिश की लेकिन संजय सुनने के लिए तैयार नहीं थे। गुस्से में आकर संजय ने टिकट खरीदा और हवाई जहाज़ से अपने एक दोस्त के घर वॉशिंगटन चले गए। सुनील दत्त दुखी हो गए, उनको ऐसा लग रहा था कि संजय एक बार फिर से इलाज छोड़ने वाले थे। 'मैं अपने एक भारतीय दोस्त के घर गया, जिसको मैं बरसों से जानता था...उसने भी मुझसे यही कहा कि यह मेरे लिए आखिरी मौका था; अगर मैंने अपने ऊपर काबू नहीं रखा तो मैं मर जाऊंगा।' जब संजय का गुस्सा कम हुआ तो डॉक्टरों और उनके शुभचिंतकों की बुद्धिमानी भरी बातें उनको समझ में आने लगीं : 'इलाज करो या तुम मर जाओगे।' अगले ही दिन वे मियामी वापस आ गए, लंबे समय के इलाज और रिहैब के लिए तैयार हो गए।

*

अस्पताल से संजय जिस पुनर्वास केंद्र में जा रहे थे वह मिसिसिपी में जैक्सन के पास कैंटन शहर में था। उनको इस बात को स्वीकार करने में अब भी हिचक हो रही थी कि वो एल्कोहॉलिक हैं। मिसिसिपी जाते हुए फ्लाईट में उन्होंने यह तय किया कि वे शराब न पीकर अपने आपको साबित करके दिखाएंगे। निश्चित रूप से वह छोटी दूरी की उस फ्लाईट में शराब से दूर रह ही सकते हैं, उन्होंने मन ही मन सोचा। लेकिन जैसे ही उन्होंने एयर होस्टेस की ट्रॉली में शराब की बोतलें देखीं तो उनका संकल्प फौरन जाता रहा। एक घूंट से जो शुरू हुआ वह एक पैग तक गया और फिर कुछ और। आखिरकार, नशे में धुत्त संजय जहाज़ से नीचे उतरे। 'अस्पताल से मुझे लेने के लिए एक महिला आई हुई थी, और मैं उससे छिपने की पूरी कोशिश कर रहा था क्योंकि मैं होविट्ज़र [तोप] की तरह भरा हुआ था,' संजय ने याद करते हुए कहा।[6]

संजय को सीधे एक हॉल में ले जाया गया जहां स्त्री-पुरुष भरे हुए थे, वे सब भी नशामुक्ति कार्यक्रम के लिए आए थे। खुद को होश में दिखाने की पूरी कोशिश करते हुए वो शांति से बैठ गए। लेकिन उनको बेहद शर्म महसूस हो रही थी, क्योंकि उनको लग रहा था कि उन सभी को बात समझ में आ गई थी। उन्होंने बाद में बताया कि वे उन लोगों की आंखों में साफ़ तौर पर यह देख सकते थे कि वे लोग क्या सोच रहे थे : 'बैठ जाओ, यहां कुछ गंदा मत करना, हमें पता है कि तुम नशे में हो।'[7]

सुनील दत्त को वापस जाने के लिए कहा गया। अगले छह महीने के लिए संजय को उस पुनर्वास केंद्र में अपने नशे के राक्षस से अकेले ही लड़ना था। पिता को पता था कि संजय के लिए यह 'अभी नहीं तो कभी नहीं' जैसा मामला था।

*

पुनर्वास केंद्र में मरीज़ों के लिए दिन जल्दी शुरू हो जाता था। वहां करीब

30 लोग थे, जिनमें छह महिलाएं भी थीं। संजय को नशे के शिकार आधा दर्जन अन्य लोगों के साथ मिसिसिपी नदी के पास एक ट्रेलर में रखा गया था। बर्तन धोने से खाना बनाने तक, साफ़-सफाई से लेकर कपड़े धोने तक हर काम उनको खुद ही करना पड़ता था। संजय के लिए यह सब नया था। 'पूरी ज़िंदगी मैं किसी न किसी के ऊपर निर्भर रहता आया था। पहले मैं अपनी मां के ऊपर निर्भर रहा, उसके बाद अपनी प्रेमिकाओं के ऊपर (टीना और रति), और फिर मेरी बहनें और पिता। मुझे यह समझ में नहीं आ रहा था कि बिना किसी का सहारा लिए मैं किस तरह से रह पाऊंगा,' संजय ने कहा।[8]

संजय ने अपनी ज़िंदगी में पहली बार खाना बनाना और बर्तन धोना सीखा, हालांकि उन्होंने जल्दी ही यह सीख लिया कि अपनी खूबसूरती और आकर्षण का इस्तेमाल करते हुए समूह की किसी महिला को अपना काम करने के लिए किस तरह मनाया जाए। उन्होंने यह सीखा कि किस तरह दोस्तों के साथ का आनंद लिया जाता है और दूसरे लोगों को किस तरह सुना जाता है ऐसे लोग जो न तो उससे परेशान थे और न ही नाराज़। 'वे हमें झीलों में या दलदल में बार्बेक्यू के लिए ले जाते थे, और मैं देखता था कि लोग वहां बिना ड्रग्स के खूब मस्ती करते थे,' सालों बाद एक इंटरव्यू में उन्होंने उन दिनों को याद करते हुए कहा।[9] संजय ने लंबे समय से खुद को उतना सकारात्मक महसूस नहीं किया था। वह ऐसे लोगों से मिले जो उनसे भी बुरी हालत में थे। उम्मीद जगने लगी और उन्होंने धीरे-धीरे वहां कुछ अच्छे दोस्त बनाने शुरू कर दिए। यहां संजय ने फिर से प्रार्थना करना भी शुरू कर दिया था।

रीहैब में सब उत्साहित होकर खुल कर अपने दर्द और उस डर के बारे में बात किया करते थे जिनके कारण वे नशे के आदी हुए। एक बातचीत में संजय ने इस बात को स्वीकार किया कि वो मरना चाहते थे, ताकि वो अपनी मां के पास जा सकें, जिनकी स्मृतियां उन्हें हर वक़्त परेशान कर रही थीं। उनकी हालत ठीक हो इसके लिए यह ज़रूरी था

कि वे इस बात को स्वीकार कर लें कि उनकी मां इस दुनिया से जा चुकी थीं। हफ़्तों तक संजय और उनके निरीक्षक नरगिस के बारे में बातें करते रहे। संजय को बार-बार समझाया गया, 'वो जा चुकी हैं और अब वह कभी वापस लौट कर नहीं आएंगी, लेकिन इसका यह मतलब तो नहीं कि मुझे खुद को ख़त्म करना चाहिए।'[10] 'पहले अपने लिए जीयो, और उसके बाद अपनी मां के लिए,' उन्होंने कहा।

संजय को सप्ताह में एक बार फोन करने की अनुमति थी। वह या तो घर फोन करते थे या करीबी दोस्त कुमार गौरव को। उनको अपने परिवार और दोस्तों की बहुत याद आती थी और वो उनके साथ होने के लिए तड़पते थे। इलाज के उस कार्यक्रम से संजय ठीक तो होने लगे थे लेकिन कई बार वो बहुत अकेला महसूस करते थे। मगर पता नहीं क्यों एक ख़ालीपन अब भी उन्हें अपने आगोश में लिए था। न जाने क्यों उन्हें अब भी उम्मीद की कोई किरण दिखाई नहीं दे रही थी।

नशे के आदी लोगों के बारे में एक पुरानी कहावत है : उनको किसी से भी ज़्यादा प्यार अपनी नशे की आदत से होता है। संजय अपनी एक पैग पीने की तड़प से लड़ रहे थे। नियम के अनुसार, अगर समूह के किसी एक व्यक्ति ने शराब पी तो समूह के दूसरे साथियों के उसके बारे में शिकायत करनी पड़ती थी। लेकिन झूठ बोलना किसी नशेबाज़ की सबसे बुरी आदत होती है। संजय खुद भी बरसों से झूठ बोल रहे थे। अब वो फिर एक बार उसी गिरफ्त में फंसने के लिए तैयार थे। उनकी बुरी आदतें उन्हें अपनी तरफ खींच रही थीं। लेकिन अगर वे हार मान जाते तो इसका मतलब होता नशा मुक्ति कार्यक्रम के सारे किए धरे पर पानी फिर जाना। सुनील दत्त को मानो इस बात का आभास हो गया था कि उनके बेटे का आत्मविश्वास डिग रहा था, इसलिए वे संजय से मिलने के लिए हवाई जहाज़ पकड़ कर आ गए।

*

सुनील दत्त को अपने बेटे की बहुत याद आ रही थी जो धरती के दूसरे छोर पर था। वे इस बात को कम ही जताते थे लेकिन उनका ध्यान हमेशा संजय के ऊपर ही लगा रहता था। जैसे ही उनको काम से फुर्सत मिली, वे कुछ दिनों के लिए अपने बेटे के पास पहुंच गए। लेकिन उनको बहुत सदमा पहुंचा : सुनील दत्त को इस बात का संदेह हुआ कि संजय ने एक बार फिर से पीना शुरू कर दिया था। क्या दत्त परिवार के भाग्य में यही लिखा था कि वो एक के बाद एक संकट में फंसते रहें? क्या कोई ऐसा तरीका था जिससे बार-बार नशा मुक्ति के थकाऊ, भयानक असफल घेरे से मुक्ति मिल सके? क्या उनका बेटा कभी भी नशे की क़ैद से आज़ाद नहीं होगा? पिता का दिल टूटा हुआ था, लग नहीं रहा था कि यह जुड़ पाएगा। पैसों के बल पर उन्होंने संजय का हरसंभव इलाज किया लेकिन फिर भी वे अपने बेटे को बचा नहीं सके। वे साफ़ तौर पर इस बात को महसूस कर रहे थे कि संजय के ऊपर अगर नज़र न रखी जाए तो वह फिर से ड्रग्स के चक्कर में पड़ सकते थे। सुनील दत्त नई उम्मीदों के साथ अमेरिका आए थे, लेकिन वहां वे हताश-निराश हो गए। उनको हार जाने का अहसास हो रहा था।

मुश्किल वक़्त में सुनील दत्त मदद के लिए नरगिस के टेप रेकॉर्डिंग को सुनते थे। वो टेप, जो उन्होंने न्यूयॉर्क के अस्पताल में रेकॉर्ड किए थे। संजय को बचाने की आखिरी कोशिश करते हुए सुनील दत्त ने संजय को नरगिस के आखिरी दिनों में की गई बातचीत के कुछ टेप भेजे।

नरगिस की मृत्यु के तीन साल हो चुके थे लेकिन संजय के दिल में लगा घाव मानो अब भी हरा था। मां की मौत पर संजय रोए नहीं थे। जब संजय को सुनील दत्त का भेजा हुआ टेप मिला तो उनको इस बात का पता नहीं था कि उनमें क्या था। उन्होंने टेप का प्ले बटन दबाया और अचानक कमरे में नरगिस की आवाज़ भर गई। ये आवाज़ एक लम्हे में उन्हें उनके बचपन में ले गई जब उनकी मां की आवाज़ दत्त परिवार के बंगले में गूंजा करती थी। मगर टेप से निकलती जिस आवाज़

को सुन रहे थे वह कमज़ोर थी, टूटी हुई थी और बेहद दर्द से भरी थी। लेकिन उनकी मां तब भी अपने प्यारे संजय से जुड़े अपने सपनों की बात कर रही थीं। वो उन्हें ज़िंदगी में कुछ करने को कह रही थीं :

"किसी भी चीज़ से अधिक संजू...अपनी इंसानियत को बनाए रखना। अपने चरित्र को संभाले रखना। कभी दिखावा नहीं करना। हमेशा विनम्र बने रहना और सदा अपने बड़ों की इज़्ज़त करना। यही बात तुमको बहुत आगे लेकर जाएगी। और यह तुमको काम करने की ताकत देगी..."[11]

संजय मूर्ति की तरह बैठे वो आवाज़ सुनते रहे। कमरे में बस वो थे और उनकी मां। 'मैंने अपनी मां की आवाज़ सुनी...मुझे सलाह दे रही थीं और मुझे बहुत कुछ बता रही थीं कि वह मुझे कितना प्यार करती थीं, कि वह मेरा कितना ख़याल रखती थीं... और मुझसे उनकी कितनी उम्मीदें थीं,' संजय ने याद करते हुए कहा, '...मैं रोने लगा और मैं रोता रहा, रोता रहा...'[12]

उन्होंने अपनी मां की आखिरी ख्वाहिश को सुना। 'मैं चार दिनों तक लगातार रोता रहा...मुझे लगता है कि उनके गुज़र जाने के बाद से मैंने उनका मातम नहीं मनाया था। इसलिए उन टेपों और उनकी आवाज़ ने मेरी ज़िंदगी में सब कुछ बदल कर रख दिया,' संजय ने कहा।[13] वो जान गए थे कि उनको अपनी ज़िंदगी फिर से खड़ी करनी होगी।

उन पलों में संजय को यह महसूस हुआ कि उनको बचाने के लिए उनकी मृत मां मानो वापस आ गई थीं।

इस वाकए ने संजय दत्त की ज़िंदगी बदल दी। उसकी मां की कमज़ोर लेकिन प्यार भरी आवाज़ ने वहां रोशनी डाली थी जहां अब तक सिर्फ अंधेरा था। जब संजय को इस बात का पूरा यकीन हो गया कि उसकी मां कहीं ऊपर से उन्हें देख रही थीं, उनका साथ दे रही थीं, तो संजय ने अपने इलाज को गंभीरता से लेना शुरू किया। इस बार संजय की हालत सुधरने लगी।

रिहैब (पुनर्वास केंद्र) में संजय नौ महीने से थे, और मुंबई की चमकती रोशनी से दूर वहां की सुकून भरी दुनिया में उनको मज़ा आने लगा। वहां उनको इतना ज़्यादा अच्छा लगा कि वे इस बात पर गंभीरता से विचार करने लगे कि उनको हमेशा के लिए अमेरिका में ही रुक जाना चाहिए। यह विचार बिल नाम के शख़्स से मिल कर आया, जिससे संजय की दोस्ती रिहैब सेंटर में हुई थी। बिल संजय को टेक्सास में अपने घर लेकर गया। संजय ने याद करते हुए बताया, 'उसके पापा रैंचर थे। उनके पास बहुत सारे लंबे सींगों वाले मवेशी थे और वे पूरे टेक्सास में मीट की आपूर्ति किया करते थे। काफी सारा कुछ था।'[14]

'यहीं रह जाओ, हम लोग जानवर पालेंगे,' बिल ने एक दिन संजय से कहा। संजय इस बात पर विचार करने लगे। वे बहुत आकर्षित थे। अब वह इसी तरह का जीवन जीना चाहते थे। फिल्मी दुनिया की गला काट प्रतियोगिता से दूर, जहां सभी उनके ऊपर हंसते थे और उनका मज़ाक उड़ाते थे। वह कुछ हद तक शर्मिंदा भी महसूस कर रहे थे, और वापस जाने में डर भी लग रहा था। 'मैं अपने आपको पूरी तरह से काट लेना चाहता था और फिल्म जगत में वापस नहीं जाना चाहता था,' संजय ने बताया।[15]

पिता के साथ फोन पर साप्ताहिक बातचीत में संजय ने अपने विचारों को अपने पापा के साथ साझा किया : 'मैं वापस नहीं आना चाहता हूं, मैं जानवर पालना चाहता हूं।' संजय के बैंक खाते में 50 लाख रुपए थे। उन्होंने अपने पिता से क़हा कि वे अमेरिका में उनको पैसे भेज दें। 'मैं यहां निवेश करूंगा और ज़मीन खरीदूंगा,' संजय ने कहा।[16]

सुनील दत्त ये सुनकर बहुत निराश हो गए। घटनाओं ने जिस तरह का मोड़ लिया था वह बिलकुल अप्रत्याशित था। दत्त परिवार को संजय की कमी खल रही थी और वे बेसब्री से उसके वापस आने का इंतज़ार कर रहे थे। सुनील दत्त को इतनी बेचैनी हुई कि वो अगली ही फ्लाईट से अमेरिका के लिए निकल गए। संजय से मिलकर उन्होंने उनसे यह

मिन्नत की : 'बेटे, मेरी खातिर लौट आओ...मैं तुमको यहां दिखाना चाहता हूं, मैं यह दिखाना चाहता हूं कि तुम छिपकर नहीं रह रहे हो।'[17] सुनील दत्त ने संजय दत्त को वापस आने के लिए तैयार करने की कोशिश की। वह चाहते थे कि वो अपना खोया हुआ आत्मविश्वास, अपनी जवानी और स्टारडम वापस पाए। उन्होंने अपने बेटे से कहा कि वह चाहते थे कि उनका बेटा फिल्म इंडस्ट्री में लौटकर आए और सबको यह दिखा दे कि वह भागा नहीं था। संजय ने जो किया था उसका अंजाम भुगत कर भारत वापस आए और इंडस्ट्री में बड़ा स्टार बनकर उभरे, सुनील दत्त ने कहा।

संजय दत्त ने आखिरकार अपने पिता के समझाने पर अपना इरादा कुछ वक़्त के लिए छोड़ दिया। संजय ने सुनील से कहा कि वो भारत लौट तो आएंगे। लेकिन एक ही शर्त पर : 'डैड, मैं एक साल के लिए ही वापस आऊंगा।' शर्त थी कि अगर फ़िल्मी करियर नहीं चला तो एक साल बाद वो अमेरिका वापस चले जाएंगे। सुनील ने उनकी बात मान ली। अंततः महीनों के इलाज के बाद सितंबर 1984 में 'पाली हिल का संजू बाबा' वापस बंबई आ गया।

दत्त परिवार के अलावा किसी को भी यह नहीं पता था कि संजय मुंबई वापस आ चुके थे। इसलिए घर आने के बाद पहली ही सुबह उनके घर में काम करने वाले ने बताया कि कोई उनसे मिलने के लिए आया था तो संजय को बड़ी हैरानी हुई। आधी नींद की हालत में वो यह देखने के लिए गए कि कौन आया था, और देखते ही वो सकते में आ गए। 'वह मुझे ड्रग्स सप्लाई करने वाला आदमी था। मैंने उससे पूछा कि उसको यह कैसे पता चला कि मैं आ गया था? उसने कहा कि बस उसको कहीं से पता चल गया था।' ड्रग डीलर ने संजय से कहा कि वह उनके लिए कुछ नया 'माल' लाया था। 'मुझे फैसला करने में एक सेकेंड लगा। या तो मैं उसे ले लूं या कह दूं कि भाड़ में जाओ।'[18] उस निर्णय के महत्वपूर्ण पल में उनकी आंखों के सामने वह सब घूम गया कि किस

तरह ड्रग्स ने उनको नारकीय पीड़ा पहुंचाई और उनके परिवार को किस तरह के अपमान से गुज़रना पड़ा था। उनको अपनी मां की दर्द भरी आवाज़ भी याद आई। कुछ पल की खामोशी के बाद संजय ने अपने डीलर से कहा कि वह चला जाए और कभी लौटकर न आए। 'उस दिन मैं समझ गया कि मैं लड़ाई जीत चुका था,' संजय ने कहा।[19]

किस्मत एक बार फिर दत्त परिवार के ऊपर मेहरबान थी। 1984 में, नम्रता और कुमार गौरव ने शादी करने का फैसला कर लिया। उन्हीं दिनों, राजीव गांधी ने सुनील दत्त से कहा कि वे लोक सभा चुनाव में पार्टी की तरफ से चुनाव लड़ें, इंदिरा गांधी की हत्या के बाद आम चुनाव हो रहे थे। सुनील दत्त ने मुंबई की उत्तर-पश्चिम संसदीय क्षेत्र से लोकसभा का चुनाव जीत लिया। हालांकि, संजय इसके पक्ष में नहीं थे कि उनके पिता अचानक इस तरह से राजनीति में जाएं। 'राजनीति में बहुत ईमानदार होना बहुत अच्छी बात नहीं होती। ईमानदार आदमी का हमेशा अंत हो जाता है,'[20] संजय ने कहा। उन्होंने कहा, 'मुझे पापा की सियासत में दिलचस्पी लेना पसंद नहीं। पापा बहुत सीधे सच्चे आदमी हैं। उन जैसे आदमी के लिए सियासत ठीक नहीं है।'[21] सुनील दत्त और संजय दत्त के बीच का रिश्ता पुराने ज़माने के पिता पुत्र के रिश्ते जैसा था। संजय उनकी इज़्ज़त करते थे और उनसे एक निश्चित दूरी बनाकर रखते थे, हालांकि रिहैब के समय से वह उनसे अधिक खुलकर बात करने लगे थे।

दत्त परिवार की ज़िंदगी पटरी पर लौटने लगी थी। हालांकि, संजय को अब भी ये ज़िंदगी मुश्किल लग रही थी। वो अब भी संघर्ष कर रहे थे। उनके परिवार के लोग और उनके नज़दीकी दोस्त कुमार गौरव और व्यवसायी किशोर बजाज उनको देखकर खुशी महसूस कर रहे थे कि संजय रिहैब से वापस लौट आए थे। लेकिन जो लोग उनको प्यार करते थे वे इस बात को लेकर चिंतित भी थे कि कहीं इतिहास स्वयं को फिर से न दोहराए और संजय कहीं अपनी बुरी आदतों को फिर

न शुरू कर दें। संजय ने याद करते हुए कहा, 'मैं जैसे गंदगी से भरी सड़क पर चल रहा था... वह एक ऐसा समय था जो अस्वीकृतियों और निराशा से भरा हुआ था। मेरे होने की किसी को परवाह ही नहीं रह गई थी।'[22] वह जिन लड़कियों के साथ पहले संबंध में थे टीना मुनीम और रति अग्निहोत्री वे अपनी-अपनी ज़िंदगियों में आगे बढ़ चुकी थीं। फिल्म इंडस्ट्री का आत्मविश्वास उनमें नहीं रह गया था और इंडस्ट्री ने भी संजय से किनारा कर लिया था। 'ज़ाहिर है निर्माताओं के पास मेरे ऊपर यकीन करने का कोई कारण नहीं था। मैं सबको निराश कर चुका था, सबको अक्सर धोखा दिया था मेरे जैसे बदमिजाज़ आदमी के पीछे कौन लाखों रुपए का निवेश करना चाहता?' संजय ने पूछा।[23]

संजय को एक बार फिर से सब कुछ शुरू करना था। यह मुश्किल काम था और फिल्म जगत में उसकी कोई ख़ास रुचि भी नहीं रही थी। वे खुद को इस दर्जा नहीं गिराना चाहते थे कि निर्माताओं के यहां जा जा कर काम मांगें। संजय के दिल में अमेरिका वापस जाने का इरादा था। हर सुबह वे बांद्रा के सी रॉक होटल जाते थे, जहां वे स्क्वैश खेलकर अपने दिन काटते थे। वह उस साल दिन गिन रहे थे। आठ महीने गुज़र चुके थे। संजय को ऐसा लग रहा था कि उनकी ज़िंदगी मवेशीपालक बनने की तरफ बढ़ रही थी।

लेकिन क़िस्मत उन्हें कहीं और ले जाना चाहती थी।

फिल्म निर्माता पप्पू वर्मा के पास एक एक्शन फिल्म की पटकथा तैयार थी और वे उसके ऊपर फिल्म बनाना चाहते थे। वह जल्दी से जल्दी उस फिल्म को बनाना चाहते थे और हीरो की भूमिका के लिए किसी अभिनेता की तलाश में थे। लेकिन वे यह चाहते थे कि फिल्म जल्दी से पूरी हो जाए। संजय के पास कोई काम नहीं था और वर्मा इस बात को जानते थे कि संजय से एकमुश्त शूटिंग की तारीखें मिल सकती थीं। पप्पू संजय से मिलने गए और उन्होंने उनको फिल्म करने के लिए दस लाख रुपए की पेशकश की।

संजय ने पहला सवाल यह किया : 'इसमें समय कितना लगेगा?'

'दो या तीन महीने,' वर्मा का जवाब था।

संजय ने हिसाब लगाया कि यह फिल्म उनको उस दौर में व्यस्त बनाए रखेगी जो अमेरिका जाने से पहले उनका खाली समय था और जितने समय के लिए उनके पिता ने उनसे भारत में रहने के लिए कहा था। उन्होंने अनुबंध पर हस्ताक्षर कर दिए। फिल्म साइन करने के एवज में उनको 15 हज़ार रुपए का साइनिंग अमाउंट मिला, जिससे उन्होंने सुनील दत्त के लिए एक महंगी कलम और अपनी बहनों के लिए तोहफे खरीदे। फिल्म का नाम था : *जान की बाज़ी*।

संजय महीनों से फिल्मों से दूर थे। *जान की बाज़ी* की शूटिंग के पहले दिन उनको बेचैनी महसूस हो रही थी : क्या उन्होंने फिल्म साइन करके गलती कर दी? वह वैसे ही घबराए हुए थे जिस तरह से 1979 में *रॉकी* का पहला शॉट देते समय घबराए हुए थे। जैसे ही शॉट पूरा हुआ, सेट पर तालियों की गड़गड़ाहट गूंज उठी। फिल्म की यूनिट ने खड़े होकर उनके लिए तालियां बजाईं। संजय का चेहरा चमक रहा था। उनके लोग उनको भूले नहीं थे। उन पलों में लगा कि वे सच में उसके ऊपर यकीन रखते थे।

जान की बाज़ी जल्दी पूरी हो गई और 1985 में रिलीज़ हुई। फिल्म ने अच्छा व्यवसाय किया और संजय अमेरिका नहीं गए। उनका आत्मविश्वास बढ़ गया था और उनको इसी की ज़रूरत थी और अब वह तय कर चुके थे कि उनको अपना करियर फिर से बनाना था और खुद को साबित करना था। अपने पिता के साथ उनके रिश्ते में भी नाटकीय ढंग से सुधार आया। संजय जिस तरह से कठिन संघर्ष कर रहे थे सुनील उसके कायल थे और संजय के पीछे वे इस दौरान चट्टान की तरह खड़े रहे।

12

नाम

अभी तक संजय की ऐसी कोई फिल्म नहीं थी जिसे सच्चे अर्थों में सुपरहिट कहा जाए। नियति सफलता के लिए भूखे चार लोगों को एक साथ ले आई और बॉलीवुड का एक इतिहास रचा गया। महेश भट्ट ने निर्देशक के रूप में पहली फिल्म 1974 में बनाई थी *मंज़िलें और भी* हैं—यह फिल्म बहुत बोल्ड थी जिसमें दो भगोड़े और एक तवायफ के बीच की प्रेम कहानी थी। यह फिल्म 1972 में ही बन गई थी लेकिन आरंभ में इसको सेंसर बोर्ड ने इसलिए सर्टिफिकेट देने से इन्कार कर दिया था कि उनको ऐसा लगता था कि 'फिल्म में विवाह की पवित्र संस्था का मज़ाक उड़ाया गया था।'[1] यह फिल्म बहुत बाद में अनेक कट्स के साथ रिलीज़ हुई। 'फिल्म बॉक्स ऑफिस पर फ्लॉप रही, दर्शकों के लिए वह फिल्म बहुत रेडिकल और बेचैन कर देने वाली थी,' महेश भट्ट ने कहा।

चार फ्लॉप फिल्मों के निर्देशन के बाद उनको प्रसिद्धि मिली एक और साहसी फिल्म *अर्थ* (1972) के कारण—जो एक अर्ध आत्मकथात्मक फिल्म थी और जिसमें विवाहेतर संबंधों की कहानी थी। फिल्म में शबाना आज़मी, कुलभूषण खरबंदा और स्मिता पाटिल ने अभिनय किया था। उनकी अगली फिल्म *सारांश* (1984) को भी फिल्म आलोचकों की खूब

सराहना मिली और फिल्म ने बॉक्स ऑफिस पर ठीक-ठाक व्यवसाय भी किया। लेकिन महेश भट्ट एक ऐसी फिल्म बनाना चाहते थे जो बॉक्स ऑफिस के रेकॉर्ड तोड़ दे और उनको एक सफल व्यावसायिक यानी सुपरहिट निर्देशक के रूप में स्थापित कर दे।

वे दो सौतेले भाइयों की एक कहानी के ऊपर काम कर रहे थे। एक भाई गुमराह हो जाता है और ड्रग्स के धंधे में शामिल हो जाता है जबकि दूसरा भाई उसको बचाने के लिए हर संभव कोशिश करता है। सही और गलत के बीच फंसे दो भाइयों की कहानी बॉलीवुड का आज़माया हुआ रूपक था। महेश भट्ट ने इस विचार को कुमार गौरव के साथ साझा किया, जिन्होंने अपना प्रोडक्शन हाउस शुरू किया था। 1980 में *लव स्टोरी* फिल्म के साथ असाधारण सफलता हासिल करने के बाद कुमार गौरव की अधिकतर फ़िल्में डूब गई थीं, और महेश भट्ट की ही तरह वे भी कामयाबी के लिए तड़प रहे थे। उनको महेश भट्ट का आयडिया पसंद आया और वे चाहते थे कि उस फिल्म का निर्माण वे अपने बैनर के तले करें।

इसके बाद महेश भट्ट ने वह आयडिया पटकथा लेखक सलीम खान को सुनाया। सलीम अपने सहयोगी पटकथा लेखक जावेद अख्तर से अलग हो गए थे उन दोनों (सलीम-जावेद) ने *शोले, दीवार, डॉन* और *यादों की बरात* जैसी बेहद सफल फिल्मों की पटकथाएं लिखी थीं। अब सलीम के बारे में इस तरह की बातें व्यंग्य में कही जाती थीं कि पटकथा लेखन की असली क्षमता जावेद अख्तर में ही थी, सलीम तो जावेद की पूंछ पकड़ चल रहे थे। इस तरह की अफवाहों से सलीम को बेहद तकलीफ होती थी। 'मैं यह चाहता था कि मेरी वापसी किसी ऐसी फिल्म से हो जिसकी सफलता को पूरी तरह से मुझसे जोड़कर देखा जाए,' उन्होंने याद करते हुए कहा।[2] हर हाल में वो एक सफल फिल्म चाहते थे।

इन तीन लोगों के साथ चौथा आदमी आ जुड़ा, जिसके अंदर भी मानो आग लगी हुई थी : संजय दत्त। अब जब संजय ने मुंबई में ही

बने रहने का फैसला कर लिया था तो उनको दुनिया के सामने इस बात को साबित करना था कि वो ज़माना बीत चुका जब वे ड्रग्स लिया करते थे। वो साबित करना चाहते थे कि वो भी हिट फिल्म दे सकते थे। महेश पहली बार संजय दत्त से तब मिले थे जब वे ड्रग्स लिया करते थे। उनको यह बात निश्चित रूप से महसूस होने लगी थी कि वो फिल्म में जिन दो लोगों को मुख्य भूमिकाओं में लेना चाहते थे वे दोनों सबसे अच्छे दोस्त भी थे और आपस में साले-बहनोई भी, कुमार गौरव और संजय दत्त। कुमार गौरव जो उस फिल्म के निर्माता भी थे, इस बात को लेकर पूरी तरह आश्वस्त थे कि संजय उस भूमिका के साथ न्याय करेंगे। लेकिन महेश भट्ट के अनुसार, कुमार गौरव के पिता राजेंद्र कुमार को इस फिल्म को लेकर कुछ आपत्तियां थीं। उन्होंने अपने बेटे से कहा, 'संजय दत्त फिल्म में मर जाता है और जो व्यक्ति मर जाता है उसको अधिक याद किया जाता है। मैं इस बात से सहमत हूं कि तुम्हारा रोल बहुत अच्छा है लेकिन कोई और कहानी देखो? यह कंपनी तुम्हारी है और हम ऐसी फिल्म क्यों बनाएं जिसका लाभ तुमको ही न हो?' लेकिन कुमार गौरव मन बना चुके थे। महेश ने याद करते हुए कहा, 'कुमार गौरव ने कहा, "यही फिल्म बनेगी।" अंततः राजेंद्र कुमार ने हार मान ली। एक भाई के रूप में, एक दोस्त के रूप में फिल्म जगत में मेरी पूरी ज़िंदगी के दौरान मैं कह सकता हूं क़ि जैसा कुमार गौरव का इस फिल्म में योगदान रहा है उसकी कोई तुलना नहीं है...एक तरह से यह बड़ा त्याग उसने अपने सबसे अच्छे दोस्त संजू की मदद के लिए किया।'[3]

इस तरह ये प्रतिभाशाली, दृढ़ निश्चयी और बेचैन कलाकार, जो अपने लिए नाम कमाने की तमन्ना रखते थे, एक साथ आए। फिल्म का नाम रखा गया *नाम*। फिल्म में कुमार गौरव ने सही ही एक ज़िम्मेदार और मेहनती भाई की भूमिका निभाई, जबकि संजय ने विक्की की भूमिका निभाई, जो सही और गलत की परवाह किए बिना किसी भी तरह पैसे कमाना चाहता है। रवि की मदद से विक्की दुबई पहुंचने में कामयाब

हो जाता है, जहां वह ड्रग्स के धंधे में फंस जाता है। संजय की भूमिका में ऐसा बहुत कुछ था जो संजय के असली जीवन में भी घटित हुआ था।

नाम की कहानी जज़्बात से भरपूर थी, और महेश ने संजय को बहुत प्यार से निर्देशित किया। फिल्म की शूटिंग के दौरान उनके बीच बहुत अच्छे संबंध बन गए। महेश यह याद करते हैं कि उस दौरान वे खुद बहुत अधिक शराब पीने लगे थे लगभग एक बोतल रोज़।' इस बार बदली हुई भूमिका निभाते हुए संजय दत्त ने शराब से दूर रहने में महेश भट्ट की मदद की। 'वह नशामुक्ति से तब लौटे ही थे... वे अपने साथ *अल्कोहलिक्स अनोनिमस* पुस्तक लाए थे जिसे उन्होंने मुझे उपहार में दे दिया।'[4] सेट पर बहुत अजीब तरह की सकारात्मकता थी। ऐसा लगता था कि सभी एक दूसरे की मदद के लिए तैयार रहते थे। सफलता का माहौल लग रहा था।

लेकिन इंडस्ट्री में किसी को भी *नाम* फिल्म से कोई बड़ी उम्मीद नहीं थी। महेश भट्ट के अनुसार, 'फिल्म इंडस्ट्री में हर जगह संजय के नशे की लत के बारे में चर्चा होती थी।'[5] संजय ने याद करते हुए कहा, 'वे ऐसे दिन थे जब लोग मुझे संदेह की नज़र से देखते थे।'[6] संजय अपने इस दाग़ को नाम की सफलता के साथ धो देना चाहते थे। इस मौके पर उन्होंने अपने काम के लिए हर संभव मेहनत की। ऐसी इंडस्ट्री में जिसमें अभिनेता परदे पर अपनी छवि के लिए कुछ भी करते हैं—वे लाइटिंग, अच्छे एंगल आदि पर काबू रखने की कोशिश करते हैं—और शॉट देने से पहले घंटों आईने के सामने बिताते हैं लेकिन संजय इन सबसे अलग हैं। उन्होंने खुद को पूरी तरह से निर्देशक और कैमरामैन के हाथों में छोड़ दिया था। 'फिल्म के पहले शेड्यूल के दौरान, महेश भट्ट ने मुझे एक तरफ बुलाया और बोले, "मैं यह चाहता हूं कि तुम अपने वास्तविक रूप में रहो। किसी तरह की एक्टिंग नहीं।" मैंने कोशिश की और तब मुझे यह बात समझ में आई कि परदे पर अपने असली रूप में रह पाना कितना मुश्किल होता है,' संजय ने बताया।[7]

महेश भट्ट और सलीम खान के अनुसार, संजय अभिनय के बौद्धिक नज़रिए के उपयुक्त नहीं थे। उनका जो स्वाभाविक नज़रिया है वह अधिक भावनात्मक और सहज है। 'वह भावनाओं को उनके चरम रूप में प्रदर्शित करते हैं...गुस्सा होने पर आक्रामक हो जाना और तकलीफ होने पर बहुत उदास हो जाना। उनमें बच्चों जैसा एक गुण है। ...पहले संजय ने जिन निर्देशकों के साथ काम किया था उन लोगों ने संजय के व्यक्तित्व को किसी अन्य किरदार में बदलने का काम किया। जिसके कारण वे खोए-खोए से लगे,' महेश भट्ट ने कहा। लेकिन *नाम* फिल्म में संजय जिन भावनाओं को अभिव्यक्त कर रहे थे वे उनसे परिचित थे और वे एक ऐसे किरदार में थे जिसके साथ वे खुद को जोड़ सकते थे।

उदाहरण के लिए फिल्म में महेश भट्ट के सबसे पसंदीदा दृश्य को ही लें। संजय हांगकांग में एक टेलीफोन बूथ पर हैं और अपने भाई को फोन करके बता रहे हैं कि वे मुश्किल में हैं और उनको मदद की ज़रूरत है। उस दृश्य में, महेश भट्ट याद करते हुए कहते हैं, 'संजय एक ऐसा बच्चा था जो अंदर से बहुत डरने वाला था जबकि बाहर से बहुत सख्त दिखता था। ऐसा बच्चा जो किसी मुश्किल में फंस गया है और उसको यह समझ में नहीं आ रहा है कि उससे किस तरह बाहर निकला जाए। और वह बिना किसी संकोच के अपने भाई की तरफ हाथ बढ़ाता है कि वह उसको किसी तरह बचा ले। इस तरह के मौके संजय के असली जीवन में भी आए थे।'[8] हर उस दृश्य में संजय का परदे पर अपनी मां नूतन से सामना होता है तो मां हर दृश्य में अपने गुमराह बेटे से दुखी ही दिखाई देती हैं, जबकि ऊपर के इस दुखी भाव के बावजूद अंदर ही अंदर वह उसको बहुत प्यार करती है। यह बात भी संजय के वास्तविक जीवन जैसी है।

जैसे-जैसे फिल्म रिलीज़ होने के करीब आती जा रही थी उसकी अच्छी संभावना जताई जा रही थी। फिल्म के रिलीज़ होने से पहले ही फिल्म का संगीत बहुत लोकप्रिय हो गया। 'तेरे दिल की तू जाने', 'तू

कल चला जाएगा' और खासकर 'चिट्ठी आई है' गाना उस साल का सबसे हिट गाना साबित हुआ। पंकज उधास के गाए इस गीत की धूम मच गई, खासकर एनआरआई दर्शकों में। 12 सितंबर 1986 को रिलीज़ हुई इस फिल्म को आलोचकों तथा आम दर्शकों का एक समान प्यार मिला, और यह उस साल की तीसरी सबसे अधिक कमाई वाली फिल्म बन गई। महेश भट्ट की यह पहली गोल्डन जुबिली फिल्म रही (50 सप्ताहों तक यह फिल्म सफलतापूर्वक चली), लेखक सलीम खान की भी यह पहली सोलो हिट फिल्म थी, *लव स्टोरी* के बाद यह कुमार गौरव की सबसे बड़ी हिट फिल्म रही।

लेकिन सबसे बड़ी बात यह रही कि लोगों ने एक शानदार अभिनेता को पाया, एक नए स्टार को, संजय दत्त के रूप में, जिनको उस फिल्म की सफलता का सबसे अधिक श्रेय मिला। इस तरह की अफवाहें भी थीं कि इस वजह से संजय दत्त और कुमार गौरव के बीच मनमुटाव हो गया। लेकिन संजय ने इन अफवाहों का खंडन करते हुए कहा, 'यह कहना बेवकूफी की बात है कि *नाम* फिल्म के बाद बंटी (कुमार गौरव) के साथ मेरे रिश्ते बिगड़ गए...अगर कुछ हुआ तो इस फिल्म के बाद हमारे रिश्ते सुधर गए...हमने अपने करियर की शुरुआत एक साथ की थी और अब एक एक साथ वापसी कर पाने में भी सफल रहे।'[9] आने वाले सालों में संजय ने कई बार कमबैक किया। लेकिन *नाम* फिल्म कुमार गौरव की आखिरी सफल फिल्म साबित हुई, कुमार गौरव को कई बार रीलॉन्च किया गया लेकिन वे अंततः गुमनामी में खो गए।

नाम देखने के बाद सुभाष घई ने कहा, 'महेश, संजय के साथ सफल रहा जबकि मैं *विधाता* में सफल नहीं हो पाया था।' संजय दत्त के प्रदर्शन की तारीफ़ करते हुए *फिल्मफेयर* ने लिखा, 'एक ऐसा रोल जो उनके लिए ही बना था...दर्शक उनको प्यार करना चाहते थे...उसके लिए उन्होंने अपना दिल निकाल दिया।'[10] संजय की वापसी हो चुकी थी, और वो भी किस तरह।

नाम के हिट होने के बाद एक दिन संजय, महेश भट्ट से मिलने उनके शूट पर गए। अचानक वहां खलबली सी मच गई। जब महेश भट्ट पीछे मुड़े तो उन्होंने देखा कि संजय कार से निकलकर उनकी तरफ बढ़ रहे थे। उनके पीछे भारी भीड़ थी। लोग संजय की एक झलक के लिए जुट गए थे। महेश भट्ट ने याद करते हुए कहा, 'उसने मुझे गले से लगा लिया और बोला, "शुक्रिया। अब मैं खुद से आंखें मिला सकता हूं।"'[11]

13

ऋचा शर्मा

नाम ने संजय को आत्मविश्वास दिया था। मज़ेदार बात यह हुई कि उनको नया नाम भी मिला। इससे पहले फिल्म के क्रेडिट में अंग्रेज़ी में उनका नाम Sunjay लिखा आता था, अब वो बदल कर Sanjay हो गया। संजय को यह साबित करना था कि नाम की सफलता तुक्के से नहीं आई थी। यह बात सच है कि संजय को कभी भी महान अभिनेता के रूप में नहीं देखा गया लेकिन 1980 के दशक के आखिरी वर्षों और 1990 के दशक के आरंभिक वर्षों के दौरान संजय बड़े स्टार थे और उनके चाहने वाले दर्शकों की बड़ी तादाद हो गई थी, खासकर छोटे शहरों में। लोग उनके बारे में जानने को लेकर उत्सुक थे, उनकी मां की मृत्यु की त्रासदी, उनके ड्रग एडिक्शन, उनका बेहद सार्वजनिक प्रेम और ब्रेक अप, फिल्मों में उनकी वापसी, जिममें तराशा हुआ उनका मर्दाना शरीर, उनके लंबे बाल, और परदे के बाहर के जीवन में उनकी बदमाशियां। हां, जहां तक परदे से बाहर की दुनिया में नाटकबाज़ी की बात हो तो संजय ने कभी निराश नहीं किया।

नाम की शूटिंग के दौरान उनकी मुलाक़ात फिलीपींस की शा नाम की एक एयरहोस्टेस से हुई और उससे उनको प्यार हो गया। लेकिन

यह रोमांस बहुत कम दिनों के लिए चला कहा जाता है कि संजय यह चाहते थे कि शा अपना करियर छोड़ दे और उनके साथ हो जाए लेकिन जल्दी ही शा ने यह फैसला कर लिया कि संजय के साथ उसका कोई भविष्य नहीं था। कुछ ही हफ़्तों में संजय ने अभिनेत्री किमी काटकर की तरफ रुख किया। किमी काटकर की प्रसिद्धि का कारण थी बी श्रेणी की एक फिल्म *एडवेंचर्स ऑफ़ टार्ज़न* (1985) जिसमें उन्होंने बोल्ड दृश्य दिए थे और अब वह कुछ फिल्मों में संजय दत्त के साथ काम भी कर रही थीं। जब संजय से पूछा गया कि क्या वे उनको लेकर गंभीर थे तो संजय का जवाब था, 'एक तरह से, हां।' उन्होंने आगे कहा, 'इस समय मैं बहुत मस्ती कर रहा हूं, और यही काफी है। जब मैं किसी लड़की के साथ होता हूं तो उससे मैं यह उम्मीद करता हूं कि वह मेरे साथ डिस्को और रेस्तरां में खुलकर जाए।'[1] वैसे यह रिश्ता अधिक गंभीर लग रहा था। जैसा कि एक पत्रिका में यह लिखा गया, 'एक समय ऐसा भी था कि जूनियर दत्त किमी के कोलाबा स्थित फ़्लैट में जाते थे और उन पकवानों का आनंद उठाते थे जिसे टीना काटकर (किमी की मां) खास तौर पर उनके लिए बनाती थीं।'[2] लेकिन यह रोमांस अचानक तब समाप्त हो गया जब एक नई लड़की का संजय के जीवन में आगमन हुआ। उन दिनों मूवी मैगज़ीन ने कवर स्टोरी की थी : 'संजय ने ऋचा के लिए किम को धोखा दिया।'[3]

*

ऋचा शर्मा का जन्म एक पंजाबी परिवार में 1963 में हुआ था। लेकिन वह जब बच्ची थीं तभी अपने मां-पिता के साथ न्यूयॉर्क चली गई थीं। 1977 में देव आनंद ने फिल्म *देस परदेस* का प्रीमियर न्यूयॉर्क में आयोजित किया। फिल्मों की जानी मानी हस्तियां और चुनिंदा गणमान्य लोग देव आनंद के आसपास थे, जो उस शाम के स्टार थे। लेकिन देव की आंखें एक लंबी, गोरी 14 साल की लड़की के ऊपर टिकी हुई थीं, जो उस

प्रीमियर में एक रंगीन ऑटोग्राफ बुक लेकर आई थी। देव ने उससे नाम पूछा। 'ऋचा शर्मा,' उसने जवाब दिया। उन्होंने ऑटोग्राफ बुक में हस्ताक्षर किए और उससे पूछा कि क्या वह फिल्मों में काम करना चाहती थी। उसने कहा, हां। इस बात को सालों गुज़र गए और वह उस बातचीत के बारे में भूल भी गई। लेकिन देव आनंद नहीं भूले।

1984 में एक शाम ऋचा को भारत से एक फोन आया। वह फोन देव आनंद का था। उन्होंने बड़े उत्साह के साथ ज़ोर से कहा, 'मेरे पास तुम्हारे लिए रोल है। क्या तुम अब भी करना चाहती हो?[4] ऋचा के लिए यह सपने के सच होने जैसा था। देव के बुलावे पर वह जल्दी ही मुंबई आ गई।

ये फिल्म थी *हम नौजवान* (1985) और ऋचा को देव आनंद की नई खोज बताया गया; अन्य प्रमुख खोजों में थीं ज़ीनत अमान और टीना मुनीम। देखते ही देखते उनको अनिल कपूर, जैकी श्रॉफ़, शेखर सुमन और संजय दत्त के साथ भूमिकाओं के प्रस्ताव दिए जाने लगे। तक़रीबन इसी समय उनकी मुलाक़ात संजय दत्त से हुई। संजय ने वो मुलाक़ात याद करते हुए बताया कि किस तरह 1985 में पहली मुलाक़ात में संजय ऋचा के ऊपर मोहित हो गए थे। 'मैं ऋचा से पहली बार अपनी किसी फिल्म के मुहूर्त पर सी रॉक होटल में मिला था...उसने जींस और बहुरंगी टॉप पहन रखी थी। मैंने पूछा कि वह कौन थी...कुछ दिन बाद मैंने उसको फोन किया और अपने साथ चलने के लिए कहा।'

मुलाकातें होती रहीं और प्यार हो गया। संजय हमेशा किसी नए रिश्ते की शुरुआत में जोश में रहते थे। हर नए रिश्ते के साथ बड़ी-बड़ी उम्मीदें और बड़ी संभावनाएं जुड़ी होती थीं लेकिन ऐसा लगता था कि उनके रिश्तों का उसी तेज़ी से बिखर जाना तय होता था, जिस तेज़ी से वे शुरू होते। मगर ऋचा के साथ वे अपना भविष्य देख रहे थे : 'मुझे यह बात जल्दी ही समझ में आ गई कि ऋचा उन लड़कियों से अलग थी जिनको मैं पहले जानता था। वह न तो सोच-समझ कर हिसाब

लगाने वाली थी, न ही किसी तरह से मोल-तोल करने वाली, न ही वह पैसों के पीछे थी। वह एक साधारण लड़की थी, एक ऐसी इंसान जिसके ऊपर भरोसा किया जा सकता हो...मैं उसके बिना और नहीं रह सकता था,' संजय ने उस समय कहा।[5]

हालांकि संजय इस बात को जानते थे कि ऋचा न्यूयॉर्क में अपने माता-पिता को इसलिए छोड़कर आई थीं कि हिंदी फिल्मों में काम कर सकें, लेकिन हमेशा की तरह वे यह चाहते थे कि 'उनकी स्त्री' उनके लिए अपना काम छोड़ दे। 'मैंने उससे शादी करने का फैसला किया। मैं यह चाहता था कि वह मेरे लिए, हमारे होने वाले बच्चों और हमारे घर के लिए अपना फ़िल्मी करियर छोड़ दे। वह मान गई; वैसे भी वह कोई ख़ास महत्वाकांक्षी नहीं थी,'[6] संजय ने बताया। साफ़ था कि शादी के बाद पत्नी को घर बैठाने के मामले में वो पूरी तरह से अपने पापा के बेटे थे। संजय ऋचा के साथ शादी करने के लिए बहुत उतावले थे। वह न्यूयॉर्क गए और ऋचा शर्मा के माता-पिता से मिलकर उनसे अपनी इच्छा जताई कि वे उससे शादी करना चाहते थे। संजय के मुताबिक़, 'ऋचा के परिवार को बहुत तरह की चिंताएं थीं...खासकर मेरे बारे में, मेरी अराजक छवि के कारण। लेकिन उसके डैड के साथ पहली ही मुलाक़ात में हमने एक दूसरे से दिल खोलकर बातें कीं, और वे मुझे समझ गए।' जब उनके मां-पापा भी मान गए तो ऋचा ने यह तय किया कि संजय के लिए अपनी महत्वाकांक्षाओं का त्याग कर देंगी। मिसेज दत्त बनने के लिए उन्होंने सब कुछ छोड़ देने का फैसला किया।

इसके बाद 28 साल के संजय दत्त ने अक्टूबर 1987 में न्यूयॉर्क में एक समारोह में 24 वर्षीय ऋचा शर्मा से विवाह कर लिया। अनेक करीबी पारिवारिक मित्र शादी में शामिल होने के लिए न्यूयॉर्क गए। सफ़ेद शेरवानी और पगड़ी पहने संजय ख़ालिस पंजाबी दूल्हे लग रहे थे। शादी के समारोह के दौरान संजय की बगल में नरगिस की तस्वीर रखी हुई थी। दत्त परिवार सातवें आसमान पर था। संजय ने अपने जीवन में काफी

उतार-चढ़ाव देखे थे और सुनील दत्त इस बात से खुश थे कि उनके बेटे की ज़िंदगी अब पटरी पर आ रही है। वे ऋचा को बेहद पसंद करते थे और अपने परिवार में उसका स्वागत करते हुए बहुत खुश थे।[7]

शादी के बाद संजय का जीवन बहुत ख़ुशियों भरा था। 'वह घर में खाने के लिए मेरा इंतज़ार करती थी और मुझे यह पसंद था। यह जानकर बहुत अच्छा लगता था कि घर में मेरे लिए कोई इंतज़ार कर रहा है। मुझे ऋचा की दीवानगी अच्छी लगती थी,' उन्होंने कहा।[8] जल्दी ही ऋचा गर्भवती हुईं और संजय अपने पिता बनने की ख़ुशी में बहुत जोश में थे। 10 अगस्त 1988 को संजय और ऋचा को एक बेटी हुई, जिसका नाम त्रिशला रखा गया।

संजय की ज़िंदगी बहुत खूबसूरत लगने लगी थी।

*

त्रिशला अभी चार महीने की ही थी कि ऋचा को बहुत सिरदर्द रहने लगा। शुरुआत में मामूली सिर दर्द मानकर किसी ने गंभीरता से नहीं लिया। लेकिन कुछ वक्त के बाद जब दोनों दिल्ली घूमने के लिए गए थे तो ऋचा की तबीयत अचानक खराब हो गई और उसने वहीं चेकअप करवाने का फैसला किया। संजय को काम के सिलसिले में मुंबई वापस आना था। वे ऋचा को किसी रिश्तेदार के घर छोड़कर वापस मुंबई के लिए निकल गए। मगर वो अभी दिल्ली एयरपोर्ट पर ही अपनी फ्लाइट के इंतज़ार में थे कि उनको उद्घोषणा सुनाई दी : 'श्री संजय दत्त फोन के पास आ जाएं।' वो पास के काउंटर पर फोन अटेंड करने गए। 'मुझे समझ में नहीं आया कि क्यों? वह एक डॉक्टर का फोन था जो मुझे फ्लाइट छोड़कर फौरन क्लीनिक आने के लिए कह रहा था,' संजय ने याद करते हुए कहा।[9] डॉक्टर ने फोन पर इसके अलावा कुछ और बताने से इन्कार कर दिया।

संजय फौरन एयरपोर्ट से निकलकर कर क्लीनिक पहुंचे। पता चला

कि ऋचा एमआरआई रूम में थीं। वो हैरान होकर डॉक्टर के पास पहुंचे। 'इनको ब्रेन ट्यूमर है,' डॉक्टर ने कहा।

संजय ख़ामोश हो गए। कुछ पल की चुप्पी के बाद संजय ने पूछा, 'किस तरह का ब्रेन ट्यूमर है?'

'यह लाइलाज है।'

बुरा वक़्त फिर से संजय की ज़िंदगी में दबे पांव दाख़िल हो चुका था।

भाग्य के एक क्रूर फेर से, ऋचा को न्यूयॉर्क ले जाया गया और स्लोआन कैटरिंग अस्पताल में भर्ती कराया गया। वही अस्पताल जिसमें संजय की मां नरगिस ने अपनी ज़िंदगी के सबसे दर्द भरे महीने बिताए थे। दर्द का चक्र घूमकर संजय को एक बार फिर उसी अस्पताल की चौखट तक ले आया था।

ऋचा के कैंसर की खबर से सुनील दत्त हिल गए। नरगिस के साथ अपने अनुभव को देखते हुए सुनील ने संजय को बुरे के लिए तैयार करने की कोशिश की। 'आपको सच बताऊं मैं हमेशा दर्द से भागता रहा...ऋचा बीमार थी। मैं शुरू में इस बात को स्वीकार नहीं कर पा रहा था। लेकिन डैड ने मुझे इससे निकाला। न्यूयॉर्क की फ्लाइट के दौरान वे मुझे हर बुरे हालात के लिए तैयार करते रहे...यहां तक कि उसकी मृत्यु के लिए भी,' संजय ने बाद में याद करते हुए कहा।[10]

ऋचा का पहला ऑपरेशन तो अच्छा रहा लेकिन न्यूयॉर्क में उनका इलाज लंबा और मुश्किल था। उन्होंने यह तय किया कि अस्पताल से निकलने के बाद ऋचा अपने मां-पापा के पास रहेंगी। संजय उनके साथ शुरू-शुरू में तो रहे, लेकिन कई फिल्मों की शूटिंग की तारीखें पहले से दे रखी थीं इसलिए उनको मुंबई लौट जाना पड़ा। वह ऋचा को देखने के लिए न्यूयॉर्क आते-जाते रहते थे।

दत्त परिवार जिस तरह संजय और ऋचा के साथ खड़ा रहा, वह तारीफ के काबिल था। संजय की बहन प्रिया ने न्यूयॉर्क में टेलीविज़न निर्माण के एक कोर्स में दाखिला ले रखा था। वह ऋचा के साथ रहने

और उनकी मदद करने लगीं। संजय की बेटी त्रिशला न्यूयॉर्क में ऋचा के साथ थी और ज़ाहिर है वह बहुत छोटी थी इसलिए उसको यह नहीं समझ में आ सकता था कि उसकी मां के साथ क्या हो रहा था। भारत में संजय इस बात से दुखी रहते थे कि वे अपनी पत्नी और बच्ची के साथ रह नहीं पा रहे थे। उनको अपनी बेटी की खासतौर पर याद आती थी। 'मैं उसको ऋचा से भी अधिक प्यार करता हूं, दुनिया में किसी से भी अधिक...मेरा सपना यह था कि मेरा एक बच्चा हो जो मेरे साथ बड़ा हो...लेकिन मैं इस बारे में कुछ नहीं कर सकता। क्योंकि ऋचा को उसकी मुझसे अधिक ज़रूरत है। यह बड़ी दुख की बात है। मेरी बेटी के पास उसका पिता नहीं रह सकता।'[11]

उन मुश्किल दिनों में, सुनील दत्त हमेशा अपने परिवार की ताकत बने रहे, वे अक्सर न्यूयॉर्क ऋचा और त्रिशला से मिलने के लिए जाते थे।

14

माधुरी दीक्षित की एंट्री

संजय का ध्यान एक बार और काम से हट गया : एक तो अपनी पत्नी और शादी के कारण और फिर उस उथल-पुथल के कारण जिनसे वे गुज़र रहे थे। 1988 में, ऋचा के कैंसर के बारे में पता चलने से पहले संजय की पांच फ़िल्में रिलीज़ हुईं : *खतरों के खिलाड़ी, मर्दों वाली बात, मोहब्बत के दुश्मन, जीते हैं शान से* और *कब्ज़ा*। *कब्ज़ा* के अलावा बाकी सभी फ़िल्में मल्टी स्टारर थीं। उनमें से कुछ फिल्मों ने बॉक्स ऑफिस पर औसत व्यवसाय किया और उनमें से किसी भी फिल्म ने ऐसा नहीं किया जिससे यह बात साबित हो जाए कि संजय का सोलो यानी एकल स्टार के रूप में वजूद साबित हो जाए। फिल्म *नाम* से उनको जो फायदा हुआ था वह उसको खोते जा रहे थे।

उस साल संजय की एक ही याद करने लायक फिल्म आई थी। वो फिल्म थी महेश भट्ट निर्देशित फिल्म *कब्ज़ा*। फिल्म को सलीम खान ने लिखा था और उनको यह उम्मीद थी कि फिल्म *नाम* का जादू फिर से चल जाएगा। हॉलीवुड फिल्म *ऑन द वाटरफ्रंट* से प्रेरित बनी इस फिल्म में संजय दत्त जिस भूमिका को निभा रहे थे वह भूमिका 1954 में बनी मूल फिल्म में मार्लन ब्रांडो ने निभाई थी। फिल्म में संजय को

नए 'एंग्री यंग मैन' के रूप में दिखाया गया था और फिल्म के पहले दृश्य में संजय खून में लथपथ, शरीर में चार गोलियां खाए, आधी रात में सुनसान सड़क पर पड़ा हुए थे। फिल्म में दो भाइयों की कहानी है : रंजीत वर्मा (राज बब्बर) और छोटा भाई रवि (संजय दत्त)। दोनों माफिया डॉन वेलजी भाई सोडा (परेश रावल) के लिए काम करते हैं पढ़ा-लिखा रंजीत वेलजी भाई का वकील है, जबकि रवि उनके छोटे मोटे काम करता है। एक दिन वेलजी भाई रवि से कहता है कि वह उस्ताद अली मोहम्मद (आलोक नाथ) की संपत्ति पर कब्ज़ा कर ले। लेकिन उस्ताद अली से मिलने के बाद रवि का दिल बदल जाता है। वह अली को पसंद करने लगता है, जो एक तरह से रवि के मार्गदर्शक बन जाता है। जब वेलजी भाई अली को मरवा देता है तो रवि फैसला करता है कि वह बदला लेगा।

कब्ज़ा ऐसी फिल्म थी जिसमें संजय के लिए यह मौका था कि वह सोलो एक्शन स्टार के रूप में दिखाई दे। लेकिन फिल्म में नाम की तरह न तो भावनात्मकता थी न ही वह उसकी तरह सुसंगत फिल्म थी। ऐसा लगता है मानो संजय ने नींद में अपना रोल निभाया हो; असल में फिल्म के कई महत्वपूर्ण दृश्यों में संजय रुचि से काम करते नहीं लगते। जो गहराई उन्होंने *नाम* में दिखाई थी वह इस फिल्म में नहीं थी। '*कब्ज़ा* एक अच्छी फिल्म थी लेकिन फिल्म बॉक्स ऑफिस पर नहीं चली', महेश भट्ट ने कहा।[1] उनकी कंपनी ने उस फिल्म को एक दशक बाद *गुलाम* के नाम से बनाया, जिसमें मुख्य भूमिका आमिर खान ने निभाई थी। इस फिल्म ने अच्छा व्यवसाय किया।

संजय ने कई फ़िल्में साइन कीं। उन दिनों अभिनेता एक दिन में कई- कई शिफ्टों में काम किया करते थे। इसके कारण अभिनेताओं को अपनी भूमिकाओं के लिए तैयारी करने के लिए वक्त नहीं मिलता था। 1980 के दशक में सबसे व्यस्त अभिनेताओं जैसे धर्मेन्द्र, मिथुन चक्रवर्ती और गोविंदा जैसे अभिनेता खराब पटकथाओं पर बनने वाली मल्टी स्टारर

फिल्मों में अभिनय करते थे। देखने से लगता है जैसे उन लोगों ने हर फिल्म में एक ही भूमिका निभाई हो। संजय के मामले में भी यही था कि चाहे वह पुलिस इन्स्पेक्टर की भूमिका में हों या किसी मवाली की भूमिका में उनके तौर तरीके, संवाद अदायगी तो एक सी होती ही थी वे देखने में भी एक से ही लगते थे। उनके अभिनय में विविधता नहीं थी, बस एक ख़ास स्टाइल था।

*

1988 वह साल था जब आमिर खान की तहलका मचा देने वाली पहली फिल्म *क़यामत से क़यामत* तक रिलीज़ हुई। यह हिंदी फिल्मों में बदलाव का कारण बनी : हिंदी फिल्मों में फिर से रोमांस और कर्णप्रिय संगीत का दौर शुरू हुआ। ऐसा लगता है कि संजय इस बदलाव से पैदा हुई चुनौती का सामना करने के लिए तैयार नहीं थे। उन्होंने बहुत सारी फिल्मों में काम किया था लेकिन केवल एक फिल्म *नाम* में ही उनका प्रदर्शन उल्लेखनीय था। संजय को एक ऐसे निर्देशक की ज़रूरत थी जो उनको काबू में रखे और लगातार प्रेरित करता रहे। एक फिल्मकार के अनुसार, जिन्होंने उनको दो फिल्मों में निर्देशित किया, 'संजू का रुख अपने रोल के प्रति उदाहरण के लिए न तो आमिर खान जैसा रहता था न ही गोविंदा की तरह डांस और कॉमेडी के कलाकार के रूप में उनकी पहचान थी। संजू सीमित प्रतिभा के अभिनेता हैं।'

लेकिन तब वह इतने लोकप्रिय क्यों थे? उस निर्देशक ने बताया, 'लोगों के साथ उनका भावनात्मक जुड़ाव किसी से भी अधिक था। उनकी जो निजी छवि थी वह त्रासदी भुगते हुए एक आदमी की थी और उनके साथ लोग खुद को जोड़ कर देखते थे...उनकी अधिकतर लोकप्रिय भूमिकाएं उसके व्यक्तित्व का ही विस्तार थीं संवेदनशील, खोया खोया सा आदमी।'

महेश भट्ट इस बात को स्वीकार करते हैं, 'जिसे हम होशियार

या इंटेलिजेंट अभिनेता कहते हैं वह वैसा नहीं है। वह बहुत खोया-खोया सा इंसान है, वह बेहद संवेदनशील है।'

अगले साल, 1989 में एक और स्टार का आगमन हुआ जो आने वाले दशकों में फिल्मी दुनिया पर राज करने वाला था। 1988 अगर आमिर खान के नाम था तो 1989 का साल सलमान खान के नाम रहा, जिसने *मैंने प्यार किया* जैसी ब्लॉकबस्टर फिल्म के साथ शुरुआत की। 1980 के दशक का औसत सिनेमा का वह दौर अब शुक्र की बात थी कि ख़त्म होता जा रहा था। नए-नए फिल्म निर्देशक आए जिनकी संवेदना बेहतर थी, जो सिनेमा की कला को बेहतर तरीके से जानते थे, जैसे मंसूर खान और सूरज बड़जात्या, जो व्यावसायिक सिनेमा के नए, ऊंचे मानक गढ़ रहे थे। 'सीनियर' स्टार के रूप में संजय दत्त लहरों के साथ बहते हुए अपने करियर में नई जान डाल सकते थे। 1989 में संजय की जो फ़िल्में आई थीं उनमें *इलाका, दो कैदी, ताक़तवर* और *हम भी इंसान हैं* शामिल हैं। लेकिन सब की सब फ़िल्में मल्टी स्टारर थीं और उन फिल्मों में याद रखने लायक कुछ भी नहीं था, जिनमें संगीत भी खराब था और अभिनेताओं का प्रदर्शन भी बुरा था।

इस साल वैसे संजय की एक उल्लेखनीय फिल्म आई थी—*कानून अपना अपना*। *कानून अपना अपना* में संजय दत्त को 1982 की फिल्म विधाता के बाद दिलीप कुमार के साथ एक बार और काम करने का मौका मिला था। फिल्म में दिलीप कुमार ने कलक्टर जगत प्रताप की मुख्य भूमिका निभाई थी, जो भ्रष्ट मंत्री (कादर खान) से टक्कर लेते हैं। संजय ने फिल्म में जगत प्रताप के बेटे रवि की भूमिका निभाई थी, जिसका अपने पिता के साथ संघर्ष रहता था, क्योंकि भ्रष्टाचार से लड़ने और न्याय दिलाने के बारे में उनके अलग-अलग विचार थे। *कानून अपना अपना* हिट फिल्म थी। लेकिन संजय के लिए यह एक और ऐसा मौका था जिसे उन्होंने गंवा दिया। अभिनय में वे बुरी तरह लड़खड़ा गए। इसका कुछ दोष निश्चित रूप से निर्देशक बी. गोपाल को दिया

जाना चाहिए। पटकथा बुरी तरह लिखी गई थी और घिसी-पिटी थी, और फिल्म का निर्देशन औसत से कमज़ोर था। इतना खराब कि गोपाल दिलीप कुमार की अभिनय क्षमता का भी ठीक तरह से इस्तेमाल नहीं कर पाए।

हालांकि, एक संतोष की बात भी रही। 1989 में संजय दत्त ने जे.पी. दत्ता की फिल्म *हथियार* में अपने करियर का सबसे अच्छा प्रदर्शन किया, हालांकि बॉक्स ऑफिस पर फिल्म का प्रदर्शन औसत ही रहा। संजय ने फिल्म में अविनाश की भूमिका निभाई थी, जिसके पिता (कुलभूषण खरबंदा) गांव के ज़मींदारों की हिंसा से बचने के लिए मुंबई में आकर रहने लगते हैं। लेकिन उनको जल्दी ही यह बात समझ में आ जाती है कि बड़े शहरों में भी जीवन अलग नहीं होता और यहां भी हिंसा जीवन का अंतर्निहित हिस्सा होता है। गरीबी और हालात की वजह से अविनाश के पिता आत्महत्या कर लेते हैं। जब अविनाश को कोई काम नहीं मिलता है तो वह अपराधी हो जाता है। उसको बंदूकों से प्यार है और वह अपराध की दुनिया के आकर्षण में पड़ जाता है।

हिंदी फिल्म प्रेमियों के बीच *हथियार* फिल्म का दर्जा काफी ऊंचा माना जाता है। अकसर यह कहा जाता है बाद में चलकर राम गोपाल वर्मा की *सत्या* (1998) या महेश मांजरेकर की *वास्तव* (1999) की पूर्वछाया *हथियार* में देखी जा सकती है।

हालांकि इस फिल्म में धर्मेन्द्र (जिन्होंने डॉन की भूमिका निभाई थी) और ऋषि कपूर (जिन्होंने एक नेक इंसान की भूमिका निभाई थी) जैसे स्टॉर थे लेकिन बंदूक़ से सम्मोहित युवा की संजय ने ज़बरदस्त भूमिका निभाई थी। महेश भट्ट की फिल्म नाम के बाद जे. पी. दत्ता पहले ऐसे निर्देशक थे जिन्होंने संजय के अभिनय की गहराई को उभारा। अपने करियर में संजय ने दर्जनों फिल्मों में इस तरह की अनेक भूमिकाएं कीं। एक ऐसे नौजवान की जो अपराध की दुनिया में घिर गया है। यह उनके व्यक्तित्व के अनुकूल लगता था। लेकिन संजय बड़ी शिद्दत

से किसी ऐसी सुपरहिट फिल्म की तलाश में थे जो उनके करियर को आगे बढ़ा दे, खासकर इसलिए क्योंकि खानों का महत्व बढ़ता जा रहा था। उनके समकालीन अभिनेताओं में अनिल कपूर, सन्नी देओल और जैकी श्रॉफ़ पहले ही उनसे आगे निकल चुके थे। अब नए अभिनेताओं में आमिर और सलमान उनसे कुछ ही पीछे थे। महेश भट्ट ने उन दिनों संजय के साथ हुई मुलाक़ात को याद किया है। उनके मुताबिक़, 'थोड़ी बहुत सफलता और *नाम* फिल्म से मिली तारीफ़ का असर कम पड़ता जा रहा था...और एक तरह की बेचैनी थी। संजू को बुरी तरह एक हिट फिल्म की ज़रूरत थी...वह इस बात को समझ गए थे कि उनका स्टारडम उनके हाथ से फिसलता जा रहा था...। *नाम* फिल्म के बाद उनके करियर का ग्राफ ऊंचा नहीं चढ़ पाया था।'[2]

असुरक्षा के मारे संजय एक के बाद एक फिल्में साइन करने में लग गए। उन्होंने कहा, 'इतनी अधिक बेचैनी थी। जब आप असुरक्षित महसूस करते हैं तो आप जितनी हो सके उतनी फिल्म में काम करना चाहते हैं...इसके अलावा, मेरी निजी समस्याओं ने भी मेरे जीवन और मेरे करियर को बुरी तरह प्रभावित किया था।'[3] संजय ने आगे कहा, 'मैंने करीब 40 फ़िल्में साइन कीं, अगर उनमें से एक या दो फिल्म भी चल जाती तो मेरी खुशी के लिए काफी था।'[4]

संजय खुद को काम में व्यस्त बनाए रखने की कोशिश में लगे थे लेकिन ऋचा की बीमारी उनको बहुत अधिक प्रभावित कर रही थी। उनका न्यूयॉर्क आना-जाना लगा रहता था। शुरू-शुरू में वे ऋचा और अपनी बेटी से मिलने के मौके की तलाश में रहते थे। 'मुझे अपने बच्चे का ध्यान रखना अच्छा लगता है, उसकी नैपी बदलना, उसको खाना खिलाना... आज मैं इसको इस तरह से देखता हूं। वह मुझसे एक साल, दो साल के लिए दूर है, लेकिन आखिरकार वह मेरे साथ रहेगी।' उनको यह उम्मीद थी कि ऋचा और त्रिशला अंततः जल्दी ही लौटकर आ जाएंगे, और इसी उम्मीद के सहारे वे चल रहे थे। लेकिन ऋचा का इलाज खिंचता

जा रहा था। उनको कई तरह के ऑपरेशन करवाने पड़े। परिवार में सभी के लिए यह शारीरिक और मानसिक रूप से थकाने वाला था। संजय की यह आदत थी कि वह ऐसी दर्दनाक स्थितियों से भागते थे और जिस रफ़्तार से वह फ़िल्में साइन किए जा रहे थे, इसके कारण उनका जाना कम होने लगा। लेकिन इस दौरान जो बात सबसे बुरी हुई वह यह थी कि खबरें छपने लगीं कि वे एक बार फिर दोस्तों के साथ पार्टियां करने और पीने लगे थे। वे शराब पीने लगे थे और पीने के बाद उनके झगड़ों और अपने साथ काम करने वाली अभिनेत्रियों के साथ उनके अफेयर के किस्से मीडिया में आने लगे।

कई ऑपरेशनों के बाद ऋचा का स्वास्थ्य बेहतर था। लेकिन संजय और ऋचा की शादी संकट में थी, क्योंकि संजय की अय्याशी के किस्से लगातार सामने आते रहते थे। अमृता सिंह, एकता और अनु अग्रवाल के साथ संजय की नज़दीकियों को लेकर अफवाहें प्रकाशित होती रहती थीं और प्रेस द्वारा उनको ऐसे प्रस्तुत किया जा रहा था जैसे वे कैसानोवा हों।

संजय के साथ काम कर चुके एक सह अभिनेता ने, जो बॉलीवुड फिल्मों में नकारात्मक किरदारों के लिए जाने जाते हैं, एक बार मुझे बताया, 'संजय हमेशा लड़कियों को प्रभावित कर लेते थे। वह अपनी ऐसी छवि बनाते थे जैसे वे बहुत असहाय किस्म के इंसान हों, जिसने ज़िंदगी में बहुत त्रासदियां उठाई हों। एक ऐसे आदमी की छवि जिसे प्यार और देखभाल की ज़रूरत हो। वे सहानुभूति के लिए तड़पते थे और लड़कियां उन पर मरती थीं। इसके अलावा वे मशहूर दत्त परिवार के उत्तराधिकारी थे और इस बात का भी कुछ असर रहता था।' एक बार यह पूछे जाने पर कि किसी लड़की को किस तरह प्रभावित करना चाहिए, संजय ने कहा, 'अगर आप किसी लड़की को पसंद करते हैं तो उसको ऐसा महसूस करवाएं जैसे वह आपकी मां हो... उसके छोटे बच्चे बन जाइए... उसे ऐसा महसूस करने दीजिए जैसे वह आपका बहुत

ध्यान रखने वाली हो। औरतों का मनोविज्ञान अगर सीखना है तो मेरे पास आओ।'[5]

कई साल बाद जब संजय से यह पूछा गया कि क्या वे कभी एक साथ दो लड़कियों के साथ संबंध में थे, उन्होंने जोश में आते हुए जवाब दिया, 'मैं तो एक समय में तीन-तीन लड़कियों के साथ रिश्ते में था।'

आप एक समय में ही तीन-तीन लड़कियों के साथ किस तरह निबाह कर पाए?

'आपको चालाकी दिखाने की ज़रूरत होती है...एक को यह पता नहीं चलना चाहिए कि दूसरी के साथ क्या चल रहा है।'[6]

हम इस बात को निश्चित रूप से नहीं जानते कि संजय अपने जीवन के किस दौर की बात कर रहे थे, लेकिन निश्चित रूप से ऋचा संजय के तथाकथित प्रेम संबंधों से अनजान नहीं थीं। जब ऋचा अमेरिका में थीं तब उनकी बहन ऐना मुंबई आईं और यहां उन्होंने एक इंटरव्यू में कहा, 'मैंने ऋचा से कहा 'होशियारी दिखाओ' और वह जो कह रहा है उसको सुनना बंद कर दो। और जो तुम सुन रही हो उसके ऊपर यकीन करना शुरू कर दो। क्योंकि जब मीडिया में कुछ छप रहा है तो उसके पीछे ज़रूर किसी तरह की सच्चाई होती होगी।'[7]

लेकिन संजय ने पीड़ित होने का नाटक खेला। जब भी उनसे शादी में आने वाली परेशानियों के बारे में पूछा जाता तो वे सहानुभूति हासिल करने की कोशिश करते, यह कहते कि अकेलापन उनको किस तरह से खाए जा रहा था। वह दिन भर काम करके जब शाम को घर लौटते थे तब उनको अच्छा नहीं महसूस होता था, वह कहते, 'काम में पूरा दिन कट जाता है। घर जाता हूं तो बहुत अकेलापन महसूस होता है। पापा और प्रिया से बात करता हूं। वो हिम्मत बंधाते हैं। कभी टीवी और वीडियो मेरे साथी बन जाते हैं। अब मैं ज्यादा खुश होने से डरता हूं। पता नहीं कब वक्त की नज़र लग जाए।'[8]

लेकिन यह बात किसी से छिपी हुई नहीं थी, कम से कम मीडिया से तो नहीं ही, कि संजय अपनी बीमार पत्नी से मिलने न्यूयॉर्क कम जाने लगे थे। जब उनसे एक इंटरव्यू में पूछा गया, 'जिस तरह से ऋचा की सेहत खराब है उसको देखते हुए आपको यहां होने के बजाए ऋचा और त्रिशला के पास अमेरिका में नहीं होना चाहिए?' संजय ने गुस्से के साथ जवाब दिया : 'जो कोई भी यह बात पूछता है अगर उसको मेरी ज़िंदगी की इतनी ही चिंता है तो उसको मेरी जगह लेनी चाहिए। लोग मेरी ज़िंदगी से दूर क्यों नहीं रहते? यह मेरी ज़िंदगी है और मैं यह नहीं चाहता हूं कि इसके बारे में जिसको जो मन में आए कहता रहे। मैं अपने परिवार के लिए जो सबसे अच्छा हो सकता है करता हूं, और मेरा ऐसा मानना है कि 99% पुरुष इसका आधा भी नहीं करते। गाल बजाने वाले! जब मैं अपने परिवार के पास अमेरिका जाता हूं तो वे लिखते हैं कि मैं ज़िम्मेदार नहीं हूं क्योंकि मेरी वजह से इतनी सारी फ़िल्में रुकी पड़ी हैं जिनके निर्माताओं ने इतना धन निवेश कर रखा है। जब मैं फिल्म पूरी करने के लिए लौटकर आता हूं तो वे कहते हैं कि मैं अपने परिवार का ध्यान नहीं रखता। मुझे लगता है कि मैं अपनी दोनों ज़िम्मेदारियों को बहुत अच्छी तरह से निभा रहा हूं। मैं यहां इसलिए काम करता हूं ताकि पैसे कमा सकूं, और उसके बाद हवाई जहाज़ पकड़कर न्यूयॉर्क जाऊं तथा ऋचा और त्रिशला के साथ खूबसूरत पल बिता सकूं।'[9]

संजय के निजी जीवन के इस उथल-पुथल के दौरान संजय की फिल्म *थानेदार* (1990) हिट हो गई एवं उनकी फिल्म *फ़तह* (1991) ने भी अच्छा काम किया वैसे इन दोनों में से किसी भी फिल्म को महान नहीं कहा जा सकता है, और हमेशा की तरह फिल्म में संजय का काम औसत से कम ही रहा। *थानेदार* फिल्म को केवल इसलिए याद किया जाता है क्योंकि माधुरी दीक्षित के साथ संजय का एक डांस और गाना है 'तम्मा तम्मा लोगे' जो तब बहुत ही ज़्यादा लोकप्रिय हुआ था। संजय

के डांस की तारीफ़ हुई थी, जबकि आज के हिसाब से देखें तो उनका डांस हास्यास्पद लगता है। यह वह समय था जब संजय के प्रेम जीवन ने बड़ा रोमांचक मोड़ ले लिया था। *थानेदार* की हीरोइन माधुरी दीक्षित के साथ संजय ने पहले भी *खतरों के खिलाड़ी* और *कानून अपना अपना* में काम किया था। दोनों ने एक साथ कई फ़िल्में साइन की थीं, जैसे *खलनायक, साहिबां* और *महानता,* और दोनों काफी वक्त साथ-साथ गुज़ार रहे थे।

जल्दी ही मुंबई फिल्म इंडस्ट्री की हवाओं में दोनों के रोमांस की ख़बरें उड़ने लगीं। और वैसे माधुरी दीक्षित के साथ उनका नाम जुड़ना उनके पहले से ही लड़खड़ाते वैवाहिक जीवन के लिए अच्छा नहीं था लेकिन उन दोनों की स्क्रीन पर जो जोड़ी जमी उसने संजय को उनके करियर का सबसे अच्छा दौर दिया।

निजी ज़िंदगी के इस कठिन दौर में उनके करियर का सुनहरा दौर शुरू होने वाला था।

*

सिनेमाटोग्राफर लॉरेंस डिसूज़ा फ्रेंच नाटक *सायरानो दे बेर्गेराक* से प्रभावित होकर एक फिल्म के आइडिया के ऊपर काम कर रहे थे। प्रेम त्रिकोण की कहानी *साजन* (1991) लॉरेंस डिसूज़ा के निर्देशन में पहली फिल्म होने वाली थी। संजय दत्त ने इस फिल्म में एक विकलांग शायर अमन की भूमिका निभाई है, जो सागर के नाम से लिखता है। पूजा (माधुरी दीक्षित) किताब बेचने का काम करती है और वह उसकी कविता की बहुत बड़ी दीवानी है। वे एक दूसरे को शायरी में चिट्ठियां लिखते हैं और बिना एक दूसरे से मिले एक दूसरे के प्यार में पड़ जाते हैं। लेकिन अमन का भाई आकाश (सलमान खान) भी पूजा से प्यार करता है। अपने भाई सागर के लिए पूजा के प्यार को जानने के कारण आकाश ऐसे जताता है जैसे वही सागर हो। लेकिन कहानी में मोड़ आता है:

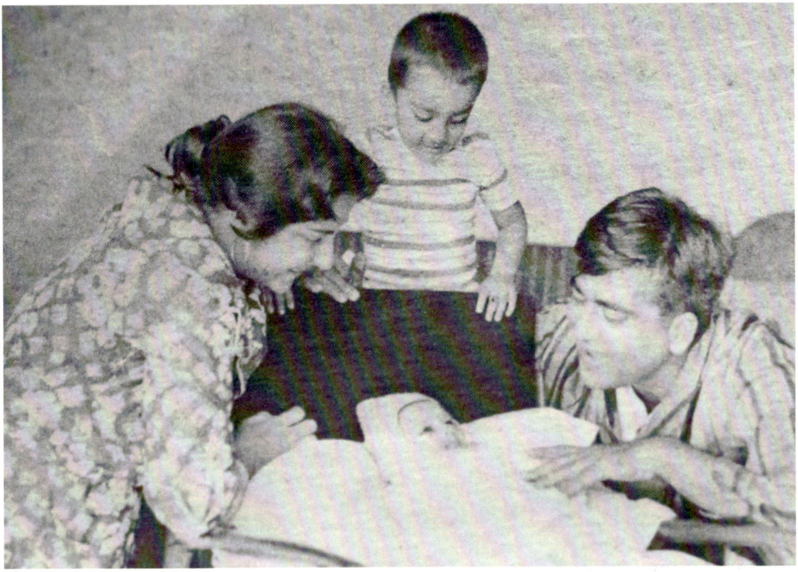

इंडियन एक्सप्रेस आर्काइव

ऊपर, बाएं से: नरगिस, संजय, सुनील और हाल ही में जन्मी नम्रता दत्त, जनवरी 1962 में।

नीचे, बाएं से दाएं: संजय, इंदिरा गांधी, नम्रता, प्रिया, नरगिस और सुनील दत्त। जब वे दस साल के थे, संजय में शरारती होने के संकेत दिखने लगे थे और पारिवारिक मित्र इंदिरा गांधी ने दत्त दंपती को सलाह दी थी कि संजय को लॉरेंस स्कूल, सनावर भेज दिया जाए जो अपने कड़े अनुशासन के लिए जाना जाता है।

इंडियन एक्सप्रेस आर्काइव

सुमन बत्राज चित्रशाला म्यूज़ियम

ऊपर, बाएं से: अपनी पहली फिल्म *रॉकी* के सेट पर टीना मुनीम और सुनील दत्त के साथ संजय दत्त।

नीचे: *रॉकी* का पोस्टर। जब एक तमाशबीन ने टीना की ओर भद्दे इशारे किए, तो उनके ब्वॉयफ्रेंड संजय ने उसे घंटे भर तक नंगे बांध कर रखा।

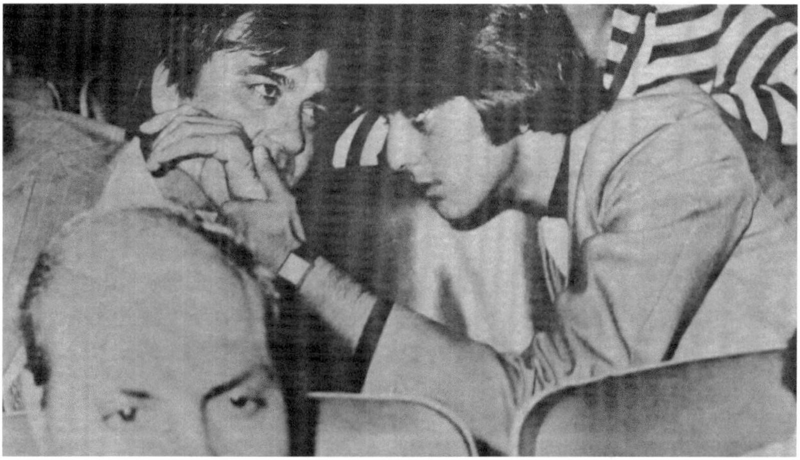

महेश भट्ट

ऊपर, बाएं से: रॉकी के प्रीमियर पर संजय और सुनील दत्त। पांच दिन पहले दिवंगत हुई नरगिस के लिए उन्होंने एक सीट प्रतीकात्मक रूप से खाली रखी थी।

नीचे, बाएं से दाएं: निर्देशक महेश भट्ट, राजेंद्र कुमार, एक अज्ञात व्यक्ति, कुमार गौरव, सुनील और संजय दत्त, फिल्म *नाम* (1986) के निर्माण के दौरान।

शोटाइम, जून 1988

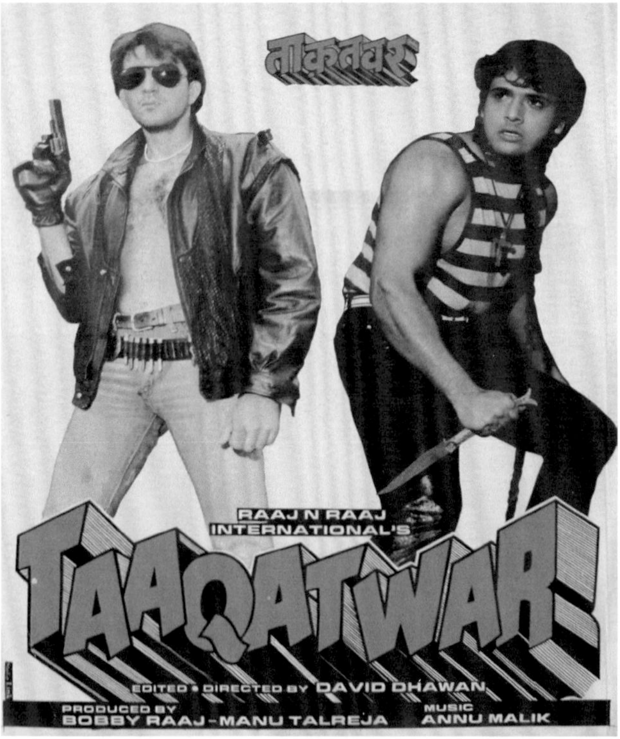

सुमन बत्राज चित्रशाला म्यूज़ियम

सुमन बत्राज चित्रशाला म्यूज़ियम

पिछले पेज पर, ऊपर, बाएं से: संजय दत्त, ऋचा शर्मा और कुमार गौरव। संजय और ऋचा की शादी अक्तूबर 1987 में हुई थी।

पिछले पेज पर, नीचे: ताकतवर (1989) का पोस्टर।

नीचे: साजन (1991) का पोस्टर जिसमें माधुरी दीक्षित, संजय दत्त और सलमान खान ने काम किया था। फिल्म से संजय को पहला फिल्मफेयर बेस्ट एक्टर का नामांकन हासिल हुआ।.

इंडियन एक्सप्रेस आर्काइव

सुमन बत्राज चित्रशाला म्यूजियम

ऊपरः माधुरी दीक्षित और संजय दत्त, 1991 के आसपास।

ऋचा से शादी के दिनों में ये दोनों रोमांटिक रूप से एक दूसरे के करीब थे।

बाएंः यलगार का पोस्टर।

इंडियन एक्सप्रेस आर्काइव

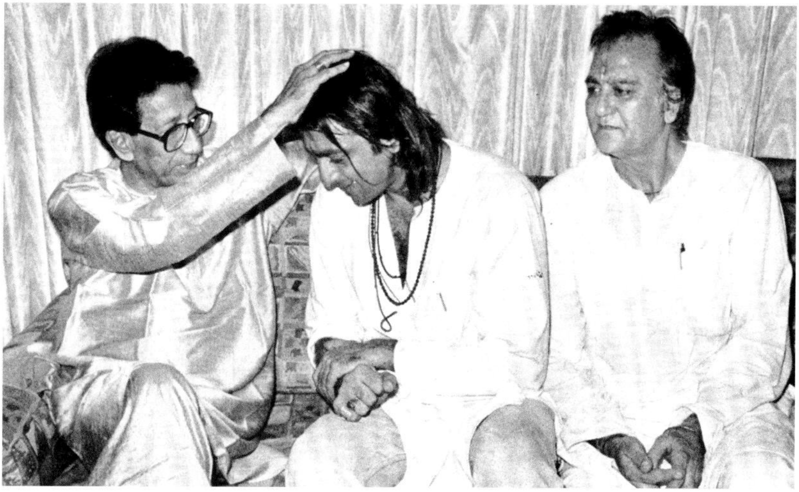

इंडियन एक्सप्रेस आर्काइव

ऊपरः संजय और सुनील दत्त, टाडा कोर्ट के बाहर, 1995 के आसपास।

नीचेः बाल ठाकरे के साथ, संजय और सुनील दत्त, 18 अक्तूबर 1995। सुनील के लंबे राजनीतिक प्रतिद्वंद्वी रहे ठाकरे ने संजय की ज़मानत में मदद की थी। जेल से छूटने के बाद संजय पहले मंदिर गए और फिर ठाकरे के घर।

इंडियन एक्सप्रेस आर्काइव

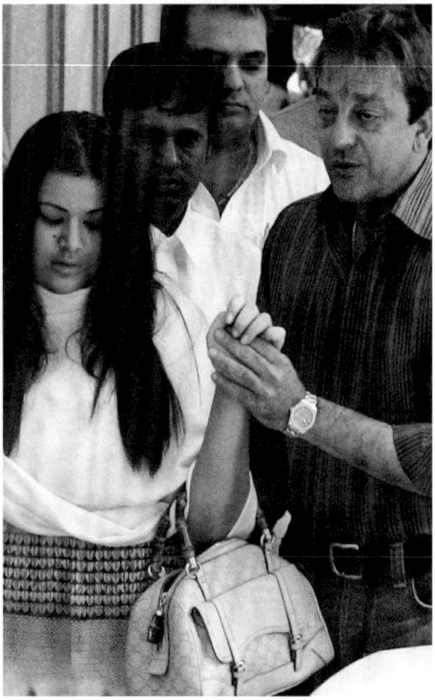

विजयानंद गुप्ता / हिंदुस्तान टाइम्स वाया गेटी इमेजेज़

STRDEL/AFP/गेटी इमेजेज़

ऊपर से, घड़ी की सुई की दिशा में: रिया पिल्लई और संजय दत्त। कैंसर से ऋचा की मृत्यु के बाद संजय ने 1998 में रिया से शादी की थी। अपनी बेटी त्रिशला के साथ संजय।

अपनी पत्नी मान्यता और जुड़वां बच्चों शहरान और इक़रा के साथ संजय। सज़ा पूरी करके जेल से छूटने के बाद, 15 फरवरी 2016।

अमन असल में अपने बेहद अमीर माता-पिता का दत्तक पुत्र है और इसलिए वह पूजा के लिए अपने प्रेम का त्याग कर देता है जिससे कि वह उसके सौतेले भाई से विवाह कर सके। हालांकि, अंततः सच सामने आ ही जाता है और फिल्म का अंत सुखद मोड़ पर होता है।

इस फिल्म के लिए संजय दत्त के नाम पर पहले विचार नहीं किया गया था। लॉरेंस डिसूज़ा ने पहले आमिर खान से इस रोल के लिए बात की थी लेकिन लॉरेंस डिसूज़ा के अनुसार, 'आमिर ने शायद इसलिए मना कर दिया क्योंकि मैं एक नया निर्देशक था। अब लॉरेंस डिसूज़ा को ऐसा लगता है कि आमिर का मना करना मुंहमांगी मुराद जैसी हो गई।

साजन एक ऐसी फिल्म थी जैसी संजय ने पहले नहीं की थी। मारधाड़ या नाच-गाने वाले रोल से अलग संजय ने इस फिल्म में एक भावुक, तनहा शायर का रोल किया है, जिसकी आंखें छलक पड़ती सी लगती थीं। इस सरप्राइज़ हिट फिल्म में सबसे अच्छा काम संजय का ही था। '*साजन* फिल्म में मेरा जो रोल था वह मेरी आम छवि से हटकर था। मैंने इस फिल्म को एक चुनौती के रूप में लिया,' उन्होंने याद करते हुए कहा।[10] इस रोल के कारण उनको पहली बार फिल्मफेयर अवार्ड में सर्वश्रेष्ठ अभिनेता के लिए नामांकित किया गया। इस फिल्म में उनका लुक एकदम नया था लंबे फहराते बाल, जो उस समय फैशन बन गए। 1990 के दशक के आरंभिक दिनों में संजय दत्त जैसे बाल रखने का फैशन आ गया था। 'जब मैंने अपने बाल बढ़ाने शुरू किए तो सब मुझे पागल कहते थे। आज जिस लड़के को देखो मेरा हेयरस्टाइल अपना रहा है,' *साजन* फिल्म की सफलता के बाद संजय ने कहा।[11] मज़ेदार बात यह है कि संजय और सलमान के बालों की लंबाई अलग-अलग सीन में घटती-बढ़ती है, क्योंकि फिल्म की शूटिंग लंबे समय तक चली थी। तमाम गड़बड़ियों के बावजूद *साजन* वह सुपरहिट फिल्म साबित हुई जिसके लिए लोग दुआएं कर रहे थे।

फिल्म की सफलता का श्रेय संजय और माधुरी को दिया गया। टैबलायड अखबारों तथा फ़िल्मी पत्रिकाओं में उनके बारे में जो कहानियां छप रही थीं उनका भी असर ज़रूर रहा होगा। इसमें कोई शक नहीं कि फिल्म की सफलता के पीछे नदीम-श्रवण के संगीत का भी हाथ था। फिल्म के रिलीज़ होने से कुछ महीने पहले फिल्म के संगीत को जारी किया गया और फिल्म के गाने फौरन लोकप्रिय हो गए, इसके लोकप्रिय गानों में थे : 'देखा है पहली बार', 'जिएं तो जिएं कैसे', 'बहुत प्यार करते हैं' और 'मेरा दिल भी कितना पागल है'। फिल्म के संगीत के लिए नदीम-श्रवण को फिल्मफेयर पुरस्कार मिला जबकि कुमार सानू को 'मेरा दिल भी कितना पागल है' के लिए सर्वश्रेष्ठ गायक का पुरस्कार मिला।

1991 का साल संजय के लिए भाग्य बदलने वाला साल साबित हुआ क्योंकि इस साल उनकी कुछ दूसरी फिल्मों की भी चर्चा हुई। मुकुल एस. आनंद की फिल्म *खून का क़र्ज़* तथा राहुल रवैल की फिल्म *योद्धा* में भी संजय ने अभिनय किया था और फिल्म ने अच्छा व्यवसाय किया। 1991 के आखिर में महेश भट्ट के निर्देशन में फिल्म *सड़क* रिलीज़ हुई, और यह फिल्म भी सफल साबित हुई। *सड़क* फिल्म में भी संजय ने एक गुमराह नौजवान की भूमिका निभाई थी जो अपराध की दुनिया में फंस जाता है, इस बार अपनी प्रेमिका को बचाने के चक्कर में। *सड़क* फिल्म ने संजय की तन्हा-संवेदनशील इंसान की छवि का उपयोग किया गया था जिससे लोग उनको जोड़ कर देखते रहे हैं। हालांकि इस फिल्म में जिस किरदार की चर्चा सबसे अधिक हुई वह संजय का नहीं था बल्कि सदाशिव अमरापुरकर की पुरस्कृत भूमिका थी। उन्होंने खलनायक, महारानी का किरदार निभाया था, जो एक हिजड़ा है और वेश्यालय चलाता है। अमरापुरकर के अति नाटकीय मगर साहसी अभिनय ने इस फिल्म को एक अलग ही रूप दिया। और, *साजन* की ही तरह फिल्म में नदीम-श्रवण के संगीत ने फिल्म की सफलता में बहुत अच्छा योगदान दिया।

सड़क और *साजन* फिल्म की सफलताओं ने संजय को बॉलीवुड के प्रमुख टॉप स्टार्स में शामिल कर दिया। 1991 के अंत तक आते-आते अपने करियर में पहली बार संजय दत्त हिंदी सिनेमा के बड़े स्टार बन चुके थे। शोटाइम पत्रिका के मुखपृष्ठ पर शीर्षक था : 'संजय दत्त : द न्यू सुपरस्टार।'

15

तलाक़

साजन फिल्म के प्रीमियर के दिन वहां मौजूद लोग 'संजय-संजय' चिल्लाकर पागल हुए जा रहे थे। संजय ने गहरे रंग का डबल ब्रेस्टेड सूट और सिल्क की प्रिंटेड टाई पहन रखी थी। उस मौके पर माधुरी भी आई थीं, उन्होंने नीले-सुनहरे रंग की लहंगा-चोली पहन रखी थी। एक फिल्मकार के अनुसार, जिन्होंने संजय दत्त के साथ काम किया था और जो उस दिन मिनर्वा थिएटर के प्रीमियर में मौजूद थे, 'जब संजय और माधुरी मंच पर आए तो भीड़ ने खूब ज़ोर से उनका स्वागत किया...संजय और माधुरी के बीच प्रेम संबंधों को लेकर लगातार अफवाहें आ रही थीं... मंच पर संजय और माधुरी ने एक बार भी एक दूसरे की तरफ नहीं देखा... वे इस बात से वाकिफ थे कि मीडिया की नज़रें उनके ऊपर थीं।' साजन फिल्म की सफलता और संजय के नए-नए सुपरस्टार बनने से भी ज़्यादा फिल्म पत्रिकाओं में संजय और माधुरी के प्रेम संबंधों की चर्चा रहती थी। इसके बावजूद कि दोनों इस रिश्ते का खंडन कर रहे थे, उनके बारे में बड़ी-बड़ी स्टोरीज़ छपती रहती थीं।

मीडिया यह भी लिख रहा था कि संजय ऋचा को तलाक देने के बारे में भी सोच रहे थे। 1992 में संजय और माधुरी एक बार फिर से

एक फिल्म में साथ काम कर रहे थे। इस बार बहुत बड़ी फिल्म थी, सुभाष घई की *खलनायक*। प्रेस इस बात को लेकर फिदा था कि उनके बीच जोड़ी खूब जमती थी और वे तो खुलेआम उनको कपल भी लिख रहे थे। इस बात में कोई संदेह नहीं है कि वे दोनों एक दूसरे को पसंद करते थे, और कम से कम माधुरी इस बात को छिपाने का कोई प्रयास नहीं करती थीं। उसने एक बार किसी इंटरव्यू लेने वाले से कहा, 'मेरा सबसे अच्छा सह कलाकार संजय दत्त है, वह इतना बड़ा जोकर है... और उसकी कहानियां सुनकर हर वक्त हंसी आती रहती है, लेकिन वह बहुत अच्छे इंसान भी हैं।'[1] एक और साक्षात्कारकर्ता से उन्होंने कहा, 'संजू बहुत अच्छे इंसान हैं। उनका दिल बहुत अच्छा है, और उनके बारे में जो धारणा है उसके विपरीत वे बहुत मज़ाकिया इंसान हैं। वह अकेले इंसान हैं जो मुझे किसी भी वक्त हंसा सकते हैं। वह इधर-उधर नहीं करते। वह बहुत खुले दिल के हैं और उनमें कोई उलझाव नहीं है।'[2] लेकिन माधुरी ने मीडिया को इससे अधिक कुछ नहीं बताया।

उनके अधिकतर दोस्तों और इंडस्ट्री के लोगों का यह मानना है कि उनके बीच यूंही हल्का-फुल्का रिश्ता नहीं था। वे दोनों एक दूसरे को लेकर गंभीर थे और यहां तक कि उनके बीच शादी की भी चर्चा थी। फ़रवरी 1993 में *स्टार एंड स्टाइल* मैगज़ीन ने अपनी कवर स्टोरी में बिना किसी लाग-लपेट के साफ़-साफ़ लिखा : 'संजय बड़ी शिद्दत से भावनात्मक सहारे की ज़रूरत महसूस कर रहे थे और यह उनको 'एक दो तीन' वाली हीरोइन की बांहों में ले गया... प्यार की लपटों से घिरे हुए संजय अपने प्यार के लिए दुनिया का सामना करने के लिए तैयार हैं।' यहां तक कि *फिल्मफेयर* पत्रिका ने भी कवर स्टोरी की जिसका शीर्षक था : 'माधुरी शादी करने वाली हैं?' इस स्टोरी में यह संकेत किया गया था कि माधुरी 1994 में शादी करने के बारे में सोच रही थीं इसमें यह नहीं कहा गया था कि किससे—और यह भी लिखा था कि वह शादी के बाद फिल्मों में काम करना छोड़ देंगी। उसी स्टोरी में

यह बात भी लिखी थी कि *साहिबां* (1993) फिल्म की शूटिंग जब मैसूर में हो रही थी तब संजय और माधुरी एक दूसरे के करीब आ गए और यह कि 'संजय माधुरी के प्रेम में पड़ गए।' शूटिंग के उस शेड्यूल के बीच में, लोकेशन को हिमालय में मनाली की सुंदर पहाड़ी जगह पर ले जाया गया। *साहिबां* के निर्देशक रमेश तलवार के अनुसार, 'वह (संजय) हमेशा माधुरी के पीछे-पीछे रहते थे और आई लव यू फुसफुसाते रहते थे, इस बात को पूरी तरह से नज़रअंदाज़ करते हुए कि वहां आसपास और लोग भी होते थे।'[3]

दोनों के रोमांस की ख़बरों का इतना शोर काफी था कि यह न्यूयॉर्क में ऋचा को साफ़ तौर पर सुनाई दे जाए। वे बेचैन हो रही थीं और अपने विवाह को बचाना चाहती थीं। उनका स्वास्थ्य ठीक था, और अपने डॉक्टर की इजाज़त से वह भारत वापस आना चाहती थीं। प्रेस में इस तरह की ख़बरें आ रही थीं कि संजय ने अपनी बीमार पत्नी को छोड़ दिया था। ऊपर जिस स्टोरी की चर्चा की गई है वह *स्टार एंड स्टाइल* पत्रिका की कवर स्टोरी थी, जिसका शीर्षक था : 'संजय-माधुरी विल मैरिज डिस्ट्रॉय देम प्रोफेशनली?' इसमें यह कहा गया था, 'संजय और माधुरी ने सबका साहस के साथ मुकाबला किया है। और शुरू में उनके मन में जो शंकाएं थीं (हमको प्यार करना चाहिए या नहीं), उनके माता-पिता द्वारा विरोध, और समाज के हो हल्ले के बावजूद उनका प्यार कायम रहा। हालांकि, इसके कारण उन दर्शकों की नज़र में उनकी छवि गिर रही है जो उनके दीवाने हैं।'

इन खबरों से सुनील दत्त बहुत दुखी थे। फिल्मकार आर. के. नैयर के अनुसार, 'जब मैं सुनील दत्त से मिला, और हम इस रिश्ते के बारे में चर्चा करने लगे, तो उन्होंने बताया कि संजय को नरगिस की दुःख भरी मौत के बारे में कुछ याद नहीं है...उसको कुछ भी याद नहीं है क्योंकि उन दिनों वह बुरी तरह ड्रग्स ले रहा था। अगर उसको अपनी मां की पीड़ा के बारे में पता होता तो उसने ऋचा को इस तरह भावनात्मक रूप

से पीड़ा नहीं पहुंचाई होती।'[4]

अक्तूबर, 1992 में तीन साल से भी अधिक समय से भारत से बाहर रहने के बाद ऋचा, त्रिशला के साथ मुंबई वापस आईं। अब वह कैंसर से मुक्त हो चुकी थीं। लेकिन संजय उनसे बचते हुए फिर रहे थे। वह अपने जीवन में आगे बढ़ चुके थे। *सिने ब्लिट्ज़* पत्रिका को दिए गए एक इंटरव्यू में ऋचा की बहन ऐना शर्मा ने कहा कि संजय तो ऋचा और त्रिशला को लेने हवाई अड्डे पर भी नहीं आए :

सिने ब्लिट्ज़ : क्या वे उनको हवाई अड्डे पर लेने के लिए नहीं आए थे?

ऐना शर्मा : नहीं, ऋचा ने उनको दो बार फोन भी किया...

सिने ब्लिट्ज़ : अगर उन्होंने उनको लेने एयरपोर्ट आना भी ज़रूरी नहीं समझा तो आपको क्यों लगता है कि ऋचा यहीं रहने वाली हैं?

ऐना शर्मा : क्योंकि वह उनको प्यार करती हैं। साफ़ कहूं—वह उनको प्यार करती हैं। मुझे नहीं लगता है कि वह उनको जाने देना चाहती हैं। अगर उनकी योजना में ऋचा को छोड़ना है तो ऋचा के लिए यह बहुत मुश्किल होने वाला है।[5]

ऋचा भी चुप नहीं रहीं। उन्होंने बड़े साहस के साथ एक इंटरव्यू में इस बात को स्वीकार किया कि उनके बीच सब कुछ ठीक नहीं चल रहा था, 'हम लोग बहुत दिनों से अलग रह रहे हैं, हम लोग एक दूसरे के साथ पूरी तरह से संगति में नहीं हैं। लेकिन यह कोई ख़ास बात नहीं है, हम इससे उबर जाएंगे।'[6] ऋचा ने बड़े भोलेपन से तलाक की बात को टाल दिया, उन्होंने यह कहा, 'मैंने संजय से यह पूछा था कि क्या वह मुझे तलाक देने वाले थे और उन्होंने कहा कि बिलकुल नहीं। जहां तक मेरी बात है तो मैं तलाक नहीं चाहती हूं। मैं लौटकर इसलिए आई हूं क्योंकि मैं उनके साथ रहना चाहती हूं।'[7]

ऋचा की उम्मीद और उनके जुझारू भाव के बावजूद इसके बाद जो हुआ वह अपने आप में सब कुछ बताने के लिए काफी था। 15

दिन तक मुंबई में रहने के बाद वह अचानक न्यूयॉर्क के लिए रवाना हो गईं। उन दिनों दिए एक इंटरव्यू में शर्मा परिवार ने बताया कि कैंसर से कठिन लड़ाई के दौरान ऋचा को यही बात प्रेरित करती रही कि एक दिन वह ठीक होकर बेटी और संजय के साथ खुशहाल जीवन बिताएंगी। लेकिन अब वह टूट गई थीं, उनको ऐसा लग रहा था जैसे उनके सपने टूट गए हों। ऋचा बिखर गई थीं। 'मैं उनको दिल से प्यार करती हूं। जो भी हो जाए मैं सदा उनके साथ रहूंगी। जब मैं उनसे मिलने के लिए वापस आई तो उन्होंने मेरे साथ बहुत बुरा बर्ताव किया,' ऋचा ने एक साक्षात्कारकर्ता से कहा।[8]

क्या संजय के विवाहित होने की बात माधुरी को परेशान कर रही थी? वह एक रूढ़िवादी परिवार से ताल्लुक रखती थीं और मीडिया में उनकी छवि बहुत साफ़ थी। जैसा कि *स्टार एंड स्टाइल* की स्टोरी ने इशारा किया था, इस बात को लेकर जनता में विश्वास खोने का डर था कि वह एक ऐसे आदमी से विवाह करने वाली थीं जो एक ऐसी औरत का पति था जिसको कैंसर था और वह आदमी उनके कारण अपनी पत्नी को छोड़ रहा था। लेकिन माधुरी के सचिव राकेश नाथ की पत्नी और पटकथा लेखिका रीमा राकेश नाथ ने यह कहा, 'मुझे नहीं लगता है कि संजय के लिए माधुरी के निजी फैसले को उनके करियर के आड़े आना चाहिए। हेमा और धर्मेन्द्र जी को देखिए। हेमा मालिनी ने एक विवाहित आदमी से शादी करने के बावजूद अपनी गरिमा को बनाए रखा।'[9]

मगर ऋचा की बहन ऐना, माधुरी को यूंही छोड़ देने का इरादा नहीं रखती थीं। *सिने ब्लिट्ज़* के उसी इंटरव्यू में उन्होंने कहा : 'क्या माधुरी इतनी अमानवीय हैं...मेरा मतलब है कि माधुरी को तो कोई भी आदमी मिल सकता है। वह ऐसे आदमी का भरोसा किस तरह कर सकती हैं जिसने अपनी पत्नी के साथ इस तरह का बर्ताव किया?...मुझे पता है कि वे अच्छे दोस्त हैं क्योंकि संजय ने हमारे घर से उनको फोन किया था। और वह उनकी बहन और भाई के बारे में भी यहां बात करता

है। लेकिन हमने कभी ऐसा नहीं सोचा कि इस आदमी का अफेयर माधुरी के साथ है। हम लोग बहुत खुले विचारों के हैं। हमने संजय को हमेशा पूरी स्पेस दी है।'

ऋचा को उम्मीद थी कि उनके और संजय के बीच सब कुछ ठीक हो जाएगा, मगर खबर आई कि संजय ने 1993 की शुरुआत में तलाक के लिए मुकदमा कर दिया। ऋचा आगबबूला हो गईं। 'मैंने क्या गलती की? मैं यह नहीं समझ पाती कि वह अपनी ज़िंदगी में चाहते क्या हैं। एक सुंदर लड़की जो छरहरी हो? मुझे लगता है कि इसी वजह से उनको माधुरी से प्यार हो गया...संजय बहुत अच्छे बॉयफ्रेंड थे। मगर एक पति के रूप में कहानी कुछ और ही थी।'[10] त्रिशला की कस्टडी को लेकर दोनों परिवारों में बहुत कड़वाहट भरा संघर्ष चला जिससे यह समझ में आया कि दोनों परिवारों के बीच कितनी दूरियां आ चुकी थीं। लेकिन इससे भी बुरा होने वाला था 1993 के मध्य तक ऋचा का कैंसर लौट आया। उनकी तबीयत बिगड़ने लगी। वहीं मीडिया ने ऋचा के 'अपमान' के लिए संजय पर निशाना साधना शुरू कर दिया।[11]

*

जब संजय के जीवन में इतना कुछ चल रहा था और सुकून के निशान दूर-दूर तक नज़र नहीं आते थे, तब संजय को अक्सर अमेरिका के रिहैब में मिले अपने दोस्त बिल की याद आती थी। कैसे वो बिल के साथ टेक्सास के गांव में रहकर काम करना चाहते थे। सालों बाद एक बार संजय अमेरिका की यात्रा पर थे। एक दिन वो डलास में लंच कर रहे थे कि एक अजनबी उनका अभिवादन करने के लिए आगे बढ़ा। ये शख़्स उनका वही दोस्त बिल था। उसने संजय से कहा, 'तुम यह देखना चाहते हो कि तुमने क्या खोया है?' वह संजय को अपने रोल्स रॉयस में लेकर अपने निजी जेट के पास ले गया और उसको लेकर ऑस्टिन की उड़ान भरी। यहां बिल का आलीशान महलनुमा मेंशन था जिसमें 12 कमरे थे,

स्विमिंग पूल था, हेलीकॉप्टर था, और 800 एकड़ खेती की ज़मीन थी। संजय ने खुशी के मारे कहा, 'अगर मैंने उस समय 50 लाख रुपए का निवेश किया होता तो यह सब हमारा होता!' उन पलों में संजय को इस बात का भी अफसोस हुआ कि वह टेक्सास में क्यों नहीं बसे।[12]

शायद उनको सालों पहले वहां बस जाना चाहिए था। क्योंकि आनेवाली ज़िंदगी में एक बहुत बड़ा तूफ़ान उनसे टकराने वाला था जो शायद सब कुछ लील लेने वाला था।

16

बिगड़ा शहज़ादा

1992 में संजय दत्त की कमज़ोर और भुला देने वाली फिल्म रिलीज़ हुई : ये थी अभिनेता-निर्देशक फ़िरोज़ खान की बड़े बजट की फिल्म *यलगार*। संजय ने फिल्म में भड़कीले नकारात्मक किरदार की भूमिका की थी जिसको परदे पर पहली बार फिल्म में काम कर रहे विक्की अरोड़ा से भी कम वक्त मिला था, विक्की अरोड़ा ने फिल्म में मनीषा कोईराला के प्रेमी की भूमिका निभाई थी। निर्देशक फ़िरोज़ खान ने सबसे अच्छी भूमिका और परदे पर सबसे अधिक समय अपने लिए रखा था। संजय विक्की अरोड़ा से भी छोटे रोल के लिए इसलिए तैयार हो गए थे क्योंकि यह फिल्म संजय ने 1990 में साइन की थी, तब तक *साजन* और *सड़क* जैसी फ़िल्में नहीं आई थीं, वे सुपरस्टार नहीं बने थे। लेकिन अंततः *यलगार* को संजय के नाम पर बेचा गया। फिल्म के पोस्टर में संजय का कसरती शरीर, उनकी उभरी हुई मांसपेशियों को दिखाया गया था जो भारत की उस पूरी पीढ़ी की मर्दानगी को परिभाषित करने वाला था। *यलगार* डूब गई और यहां तक कि संजय ने भी इस फिल्म को याद नहीं रखा होता, लेकिन इस के निर्माण के दौरान कुछ ऐसा हुआ था जिसने संजय की ज़िंदगी को हमेशा के लिए बदल कर रख दिया।

दिसंबर 1991 में जब दुबई में *यलगार* की शूटिंग हो रही थी, फ़िरोज़ खान ने संजय को माफिया सरगना दाऊद इब्राहीम से मिलवाया, संजय दाऊद से पहली बार मिले थे। दाऊद का भाई अनीस इब्राहीम कई बार फिल्म के सेट पर भी आया था और वह भी कई बार संजय दत्त से मिला। संजय ने अपने इकबालिया बयान में, जिसे उन्होंने बाद में वापस ले लिया था, यह कहा था, 'अनीस शूटिंग के दौरान भी नियमित रूप से आता था और हम जहां ठहरे हुए थे वहां भी अकसर आता था। जब हम दुबई में थे तब एक दिन पूरी यूनिट को दाऊद इब्राहीम के घर डिनर के लिए आमंत्रित किया गया। यूनिट के अन्य सदस्यों के साथ उस डिनर में मैं भी गया था... हमें उस पार्टी में मौजूद अनेक लोगों से मिलवाया गया, इकबाल मिर्ची, शरद शेट्टी, छोटा राजन और पाकिस्तान से आए अनेक कलाकार। चूंकि अनीस अक्सर आता था इसलिए उससे मेरी जान पहचान हो गई थी।' (बाद में वापस ले लिया गया संजय का ये इक़बालिया बयान, ऑनलाइन और अखबारों में आज भी मौजूद है।)[1]

अंडरवर्ल्ड के प्रति संजय का ज़बर्दस्त आकर्षण था। लेकिन उन्हें इस बात का ज़रा भी अंदाज़ा नहीं था कि यह मेलजोल उन्हें किस मकाम तक ले जाएगा।

*

6 दिसंबर 1992 को अयोध्या में बाबरी मस्जिद को गिरा दिया गया। देश भर में बड़े पैमाने पर विरोध हुआ, कुछ शांतिपूर्ण, कुछ हिंसक। बाबरी मस्जिद को गिराए जाने की इस घटना ने मुंबई को हमेशा के लिए बदल कर रख दिया। इसके कारण सांप्रदायिक दंगे शुरू हो गए और भीड़ मरने-मारने को उतारू होकर सड़कों पर उतर आई। दंगे दो चरणों में हुए : 7-27 दिसंबर 1992 और फिर थोड़े दिन की शांति के बाद दोबारा 7-15 जनवरी 1993 के दौरान।

सुनील दत्त उस वक्त मुंबई उत्तर-पश्चिम सीट से लोकसभा सांसद

थे, और वे राहत के काम में लगे हुए थे। दत्त परिवार का घर 58 पाली हिल एक तरह से राहत केंद्र में बदल चुका था। वहां से ट्रकों में भोजन और दवाएं भरकर ज़रूरतमंदों तक पहुंचाई जाती थीं। लेकिन सुनील के राजनीतिक विरोधियों द्वारा उनकी कोशिशों को कमज़ोर किया जा रहा था। खासकर शिव सेना द्वारा। 'लोगों का ऐसा कहना था कि डैड केवल मुसलमानों की मदद कर रहे थे; इसलिए उनके कामों को सांप्रदायिक रंग दे दिया गया। लेकिन यह बात सही नहीं थी,' प्रिया दत्त ने याद करते हुए कहा। 'हमें धमकी भरे फोन आने लगे। हर गुज़रते पल के साथ हालात खराब होते जा रहे थे।'[2] संजय ने बाद में बताया कि वह पूरी रात बंदूक़ लेकर बैठे रहते थे और भीड़ के आने का इंतज़ार करते रहते थे, और संजय के मुताबिक पुलिस में उनके द्वारा की गई शिकायतों का भी कोई ख़ास असर नहीं पड़ रहा था।[3]

जब महाराष्ट्र की कांग्रेस सरकार हिंसा को रोक पाने में नाकाम रही तो सुनील दत्त ने, जो खुद कांग्रेसी थे, जनवरी 1993 में विरोध जताते हुए लोकसभा से इस्तीफा दे दिया। लेकिन उनका इस्तीफा स्वीकार नहीं किया गया। बल्कि, सुनील दत्त के विद्रोह का उल्टा असर पड़ा और कांग्रेस में इसके कारण उनके विरोधी मज़बूत हो गए। आने वाले कई सालों तक कांग्रेस के साथी उनको संदेह की निगाह से देखते रहे। विडंबना की बात यह थी कि इन्हीं सालों के दौरान संजय को उनके राजनीतिक संपर्कों की बेहद आवश्यकता थी ताकि वे अपने बेटे की मदद कर सकें।

*

1992-93 में संजय अपने करियर के शिखर पर थे। शुक्रवार को फिल्म जगत में एक महत्वपूर्ण दिन माना जाता है, इसी दिन नई फ़िल्में रिलीज़ होती हैं। अक्सर यह कहा जाता है कि शुक्रवार का दिन किसी स्टार के करियर को बना या बिगाड़ सकता है। शुक्रवार, 12 मार्च 1993 का दिन संजय दत्त के जीवन का सबसे बुरा दिन बनकर आया जबकि उस

दिन उनकी कोई फिल्म भी रिलीज़ नहीं हुई थी। उस शुक्रवार मुंबई में एक से एक तबाही मचाने वाले धमाके हुए।

मुंबई में हुए सीरियल बम धमाकों से दूर संजय जयपुर में थे। बहन प्रिया भी उनके साथ थीं। संजय यहां निर्देशक सुलतान अहमद की डकैत ड्रामा फिल्म *जय विक्रान्ता* की शूटिंग कर रहे थे। वहीं उन्होंने सीरियल धमाकों के बारे में सुना दो घंटे दस मिनट के भीतर बारह बम धमाके हुए थे, जिससे मुंबई शहर थरथरा उठा था। इस भयानक हमले में 257 लोगों की जानें गईं और 713 लोग घायल हो गए। संजय और प्रिया घबराहट के मारे अपने घरवालों और नज़दीकियों को फोन कर के पूछ रहे थे कि सब ठीक थे या नहीं। जयपुर में रुकने के बाद प्रिया मुंबई वापस आ गई चली गईं, जबकि संजय 2 अप्रैल 1993 को मॉरिशस निकल गए। वहां उन्हें निर्देशक संजय गुप्ता की फिल्म *आतिश* के क्लाइमेक्स की शूटिंग करनी थी।

उधर मुंबई में धमाकों के बाद अफरा-तफरी मची हुई थी। पुलिस षड्यंत्र का भंडाफोड़ करने को बेचैन थी। हर जगह उन लोगों की तलाश की जा रही थी जो इन धमाकों में शामिल थे। हर दिन पूछताछ हो रही थी, गिरफ्तारियां हो रही थीं। पूछताछ से जल्दी ही यह पता चल गया कि इन बर्बर हमलों को अंजाम देने की योजना दाऊद इब्राहीम ने बनाई थी, जो भारत का 'मोस्ट वांटेड' भगोड़ा था और पाकिस्तान में रहता था। मगर दाऊद ने यह किया किस तरह? आरडीएक्स, एके-56 राइफल और हथगोले मुंबई भिजवाकर ताकि छोटे-मोटे अपराधी बम बना सकें और उनके पास हथियार आए। भारत में आरडीएक्स को सुरक्षित उतारने में उसके भाई अनीस इब्राहीम ने महत्वपूर्ण भूमिका निभाई थी। दाऊद की मदद उसके विश्वस्त साथी टाइगर मेनन ने भी की थी। सभी मुख्य अभियुक्त धमाकों से पहले ही या तो दुबई भाग गए या पाकिस्तान।

11 अप्रैल 1993 के दिन पुलिस को पहली बार इस बात की हवा लगी कि इस षड्यंत्र के सूत्र बॉलीवुड से भी जुड़े थे। धमाकों के संबंध

में फिल्म निर्माताओं हनीफ-समीर का नाम उभरकर आया। हनीफ कड़ावाला और समीर हिंगोरा मैग्नम वीडियो नामक एक कंपनी चलाते थे, जो फिल्मों के अधिकार खरीदकर उनको वीडियो टेप पर रिलीज़ किया करती थी। बाद में, दोनों फिल्म निर्माण के क्षेत्र में आए और उन्होंने संजय दत्त के साथ काम किया और *सनम* नाम से एक फिल्म बनाई, जिसमें संजय दत्त के साथ मनीषा कोईराला हीरोइन थीं। मुंबई पुलिस को एक सुराग मिला कि हनीफ-समीर का अनीस इब्राहीम के साथ संबंध था। उस रात, हनीफ को माहिम पुलिस स्टेशन में पूछताछ के लिए बुलाया गया। वहां उससे मुंबई धमाकों के षड्यंत्र के बारे में कड़ी पूछताछ हुई। हनीफ ने पहले तो इस बात से साफ़ इन्कार कर दिया कि उसका इन धमाकों से किसी प्रकार का लेना-देना था। बाद में, बार-बार पूछे जाने के बाद उसने एक हैरान कर देने वाला खुलासा किया : 'आप पुलिस वाले हमेशा छोटी मछलियों के पीछे भागते हैं। साधन संपन्न बड़े लोगों का कुछ नहीं होता।'

'तुम कहना क्या चाहते हो?' पुलिस अफसर ने पूछा।

'अगर आप सच में कुछ जानना चाहते हैं तो संजय को पकड़िए,' हनीफ ने कहा।

'संजय? कौन संजय?'

'संजय दत्त।'[4]

मुख्य जांच अधिकारी समेत वहां मौजूद किसी भी पुलिस वाले को इस बात के ऊपर पहले तो यकीन ही नहीं हुआ। संजय दत्त, जो सुपरस्टार हैं, जिनके पिता जाने-माने राजनेता हैं और उस पार्टी से ताल्लुक रखते हैं ज़िसकी सरकार महाराष्ट्र और केंद्र दोनों जगहों पर है, वो संजय दत्त किस तरह ऐसी हिंसा में शामिल हो सकते हैं जिसने मुंबई को हिलाकर रख दिया? उनकी भूमिका क्या और किस हद तक थी? मुख्य जांच अधिकारी राकेश मारिया का दिमाग घूमने लगा। लेकिन हनीफ समीर से पूछताछ से और जैसा कि पहले बताया गया, बाबा चौहान से बातचीत

के बाद धीरे-धीरे यह बात साफ़ होने लगी। उनके बयानों के ऐसे संकेत मिल रहे थे कि संजय दत्त का अनीस इब्राहीम के साथ मिलना-जुलना था। संजय को शायद इस बारे में पता था कि इन सीरियल धमाकों में जो हथियार तथा असलहे इस्तेमाल किए गए थे, भारत में उनको तस्करी करके लाया गया था। यह बात बेहद गंभीर थी और संजय को इसकी सफाई देनी थी।

12 अप्रैल की शाम जब केस की प्रगति को लेकर पुलिस की प्रेस कॉन्फ्रेंस हो रही थी तब पुलिस कमिश्नर अमरजीत सिंह सामरा ने मीडिया को एक सामान्य प्रेस वार्ता में यह बताया कि पुलिस को कुछ नए सुराग मिले हैं। उन्होंने कहा कि मुंबई पुलिस को इस बात का संदेह है कि इस मामले में फिल्म जगत से जुड़े कुछ लोग भी शामिल हैं। हालांकि, सामरा ने संजय का नाम नहीं लिया। लेकिन जैसा कि पहले बताया जा चुका है, मीडिया को पता था कि हनीफ-समीर को पूछताछ के लिए रोका गया था और यह भी कि संजय उनके साथ उनकी फिल्म सनम में काम कर रहे थे। प्रेस वालों का अगला सवाल यह था : 'क्या संजय दत्त भी हनीफ-समीर के साथ शामिल हैं?[5]

सामरा को शायद इस सवाल की उम्मीद नहीं थी। नियंत्रित आवाज़ में, उन्होंने कहा कि वे अधिक कुछ नहीं बता सकते हैं क्योंकि पुलिस ने अभी तक संजय की भूमिका की जांच नहीं की है।

अगले दिन अखबारों में यह खबर सुर्ख़ियों में थी कि हो सकता है कि इन धमाकों में संजय दत्त का भी हाथ रहा हो। देश भर में इस बारे में बातें होने लगीं कि संजय की क्या भूमिका थी और दाऊद तथा अनीस के साथ उनकी मुलाकातें होती थीं। इस बात को लेकर भी सवाल उठाए गए कि क्या पिता के संपर्कों के कारण पुलिस ढिलाई बरतेगी। प्रेस में दाऊद इब्राहीम के साथ फिल्म जगत के संबंधों को लेकर भी कहानियां आने लगीं। उस ज़माने में बॉलीवुड का कॉरपोरेटीकरण नहीं हुआ था। फिल्मों के ऊपर अंडरवर्ल्ड का बहुत अधिक प्रभाव था और

बड़े पैमाने पर 'भाई' और उनके लोग फिल्मों में पैसा लगाने का काम करते थे। इस व्यवसाय का बड़ा हिस्सा विदेश में रह रहे अंडरवर्ल्ड के भाई लोग रिमोट कंट्रोल से चलाते थे।

जब यह तबाह कर देने वाली खबर आई उस समय सुनील दत्त हैंबर्ग, जर्मनी में थे। उन्होंने संजय दत्त को फोन किया, जो उस समय मॉरिशस में थे, और उनसे पूछा कि क्या कुछ ऐसी बात है जिसकी उनको सफाई देनी है। संजय ने पूरी तरह इस बात से इन्कार किया और धमाकों में किसी तरह से भी शामिल होने की बात से इन्कार कर दिया। उसके बाद, सुनील दत्त ने संजय दत्त को सलाह दी कि 'फौरन आ जाओ। उन्होंने मुझसे यह भी कहा कि मैं मिस्टर सामरा को फोन कर लूं,'[6] संजय ने याद करते हुए कहा। जैसा कि पहले ही उल्लेख किया जा चुका है संजय ने सामरा को फोन करके यह बताया कि वह मॉरिशस में शूटिंग कर रहे थे लेकिन अगर उनकी तत्काल ज़रूरत है तो वे शूटिंग छोड़ कर वापस आ सकते थे। 'मिस्टर सामरा ने मुझे कहा कि जल्दी की कोई बात नहीं है। तुम अपनी शूटिंग पूरी कर लो और फिर आ जाना। मैंने कहा कि मैं सच में कह रहा हूं लेकिन उन्होंने कहा कि तुम अपने शेड्यूल से ही आओ।'[7]

इस अफरा-तफरी से दूर संजय बेचैन हो रहे थे और उनको डर लगने लगा था। 14 अप्रैल की सुबह मुंबई टैब्लायड *द डेली* के संवाददाता बलजीत परमार को मॉरिशस से संजय दत्त का फोन आया। संजय यह जानना चाहते थे कि उनके खिलाफ पुलिस ने क्या केस किया था। बलजीत ने याद करते हुए कहा, 'मैंने उनसे कहा, 'उनके दोस्तों समीर हिंगोरा और युसुफ ने उनका नाम लिया है। 'हे भगवान,' संजय ने कहा और फोन काट दिया। दो घंटे बाद उन्होंने फिर से फोन किया, वे यह जानना चाहते थे कि अगर उनको पुलिस ने पकड़ लिया तो क्या हो सकता था। मैंने उनसे कहा कि अगर वे हथियार के साथ आत्मसमर्पण करते हैं तो उनको आर्म्स एक्ट में पकड़ा जाएगा और ज़मानत मिल जाएगी। लेकिन

अगर पुलिस उनको गिरफ्तार करती है और हथियार बरामद कर लेती है तो हो सकता है कि उनके ऊपर टाडा के अंतर्गत आरोप लगाए जाएं—तब ज़मानत नहीं मिल पाएगी।'[8] संजय अब फिल्म की शूटिंग के ऊपर ध्यान नहीं दे पा रहे थे। मुंबई से जिस तरह की ख़बरें आ रही थीं उसके कारण वे बुरी तरह तनाव में आते जा रहे थे।

16 अप्रैल 1993 के दिन बलजीत परमार ने *डेली* टेबलायड में एक स्टोरी की जिससे सनसनी मच गई, स्टोरी का शीर्षक था, *'संजय हैज अ गन'* (संजय के पास बंदूक है)। स्टोरी में इस बात का खुलासा था कि संजय ने डी कंपनी से एके-56 हासिल किया था और वह उनके पास अभी मौजूद था। परमार ने याद किया, 'उसी शाम मुझे वकीलराम जेठमलानी के दफ्तर से एक करोड़ की मानहानि का कानूनी नोटिस आया, जिसमें मुझसे कहा गया था कि या तो मैं इस बात को साबित करूं या परिणाम भुगतने के लिए तैयार रहूं।'[9]

ये संजय के स्टारडम का चरम था। हर तरफ़ खबर थी कि उन्होंने फिल्म *खलनायक* के लिए एक करोड़ रुपए का साइनिंग अमाउंट लिया था, जो उस समय बहुत बड़ी रकम थी। मगर उसी के बाद से उनका जीवन और उनका करियर मानो डगमगा गया था। वो अब गंभीर रूप से संकट में थे। सुनील दत्त 17 अप्रैल को मुंबई वापस लौटकर आए और उन्होंने पुलिस को बताया कि संजय 19 तारीख़ को लौटकर आएंगे।

*

आख़िरकार संजय मुंबई में देर रात 2.15 बजे सहार अंतर्राष्ट्रीय हवाई अड्डे पर उतरे जहां अप्रत्याशित रूप से बहुत भीड़ थी। पुलिस वाले भरे हुए थे। वहां राकेश मारिया और वाई. सी. पवार मौजूद थे। प्रिया, नम्रता और कुमार गौरव भी संजय की प्रतीक्षा कर रहे थे। संजय जैसे ही हवाई अड्डे के आप्रवासन वाले हिस्से से बाहर आए उनको पुलिस ने घेर लिया और बाहर ले गए। उनके साथ कुमार गौरव भी गए।

संजय की बहनें सदमे में आ गईं। उनको इस बात की उम्मीद नहीं थी। 'हम उनसे बात भी नहीं कर पाए बल्कि देख भी नहीं पाए,' प्रिया ने अपने पिता से कहा।[10] संजय को बांद्रा में क्राइम ब्रांच ले जाया गया। कुमार गौरव और वह मिन्नतें करते रहे कि संजय को घर जाने की अनुमति दे दी जाए, वह नहा-धोकर वापस आ जाएंगे। लेकिन उनके इस अनुरोध को ठुकरा दिया गया। हालांकि, संजय को किसी गंदे लॉक अप में नहीं डाला गया। उनको एक ऑफिसर के कमरे में सोफे पर सोने की अनुमति दे दी गई।

सवेरे 10.30 बजे संजय को पूछताछ के लिए क्रैफोर्ड मार्केट में पुलिस मुख्यालय ले जाया गया। संयुक्त पुलिस कमिश्नर एम.एन. सिंह और उनके सहकर्मी डीसीपी राकेश मारिया ने पूछताछ शुरू कर दी। पहले, संजय ने सिरे से इस बात को खारिज किया कि षड्यंत्र में उनका किसी तरह का हाथ था। उन्होंने इस बात को मानने से इन्कार कर दिया कि उनको किसी तरह का हथियार दिया गया था और उन्होंने उसको रखा था। लेकिन होशियार अधिकारियों ने उनके सामने हनीफ-समीर को बुलाया और संजय टूट गए। उन्होंने इस बात को स्वीकार कर लिया कि उनके पास एके-56 था। अपने आरंभिक इकबालिया बयान में (जिसे बाद में वापस ले लिया गया) संजय ने अंडरवर्ल्ड के साथ अपने जुड़ाव की कहानी सुनाई[11] :

मैं संजय सुनील दत्त; उम्र : 34 साल; पेशा : फिल्म कलाकार—आवास 58, पाली हिल, बांद्रा मुंबई 60, जहां अपने पिता और दो बहनों के साथ रहता हूं।

मेरे पास तीन वैध लाइसेंसी हथियार हैं जिनका उल्लेख नीचे किया गया है :

1.270 ब्रुनो रायफल

.375 डबल बैरल मैग्नम

.12 बोर शॉटगन

मैंने ये बंदूकें इसलिए खरीदीं क्योंकि मुझे शिकार करना पसंद है। मैं आम तौर पर शिकार के लिए अपने दोस्त युसुफ नलवाला के साथ जाता था, क्योंकि वह अनुभवी शिकारी है। दिसंबर 1991 में मैंने अपनी शूटिंग की डेट्स अभिनेता-निर्माता फ़िरोज़ खान को उनकी फिल्म यलगार *के लिए दे रखी थी। वह फिल्म की शूटिंग के लिए पूरी यूनिट को दुबई लेकर गए थे। शूटिंग के दौरान खान ने मुझे दाऊद इब्राहीम से मिलवाया।*

एक दिन शूटिंग के दौरान उन्होंने मुझे दाऊद के भाई अनीस से मिलवा दिया। उस मुलाक़ात के बाद अनीस अक्सर शूटिंग पर आने लगा और हम जहां ठहरे हुए थे वहां भी आने लगा। एक दिन, दाऊद इब्राहीम ने फ़िल्म की पूरी यूनिट को अपने आवास पर डिनर के लिए बुलाया।

संजय ने आगे यह बताया कि किस तरह दिसंबर 1992 के दंगों के बाद उनके परिवार को हिंदू कट्टरपंथियों के फोन आते थे और वे उनको धमकियां देते थे कि उनके पिता को मार देंगे और उनकी बहन का बलात्कार कर देंगे। संजय के मुताबिक़, उन्होंने पुलिस को इस बारे में बताया था लेकिन कोई मदद नहीं मिली।

संजय ने आगे इस बात को स्वीकार किया कि उन्होंने तीन एके 56 राइफल हनीफ-समीर के माध्यम से हासिल किए, जो उनके घर अबू सलेम के साथ आए थे। *'मैंने ये राइफल और असलहे अपनी फिएट कार (नंबर-MMU 4372) के बूट में रख किया और उसको बंद कर दिया।*

'उसी रात मैंने राइफल और असलहे अपने घर की दूसरी मंज़िल पर अपने कमरे में रखवा लिए...

दो दिन के बाद...मैंने एक एके 56 रख लिया और शेष असलहों को लौटा दिया।' मुंबई पुलिस के मुताबिक संजय ने शुरू में कुछ हथगोले भी रखे थे। लेकिन वह घबरा गए और असलहे के साथ उन्हें भी लौटा दिया था।

संजय ने कहा कि उन्होंने एक एके-56 रख लिया और शेष को लौटा दिया क्योंकि दत्त परिवार को जो धमकी भरे फोन आ रहे थे वह

उनसे बहुत चिंतित थे और अपनी तथा अपने परिवार की सुरक्षा के लिए बंदूक़ रखना चाहते थे।

संजय ने जो बताया पुलिस को उसके बारे में पहले से ही पता था। लेकिन इसके बाद संजय ने जो बताया वह उनके लिए खबर थी। जब वह मॉरिशस में थे और उनको यह पता चला कि हनीफ-समीर गिरफ्तार हो गए हैं तो वे डर गए। 'मेरे पिता ने भी यह समाचार सुना। 13 अप्रैल को उन्होंने मुझे फोन किया और पूछा कि क्या मेरे पास एके-56 था। मैंने उनसे झूठ बोला और उनको इस बात का भरोसा दिलाया कि यह बात सही नहीं थी। मैंने अपने दोस्त युसुफ नलवाला को 14 अप्रैल को फोन किया और उससे कहा कि मेरे कमरे में जो हथियार था वह उसको नष्ट कर दे।'

युसुफ को उसी दोपहर पूछताछ के लिए बुलाया गया। उसने इस बात को क़ुबूल किया कि वह संजय के कमरे में गया था और उसने हैकसॉ से एके-56 को काट दिया। युसुफ ने इसके बाद दोनों के ही साझे दोस्त कर्सी अदजानिया से संपर्क किया, जिसका स्टील की चीजें बनाने का व्यवसाय था। उन्होंने गैस कटर से एके-56 के टुकड़ों को गलाने की कोशिश की। यह बहुत थका देने वाली प्रक्रिया थी। बाद में अदजानिया के गोदाम से 18 इंच के एक लंबे रॉड और एके-56 के स्प्रिंग को छोड़कर उस गलाए गए हथियार का कुछ भी नहीं मिला।

वह दिन संजय के लिए भयानक साबित हुआ। उनको अभी भी इस बात का इल्म नहीं था कि उनकी यह गलती कितनी बड़ी थी। इस बीच, सुनील दत्त फोन पर यह पता लगाने की कोशिश कर रहे थे कि उनके बेटे के साथ हो क्या रहा था।

उसी शाम, महाराष्ट्र के मुख्यमंत्री शरद पवार ने यह घोषणा कर दी कि संजय को टाडा अधिनियम (टेररिस्ट एंड डिसरप्टिव एक्टिविटीज़ [प्रीवेन्शन] एक्ट) के अंतर्गत गिरफ्तार किया गया था न कि आर्म्स एक्ट के अंतर्गत, जिसकी उम्मीद की जा रही थी। संजय ने न कभी टाडा

के बारे में सुना था न ही उनको कुछ अंदाज़ा था कि यह अधिनियम कितना कठोर था, जिसके तहत पुलिस को व्यावहारिक रूप से असीमित अधिकार मिल जाते थे। इसका मतलब यह भी था कि कोई संदिग्ध तब तक दोषी ही माना जाता था जब तक वह निर्दोष न साबित हो जाए। उन पलों को याद करते हुए संजय ने कहा, 'जब उन्होंने [जेसीपी एम. एन. सिंह] कहा टाडा, मैंने कहा टाडा! लेकिन जब वे बोले कि बम धमाके के मामले में, तब मैं टूट गया। मैंने उनके पांव पकड़ लिए और बोला, सर, प्लीज़...आप मुझे ऐसे केस में क्यों फंसा रहे हैं। उन्होंने कहा कि मैं कुछ नहीं कर सकता। मुझे ऊपर से आदेश मिला हुआ है।'[12]

कुमार गौरव, प्रिया दत्त और सुनील दत्त भागते हुए पुलिस मुख्यालय गए। संजय डरे हुए थे और वे उन लोगों के गले से लगकर रोने लगे। सुनील अभी भी इस बात को मानने के लिए तैयार नहीं थे कि उनका बेटा धमाकों के षड्यंत्र में शामिल हो सकता था। वे संजय के मुंह से यह सुनना चाहते थे कि मीडिया में जो कुछ भी कहा जा रहा था सब गलत था। उनका बेटा आतंकवादी नहीं हो सकता। राकेश मारिया ने संजय से कहा कि वे अपने पिता को सच बता दें। तब संजय ने उनके सामने यह स्वीकार किया कि उनके पास एक राइफल और कुछ असलहे थे, जो उनको अनीस इब्राहीम से मिले थे।

सुनील दत्त सन्न रह गए। वो यह जानना चाहते थे कि संजय ने ऐसा क्यों किया? संजय दत्त ने अपने पिता को जवाब दिया : 'क्योंकि मेरी नसों में मुसलमान खून है। शहर में जो कुछ भी हो रहा था मैं उसको बर्दाश्त नहीं कर सकता था।'[13]

इस जवाब के लिए सुनील दत्त किसी भी तरह से तैयार नहीं थे। वो अवाक रह गए। बेहद निराशा की हालत में, ख़ामोश सुनील दत्त पुलिस मुख्यालय से बाहर निकल गए। वह जिन आदर्शों के लिए आज तक खड़े हुए थे वो सब दांव पर था। उनकी थकी आंखों से धीरे-धीरे आंसू बहने लगे।

*

'सुनील दत्त बहुत शर्मिंदा थे। बहुत शर्मिंदा,' महेश भट्ट ने मुझे बताया।[14] उनके बेटे ने जो किया था और जो कहा था वे उस बात में यकीन नहीं कर सकते थे।

संजय ने स्वयं को और अपने परिवार को एक शिकार, एक पीड़ित के रूप में दिखाते हुए यह कहा कि उन्होंने आत्मरक्षा के लिए एके-56 रखा हुआ था। लेकिन यह कहानी हनीफ-समीर तथा संजय द्वारा अनीस इब्राहीम को किए गए फोन कॉल्स से मेल नहीं खाती थी। उन फोन कॉल्स में संजय ने कभी भी यह नहीं कहा था कि उनको अपने परिवार की सुरक्षा के लिए बंदूक़ की जरूरत थी। इसके अलावा, शिकार के शौक़ीन होने के कारण संजय के पास पहले से ही तीन लाइसेंस शुदा हथियार थे। संजय के पास ब्रुनो .270 राइफल था जो नीलगाय, हिरन, सांबर तथा 100 किलो से अधिक वज़न वाले जानवरों के शिकार के लिए था। उनके पास .375 हॉलैंड मैग्नम डबल बैरल राइफल था जो शेर और हाथी जैसे बड़े जानवरों के शिकार के लिए था। संजय के पास शॉटगन भी थी। उनको अलग-अलग हथियारों के बारे में यह विस्तार से पता होता था कि वे किस तरह काम करते थे, कितना नुकसान कर सकते थे।

इन तीनों बंदूकों के अलावा संजय के पास एक चौथा हथियार भी था जो उन्होंने 1992 में हासिल किया था। एक .9 एमएम की स्वचालित पिस्तौल जिसके लिए संजय ने दाऊद के एक आदमी को नगद पैसा चुकाया था।[15] यह सवाल स्वाभाविक रूप से उठता है कि संजय को अपने परिवार की रक्षा के लिए एके-56 क्यों चाहिए था जबकि उनके पास पहले से ही कई आग्नेयास्त्र थे?

क्राइम ब्रांच के संयुक्त कमिश्नर एम.एन. सिंह के अनुसार 'सच बताऊं, यह बात मुझे हज़म नहीं हुई। इससे कोई बात साबित नहीं हुई। कोई अपनी रक्षा के लिए दौड़-दौड़ कर बदमाशों की मदद नहीं करता।

सरकारी एजेंसियां थीं जिनका सहारा लिया जा सकता था, और उसके मामले में तो सरकार की मदद लेना कोई मुश्किल काम भी नहीं था।'[16]

या क्या संजय का यह बयान सच्ची कहानी बयान कर सकता है कि 'मेरी रगों में मुसलमान का खून है'? यह कि संजय, बाबरी मस्जिद के गिराए जाने के बाद हुए दंगों में मुसलमानों के मारे जाने के कारण बदले की भावना से प्रेरित थे? संजय की मुस्लिम पहचान निश्चित रूप से उनकी परवरिश का महत्वपूर्ण हिस्सा थी, खासकर उनकी प्यारी नानी जद्दनबाई के घर में। महेश भट्ट बताते हैं, 'वो गले में कुरआन शरीफ की आयत का लॉकेट पहनता था। अपनी मां के कारण वो मुसलमानों के साथ सहज महसूस करता था।'[17] संजय के बचपन का बहुत समय नरगिस के मामा के घर में अपने मुसलमान भाइयों और दोस्तों के बीच भेंडी बाज़ार और नागपाड़ा में बीतता था। लेखक सुकेतु मेहता ने लिखा है, 'जब शुरू-शुरू में संजय ने ड्रग्स लेना शुरू किया था तब वह 'माल' नल बाज़ार में दो टंकी के पास से लेते थे। मुझे याद है कि हिट मैन मोहसिन ने मुझे बताया था कि संजय "मुसलमानों के साथ चरस पीने" शहर के उस हिस्से में आते थे। वो लोग उसके ऊपर गर्व करते थे, गर्व करते थे कि वह मुसलमान मां का बेटा था।'[18] लेकिन क्या इसके आधार पर यह कहना पर्याप्त होगा कि संजय धार्मिक मकसद से प्रेरित थे?

ऐसी दुनिया में, जिसमें मुस्लिम पहचान खासकर आतंकवाद के मामलों में एक मुसीबत ही हो सकती है, यह दिलचस्प है कि मुस्लिम पहचान अपनाने वाले संजय का दौर बहुत पहले गुज़र चुका है। संजय दत्त के बारे में आज दुनिया जानती है कि वे माथे पर तिलक लगाते हैं और अपने घर में जगराता करवाते हैं। महेश भट्ट कहते हैं, 'अब तो वह बदल चुका है। टीका लगाता है आजकल।'[19] हाल में जेल के अपने अनुभवों की चर्चा करते हुए संजय ने मुझसे कहा, 'मैं जेल में गीता पढ़ा करता था। मैंने जेल में अनेक हिंदू धर्मग्रंथ पढ़े। मैं बहुत बड़ा शिव भक्त हूं।'[20]

बहुत लोगों को ऐसा लगता है कि संजय अंडरवर्ल्ड से बहुत अधिक प्रभावित थे। वे जिस तरह से 'अनीस भाई' से बात करते थे, उससे लगता था कि वे अनीस इब्राहीम से कितना अधिक प्रभावित थे। मनोविश्लेषक दयाल मीरचंदानी के मुताबिक़, 'उनके बर्ताव का जो पैटर्न है उससे यह लगता है कि उनके अंदर खुद को बर्बाद करने वाली प्रवृत्तियां हैं और जीवन के प्रति उनका नज़रिया अपरिपक्व और अपने आप पर मोहित रहने वाला है।'[21] परदे पर लोग संजय को मर्दाना, कम बुद्धि वाला भोला-भाला देखना चाहते हैं। उनकी सबसे सफल फ़िल्में इसी फ़ॉर्मूले पर बनी हैं। और उनकी बहुत सारी फ़िल्में अंडरवर्ल्ड तथा अपराध की दुनिया की कहानियों पर बनी हैं। बहुत लोगों को ऐसा लगता है कि अपरिपक्व और कम सोचने वाले संजय दत्त बंदूक़ के लिए अपने प्यार, पुलिस और डाकू का खेल खेलते-खेलते उसी भावना में बह जाते हैं। वह बहुत सीधे और भोले हैं, वह खुद नहीं जानते कि उन्होंने क्या किया, और उनका मकसद किसी को तकलीफ पहुंचाना नहीं होता। शायद अभिनेता-राजनेता शत्रुघ्न सिन्हा इसको सबसे अच्छी तरह से कहते हैं : जब यह आरोप लगाया गया कि संजय को इस बारे में पहले से पता था कि आतंकवादी मुंबई स्टॉक एक्सचेंज को उड़ाना चाहते हैं, सिन्हा इसका जवाब बहुत अच्छी तरह देते हैं, 'बकवास मत कीजिए। उसको तो यह भी नहीं पता कि स्टॉक एक्सचेंज होता क्या है!'[22]

17

अच्छे दिनों के दोस्त

संजय को गिरफ्तार हुए 24 घंटे से अधिक हो चुके थे। सुनील दत्त दीवानों की तरह वकीलों और अपने हितैषियों को फोन किए जा रहे थे ताकि अपने बेटे को छुड़वा सकें। 20 अप्रैल को संजय को 3.30 बजे दोपहर में अदालत के सामने पेश किया गया। मुंबई पुलिस ने 60 दिनों की पुलिस रिमांड की मांग की लेकिन जज जे.एन. पटेल ने महज 14 दिनों की रिमांड दी। संजय को 3 मई को अदालत में फिर से पेश किया जाना था, जो संयोग से नरगिस दत्त की 13वीं पुण्यतिथि भी थी। जब संजय को अदालत से बाहर ले जाया जा रहा था तो संजय टूट गए और प्रिया के कंधे पर सर रखकर रोते हुए बोले, 'मुझे बचा लो प्रिया।'

अगले 14 दिनों तक संजय को एक अलग सेल में रखा गया। उनको घर का खाना खाने की अनुमति थी, लेकिन वे इतने दुखी थे कि उन्होंने कई दिनों तक कुछ खाने से मना कर दिया। 'शुरू में, मैं क्रैफोर्ड मार्केट के जेल में था। मैं तीसरी मंज़िल पर था...बाहर मुझे लोगों और गाड़ियों की आवाज़ें सुनाई देती थीं। मेरा दिमाग तनाव के कारण फटा जा रहा था। हां, मैं अलग-थलग था...मेरा परिवार मुझसे मिलने के लिए आया था—मेरी बहन, बंटी (कुमार गौरव)। एक बार डैड के साथ महेश

भट्ट भी आए। ज़्यादातर समय मेरा गला भरा रहता था और यह देखना बड़ा मुश्किल होता था कि मेरी बहनें खुश दिखने की कोशिश करती थीं और साहस तथा सकारात्मक सोच दिखाती थीं,' संजय ने याद करते हुए कहा।[1]

महेश भट्ट ने संजय के साथ उस मुलाकात को याद करते हुए कहाः 'एक दिन दत्त साब ने मुझसे क्रैफोर्ड मार्केट जेल में साथ चलने के लिए कहा, जहां संजय बंद था। दत्त साब कमज़ोर लग रहे थे लेकिन सीना ताने हुए और सर ऊंचा करके चल रहे थे। तब पुलिस ने बहुत उदारता दिखाते हुए हमें पूरा सम्मान दिया। संजू को नीचे बुलाया गया। उसके चेहरे पर तब भी मुस्कान थी, वह उस समय भी तरोताज़ा और गर्माहट से भरपूर दिख रहा था। मैं उस बातचीत को कभी नहीं भूल सकता हमारी कोशिश यह थी कि जो कुछ हुआ उसके बारे में बात न की जाए ताकि ऐसा लगे कि यह मुश्किल जल्दी ही टल जाएगी।'[2]

सुनील दत्त हर सुबह 7 बजे इस उम्मीद में क्रैफोर्ड मार्केट पुलिस मुख्यालय जाते थे, कि संजय को जब उनके सेल से निकालकर पूछताछ कक्ष में ले जाया जाता था तब उसकी एक झलक देख सकें। सुनील दत्त कोशिश करते कि उनके पास जाकर उनको गले से लगा लें या सिर्फ उसकी पीठ को थपथपा दें ताकि उसकी हिम्मत न टूटने पाए। उनकी आंखों में यह वादा भी होता था कि उनका बेटा जल्दी छूट जाएगा।

फिल्म जगत में संजय के जो कुछ समर्थक थे वे यह कहते थे कि संजय बेवकूफ हैं लेकिन अपराधी नहीं। असल में, संजय के जितने भी सह अभिनेताओं, निर्माताओं और निर्देशकों से इस किताब के सिलसिले में बातचीत की गई सबने बातचीत के अंत में यही कहा कि संजू बाबा 'दिल से बच्चा' है, 'गलत समझा गया' इंसान है, 'एक ऐसा बेवकूफ है जिसके पास दिल के सिवा कुछ नहीं है,' 'बहुत गैर ज़िम्मेदार है लेकिन अपराधी तो बिलकुल नहीं।'

दत्त परिवार ने फिल्म जगत और राजनीति के लोगों के बीच समर्थन

जुटाने की कोशिश की। कुमार गौरव ने गुस्से के साथ कहा, 'फिल्म उद्योग से किसी तरह का समर्थन नहीं मिला और हमने यह समझ लिया कि. ..यहां ऐसे लोग हैं जो बच-बचाकर रहना चाहते हैं। कोई भी किसी की परवाह नहीं करता... यहां जिधर हवा बहती है, वे उधर का रुख कर लेते हैं। मेरा यकीन कीजिए, कल जब सब कुछ ठीक हो जाएगा तो वे लोग आएंगे और कहेंगे, "अरे संजू, हम तो हमेशा तुम्हारे साथ थे।" लेकिन कम से कम अभी हमें बेवकूफ नहीं बनाया जा सकता।'[3] संजय ने नाटकीय तरीके से कहा, 'मैं फिल्म उद्योग को अपने परिवार की तरह समझता हूं। मैं यह समझता था कि मैं उनका बेटा हूं लेकिन उन्होंने तो मुझे छोड़ दिया। मैं बहुत सदमे में आ गया और तब मुझे यह बात समझ में आई कि अंततः आप अकेले ही होते हैं। मैं अपने अलावा किसी के लिए नहीं लड़ूंगा।'[4] दत्त परिवार को साफ़ तौर पर यह लग रहा था कि सबने उनके साथ धोखा किया, हालांकि फिल्म जगत के कुछ जाने-माने लोग उनके साथ खड़े रहे, जिनमें शत्रुघ्न सिन्हा, यश जौहर, महेश भट्ट, राज बब्बर और फ़िरोज़ खान शामिल थे। सुनील दत्त ने अधिक व्यावहारिक रुख दिखाया, 'अगर लोगों में अपने होने का गुमान होता है तो आप इसका बुरा नहीं मान सकते। मेरे लिए यही काफी है कि मेरे दोस्त मेरे पास आए, और उन्होंने संजू को लेकर अफ़सोस जताया।'[5]

लेकिन कोई ऐसा ख़ास परिवार नहीं था जिससे संजय दत्त और उनका परिवार ख़ास सहयोग की उम्मीद कर रहा था। संजय उन मुश्किल दिनों में अपनी 'करीबी दोस्त' माधुरी दीक्षित से यह उम्मीद ज़रूर कर रहे थे कि वह उनको फोन करें या उस मुश्किल समय में उनसे मिलने के लिए आएं। माधुरी नहीं आईं। माधुरी के इंतज़ार का कोई फायदा नहीं हुआ।

जून 1993 में *स्टारडस्ट* में कवर स्टोरी आई जिसमें वही लिखा था जिसकी आशंका संजय को थी : 'माधुरी डंप्स संजय!' (माधुरी ने संजय को छोड़ा)। इसमें यह लिखा था कि संजय की गिरफ्तारी के बाद

किस तरह माधुरी ने रातोरात यह तय किया कि अब वह उनके साथ किसी तरह का नाता नहीं रखने वाली थीं। एक कहानी के अनुसार, संजय ने बेचैन होकर एक बार माधुरी दीक्षित को पुलिस लॉकअप से फोन किया भी था : 'ऐसे समय में पूरे फिल्म उद्योग ने उसका साथ छोड़ दिया था। अंतिम बात वह यह जानना चाहता था कि क्या उसके जीवन का प्यार भी उसके खिलाफ जा रहा था? वह उससे संपर्क करने के लिए बेहद बेचैन था। और उसने जैसे ही 'हैलो' कहा माधुरी ने फोन रख दिया।' इस स्टोरी के अनुसार, संजय ने अपनी बहन प्रिया से कहा कि वह माधुरी से बात करे। जब प्रिया ने माधुरी को फोन किया, उन्होंने बड़े ठंडे अंदाज़ में जवाब दिया : 'प्लीज़ संजू से कहो कि मुझे कभी फोन न करे। उससे कहना कि अब सबकुछ ख़त्म हो चुका है।'[6]

लेकिन बात यहीं ख़त्म नहीं हुई। कुछ दिनों बाद, माधुरी ने संजय के साथ अपने तथाकथित रिश्ते को लेकर प्रेस में सच्चाई बयान की। वरिष्ठ पत्रकार और लेखिका भारती एस. प्रधान ने, जिन्होंने माधुरी का इंटरव्यू किया था, बाद में लिखा, 'माधुरी ने मुझे इंटरव्यू देकर संजय दत्त के साथ के पूरे प्रकरण का अंत कर दिया... उन्होंने यह बात बहुत साफ़ तौर पर कही कि उनका संजय के साथ किसी तरह का कोई संबंध नहीं था। उन्होंने कहा कि नहीं, उनको उससे प्यार नहीं था। उनसे शादी करने का तो कोई सवाल ही नहीं उठता, उनका संजय से किसी तरह का लेना-देना नहीं था।' उस महत्वपूर्ण इंटरव्यू को याद करते हुए भारती ने कहा, 'इस कवर स्टोरी के प्रकाशित होने के कुछ सप्ताह बाद मुझे यह बात समझ में आई कि मैंने संदेशवाहक का काम किया था। माधुरी ने सही समय पर इंटरव्यू देकर संजू के साथ स्पष्ट तौर पर ब्रेकअप कर लिया था। स्पष्ट बात करने वाली माधुरी पर किसी ने इस बात का इल्ज़ाम नहीं लगाया कि उन्होंने संजय दत्त के साथ अपने रिश्ते को विराम दे दिया... दत्त-दीक्षित के बीच गठबंधन बर्बादी का कारण बनता और माधुरी इतनी संवेदनशील थीं कि इस बात को समझ गई थीं।'[7]

अगस्त 1993 में *मूवी* पत्रिका के पत्रकार जीतेन्द्र कोठारी ने माधुरी दीक्षित से पूछा, 'आपका यह बयान उस दौरान आया कि आपका संजय दत्त के साथ किसी तरह का रिश्ता नहीं था जब अखबारों में एके-56 कांड की सुर्खियां थीं। समय सही नहीं था क्योंकि ऐसा लग रहा था कि आप संजय से अपने आपको अलग दिखा रही थीं?'

माधुरी दीक्षित (बेहद गुस्से में) : मुझे बताइए, उस समय प्रेस मेरे पास आया क्यों था? वे मुझसे और क्या कहने की उम्मीद कर रहे थे? क्या मैंने पहले भी आपके सामने तथा अन्य दूसरे पत्रकारों के सामने इस रिश्ते का खंडन नहीं किया था? मैंने एक बार फिर अगर यही बात कह दी तो इसमें ऐसा क्या हो गया?

मूवी : संजय कैंप के बारे में माना जाता है कि उनको इस बात से बहुत तकलीफ पहुंची है। क्या आपको ऐसा लगता है कि इससे आपका पेशेवर रिश्ता खराब हो जाएगा?

माधुरी दीक्षित : मुझे इसका कोई कारण नहीं दिखाई देता है।

मूवी : क्या वे अब भी आपके दोस्त हैं?

माधुरी दीक्षित : हां।

मूवी : आपने हाल में उनसे बात की?

माधुरी दीक्षित : एक महीने से नहीं। मैं वैसे भी अमेरिका में छुट्टियां मना रही थी। आप किसी और विषय में बात क्यों नहीं करते? इस विषय में मैं और बातचीत नहीं करना चाहती।

माधुरी ने साफ़-साफ़ बात की, और कम से कम सार्वजनिक रूप से संजय ने भी उसी तरह की बातें कीं। उन्होंने भी यही कहा कि उनके बीच असल में कुछ भी नहीं था। 'काश माधुरी के साथ मेरा चक्कर होता। लेकिन है नहीं,' उन्होंने कहा।[8]

लेकिन दत्त परिवार माधुरी के बर्ताव से खुश नहीं था। वरिष्ठ पत्रकार और फिल्म निर्देशक खालिद मोहम्मद ने सुनील दत्त के साथ उन दिनों हुई एक मुलाकात को याद किया, जब वे सुनील दत्त से एक इंटरव्यू

के लिए मिले थे। खालिद के अनुसार अपनी कानूनी अड़चनों के बारे में बातें करते हुए सुनील दत्त ने कहा, 'पहले इस लड़के (संजय) की मां कैंसर से गुज़र गई, फिर इसकी पत्नी, और अब वह जिस लड़की के प्यार में था अब उसका कहना है कि उसका इसके साथ कोई लेना-देना नहीं है।' 'वह बयान माधुरी दीक्षित की तरफ़ संकेत कर रहा था, मैंने उस इंटरव्यू को प्रकाशित नहीं करने का फैसला किया,' खालिद मोहम्मद ने लिखा।[9] शायद उनके तथाकथित रिश्ते के टूटने पर सबसे अच्छी टिप्पणी खुद ऋचा शर्मा ने की। उन्होंने कहा, 'जीवन के हर मौके पर उसको किसी का सहारा चाहिए होता है जिसके ऊपर वह भावनात्मक रूप से निर्भर रह सके। अब वह माधुरी के ऊपर निर्भर था। अब जब उसने इसको धोखा दे दिया है तो यह टूट जाएगा।'[10]

दो दशकों के बाद, संजय और माधुरी बॉलीवुड के आयोजनों में कई बार एक दूसरे के आमने सामने हुए और टेलीविज़न रियलिटी शो में उनके बीच बातचीत भी हुई, लेकिन लगता है कि उस कथित रूप से टूटे रिश्ते की याद संजय के दिल से गई नहीं। 2017 में संजय गोवा फेस्ट में मेहमान वक्ता थे। जब उनके साथ बातचीत ख़त्म हुई और दर्शकों के बीच से सवाल पूछे जाने लगे तो किसी ने बेहद गंभीरता के साथ सवाल पूछा, 'अगर आज आपको मौका मिले तो आप किस अभिनेत्री के साथ विवाह करना चाहेंगे?'

संजय ने पूरी गंभीरता के साथ जवाब दिया, 'मैं माधुरी दीक्षित के साथ शादी करना चाहूंगा।'

*

जब संजय मुंबई धमाकों के मामले में फंस गए, और ऋचा को फिर से कैंसर हो गया तो तलाक का मुकदमा पीछे चला गया। इस मुश्किल वक्त में, ऋचा को यह उम्मीद थी कि दोनों फिर से साथ हो जाएंगे। संजय की गिरफ्तारी के बाद न्यूयॉर्क से इंटरव्यू देते हुए उन्होंने कहा कि वह

अभी भी संजय से प्यार करती थीं और यह चाहती थीं कि उनके जीवन में वापस जाएं। 'मैं अभी भी उनको अपने साथ लाने की लड़ाई लड़ रही हूं। इसी कारण से मैं उनको चिट्ठियां लिखती रहती हूं, उनको अपनी और त्रिशला की तस्वीरें भेजती रहती हूं... लेकिन, फिलहाल मुझे लगता है कि उनके वकीलों ने मुकदमा वापस ले लिया है... मुझे मालूम है कि संजू मेरे पास वापस आएगा, आज नहीं तो कल।'[11] हालांकि, संजय को ऐसी कोई उम्मीद नहीं थी। उनके लिए, शादी का वह रिश्ता ख़त्म हो चुका था।

जब संजय के मुक़दमे के बारे में ऋचा से पूछा गया तो उन्होंने बड़ी ईमानदारी से जवाब दिया, 'वो बहुत भोले हैं... पता है, वो हमेशा से ऐसे ही रहे हैं... उनको अब बड़ों की तरह बर्ताव करना चाहिए। आखिरकार, उनको फिल्म उद्योग कितनी बार माफ़ करेगा? पहले ड्रग्स का मामला था, फिर शराबनोशी और अब यह। कोई कितना सह सकता है?'

ऋचा ने सही कहा था। संजय ऐसे बड़े बच्चे थे जो कभी बड़ा नहीं हुआ। उनका जुनूनी जीवन एक के बाद एक संकट में इस तरह से घिरता रहा मानो वह किसी काल्पनिक कहानी से भी अजीब हो।

18

खलनायक

मीडिया संजय दत्त को बॉलीवुड का विलेन बनाने में लगा हुआ था, उसी समय ध्यान संजय-माधुरी की एक फिल्म की तरफ चला गया : वह थी सुभाष घई की *खलनायक*। पोस्टरों में फिल्म को चमकाने के लिए संजय की कानूनी मुश्किलों के उपयोग करने से गुरेज़ नहीं किया गया। पोस्टर के ऊपर हाथ में हथकड़ी लगाए संजय दत्त की तस्वीर थी और यह लिखा था, 'हां, मैं हूं खलनायक!' खबरें छपीं कि दत्त परिवार सहित बहुत सारे लोग सुभाष घई से दुखी थे, क्योंकि उनको ऐसा लग रहा था कि सुभाष घई इस त्रासदी का इस्तेमाल करके अवसरवादिता दिखा रहे थे। घई ने आलोचनाओं को यह कहते हुए दरकिनार कर दिया कि फिल्म के इस तरह से प्रचार की योजना बहुत पहले ही बनाई जा चुकी थी।

दत्त परिवार की मुश्किलों ने एक राजनीतिक रंग भी ले लिया। *खलनायक* के रिलीज़ से कुछ दिन पहले भाजपा की छात्र इकाई अखिल भारतीय विद्यार्थी परिषद (एबीवीपी) ने मराठा मंदिर सिनेमा हॉल का घेराव कर लिया जहां संजय दत्त अभिनीत *क्षत्रिय* फिल्म दिखाई जा रही थी। उन्होंने सिनेमा हॉल को मजबूर कर दिया कि वे फिल्म का शो रुकवा दें। इसके बाद अन्य सिनेमा हॉलों में भी संजय दत्त की फिल्मों के प्रदर्शन

को ज़बरदस्ती रुकवा दिया गया। उसके बाद के दिनों में, *खलनायक* के होर्डिंग्स पर जूतों की माला लटकाई गई। एक स्थान पर संजय दत्त का पुतला फूंका गया। जनता की भावनाएं संजय दत्त के साथ नहीं थीं।

पुलिस द्वारा दत्त परिवार के घर की तलाशी लेने के कारण परिवार की बड़ी बदनामी हुई थी। इस बदनामी का सामना करने से बचने के लिए सुनील दत्त ने उस समय घर में नहीं रहने का फैसला किया। जब पुलिस दल 58 पाली हिल पहुंचा तो वहां संजय दत्त की बहनें, कुमार गौरव और उनके पिता राजेंद्र कुमार बंगले पर मौजूद थे। वे कमरों की तलाशी ले रहे थे, जबकि परिवार देख रहा था। टोही कुत्तों और खोजी दल ने पूरे घर को अस्त-व्यस्त कर दिया। लेकिन मिला कुछ नहीं। अखबारों में खोज अभियान के पल-पल की जानकारी छप रही थी। दत्त परिवार के लिए यह बड़ी बदनामी की बात थी कि उनके घर के छापे के बारे में खुले तौर पर चर्चा हो रही थी। उनको ऐसा लग रहा था जैसे उनकी इज़्ज़त तार-तार हो गई हो। लेकिन पुलिस को अपना काम तो करना था।

योजना के मुताबिक़, 3 मई 1993 की दोपहर हथकड़ी लगाए संजय दत्त को एक बार फिर से अदालत में पेश किया गया। पुलिस संजय दत्त से और पूछताछ करना चाहती थी और उसने 14 दिन के और रिमांड की मांग की। वे संजय दत्त से आगे और पूछताछ करना चाहते थे, जज जे.एन. पटेल ने संजय दत्त की रिमांड बढ़ा दी। यह फैसला भी किया गया कि संजय दत्त को ठाणे केंद्रीय कारागार भेजा जाए और अब उनको घर का खाना खाने की अनुमति भी नहीं दी गई। उनको किसी से मिलने-जुलने की इजाज़त भी नहीं दी गई। यह सुनकर, संजय दत्त बुरी तरह टूट गए। सुनील दत्त अदालत में पूरी तैयारी के साथ आए थे कि संजय उनके साथ घर जाएंगे। उनको भी दिलासा दिला पाना मुश्किल होता जा रहा था।

सुनील दत्त ने इस फैसले को उच्च न्यायालय में चुनौती देने का फैसला किया और तत्काल अपील दायर की गई। और इस तरह 5 मई

1993 के दिन संजय को अंतरिम ज़मानत मिल गई। कुछ शर्तें लगाई गईं : संजय को हर सोमवार अदालत जाना था और बिना अदालत की अनुमति के उनको शहर छोड़कर जाने की इजाज़त नहीं थी। इसके बावजूद, दत्त परिवार के लिए वह मौका बेहद ख़ुशी और राहत का था।

58 पाली हिल के बाहर कुछ लोग जुटे हुए थे और उन लोगों ने हाथ में तख्तियां ले रखी थीं जिनके ऊपर लिखा था : 'संजू बाबा, वी लव यू'। कुछ नज़दीकी दोस्तों द्वारा संजय दत्त के ऊपर फूल बरसाए गए। उनके प्रशंसक इस तरह से नारे लगा रहे थे मानो कोई कोई योद्धा जीत के बाद घर आया हो।

दत्त परिवार में एक बार फिर से उम्मीद जाग उठी थी। केस तो लंबा चलने वाला था लेकिन सुनील और संजय को निश्चित रूप से ऐसा लग रहा था कि उस मुकदमे का जो बुरा पहलू था वह बीत चुका था। संजय ने फिर से अभिनय में डूब जाने का फैसला किया।

महेश भट्ट की फिल्म *गुमराह,* अफज़ल खान की *महानता,* संजय गुप्ता की *आतिश* और साजिद नाडियावाला की *आंदोलन* का काम लगभग पूरा हो चुका था। लेकिन संजय पर केस हो जाने के बाद और जेल में रह आने के बाद उनको आर.के. बैनर की सामाजिक ड्रामा फिल्म *प्रेम ग्रंथ* से बाहर कर दिया गया, जिसका निर्देशन राज कपूर के सबसे छोटे बेटे राजीव या चिंपू द्वारा किया जा रहा था। सच्चाई यह थी कि संजय द्वारा आर.के. बैनर की फिल्म को साइन करने का मतलब बड़ा था, क्योंकि उनकी मां का राज कपूर और उनकी कंपनी के साथ लंबा साथ रहा था। जब संजय इस परियोजना से बाहर हुए तब उन्होंने कहा, 'मेरी मां और राज जी ने इस कंपनी की शुरुआत की थी। और अब, इतने सालों बाद नरगिस और राज कपूर के बेटों को साथ काम करना चाहिए! यह मेरे लिए बहुत भावनात्मक पल है। लेकिन मुझे इस फिल्म से हटना पड़ा, और मेरे लिए यह दुखद, भावनात्मक निर्णय है।'[1]

कुछ लोगों ने यह कहा कि संजय ने फिल्म इसलिए छोड़ दी क्योंकि

इसमें हीरोइन माधुरी दीक्षित थीं। उनकी जगह 'घर के ही' हीरो ऋषि कपूर को लिया गया। लेकिन संजय-माधुरी अभिनीत एक और फिल्म थी जिसकी चर्चा *प्रेम ग्रंथ* से बहुत ज़्यादा हुई : सुभाष घई की *खलनायक* को असाधारण सुर्खियां मिल रही थीं। केवल इसलिए नहीं कि संजय जेल गए थे या संजय-माधुरी के बीच तथाकथित प्रेम प्रसंग था। बल्कि इसके एक गाने 'चोली के पीछे क्या है' को लेकर खूब विवाद हो रहा था। सेंसर बोर्ड इस बात पर अड़ा हुआ था कि यह गाना 'अश्लील' था और इसको फिल्म से हटाया जाना चाहिए। लेकिन सुभाष घई ने लड़ाई लड़ी। यह गाना फिल्म में बरकरार रहा और बहुत बड़ा हिट साबित हुआ। ऐसा नहीं था कि केवल संजय की बदनामी के कारण ही लोग सिनेमा हॉल के बाहर फिल्म देखने के लिए लाइन लगाए खड़े थे। इसमें बड़ी भूमिका 'चोली के पीछे क्या है' गाने की भी थी। इस गाने में स्त्रियों का एक समूह 'चोली के पीछे क्या है' गाते हुए हाव भाव दिखा रही है, माधुरी दीक्षित जिसका जवाब बहुत शरारती ढंग से देती हैं : 'चोली में दिल है मेरा...ये दिल मैं दूंगी मेरे यार को, प्यार को।'

फिल्म की शुरुआत में बल्लू (मुख्य भूमिका में संजय दत्त) एक राजनेता की हत्या कर देता है। उसको एक पुलिस अफसर राम सिन्हा (जैकी श्रॉफ) द्वारा पकड़ लिया जाता है। लेकिन बल्लू भागने में सफल हो जाता है, जिसके कारण राम बहुत निराश हो जाता है। पुलिस विभाग द्वारा उसके ऊपर अक्षमता का आरोप लगाया जाता है। राम की प्रेमिका, सब इंस्पेक्टर गंगा (माधुरी) बल्लू के गिरोह में डांसर बनकर प्रवेश करने का फैसला करती है। बल्लू तुरंत उसके प्रति आकर्षित हो जाता है। गंगा को बल्लू के कोमल हृदय का पता चलता है और वह भी उसकी तरफ आकर्षित हो जाती है। वह बल्लू को समझाने का प्रयास करती है कि वह अपराध का रास्ता छोड़कर आत्मसमर्पण कर दे लेकिन वह मना कर देता है। लेकिन जब बल्लू को इस बात का पता चलता है कि गंगा को उसका साथ देने के लिए सज़ा भी हो सकती है तो बल्लू का दिल बदल

जाता है। वह आत्मसमर्पण कर देता है और गंगा के निर्दोष होने की बात करता है। खलनायक नायक बन जाता है।

खलनायक एक लाउड फिल्म थी जिसमें सुभाष घई की फिल्मों के सारे मसाले थे : हिट संगीत, भावनात्मक द्वंद्व और सबसे बढ़कर फिल्म में कैरेक्टराइज़ेशन। फिल्म का पहला हिस्सा बहुत रोचक है लेकिन दूसरे हिस्से में कुछ ख़ास नहीं है। कहानी में झोल है और कभी कॉमेडी से एक्शन फिल्म से रोमांस ड्रामा हो जाती है। संजय के किरदार में काफी असंगतियां हैं और फिल्म का क्लाइमेक्स बकवास है। लेकिन दर्शक बड़ी बेताबी से इस फिल्म का इंतज़ार कर रहे थे। फिल्म का प्रचार ज़बरदस्त था। चमकीले बिलबोर्ड लगे हुए थे, जिनके ऊपर लिखा था, 'संवेदनशील विलेन का असाधारण चरित्र चित्रण।' फिल्म 6 अगस्त 1993 को रिलीज़ हुई। लोगों का फैसला स्पष्ट था। औसत होने के बावजूद फिल्म की ज़बरदस्त सफलता संजय के स्टारडम का बहुत बड़ा प्रमाण थी। ऐसा लग रहा था कि बॉलीवुड का असली बिगड़ा शहज़ादा संजय दत्त जेल से आने के बाद पहले से भी अधिक लोकप्रिय हो गया था।

खलनायक 1993 की दूसरी सबसे अधिक कमाई करने वाली फिल्म साबित हुई (सबसे अधिक कमाई पहलाज निहलानी की फिल्म *आंखें* ने की थी, जिसमें गोविंदा हीरो थे) और 1990 के दशक की चौथी सबसे अधिक कमाई करने वाली फिल्म साबित हुई। ज़ाहिर है संजय बेहद खुश थे। बाद में उन्होंने याद करते हुए कहा, 'मैं तब जेल से निकला ही था। मुझे कुछ शंका हो रही थी। मुझे समझ में नहीं आ रहा था कि लोगों की प्रतिक्रिया क्या रहेगी... इस फिल्म से इस बात की आश्वस्ति मिली कि दर्शक मुझे प्यार करते हैं, मुझे पसंद करते हैं। यह बहुत मायने रखती हैं।'[2]

*

जेल से छूटने के कुछ सप्ताह बाद संजय किसी काम से वकील महेश

जेठमलानी के दफ्तर गए। वहां उनकी मुलाकात सुंदर मॉडल रिया पिल्लई से हुई, जो पहले एयर होस्टेस थीं, जिन्होंने कई सारे विज्ञापनों के अलावा फेयर एंड लवली के विज्ञापन में भी काम किया था। उसके कुछ समय बाद ही, *खलनायक* की सफलता का जश्न मनाने के लिए संजय ने एक पार्टी दी, जहां रिया सम्मानित मेहमान थीं। वे काफी नज़दीकियां दिखा रहे थे। वह अक्सर संजय की शूटिंग देखने आती थीं। नम्रता दत्त के मुताबिक़, 'संजय की रिया पिल्लई से मुलाकात हुई और दोनों तुरंत प्यार में पड़ गए। तब तक ऋचा और संजय एक दूसरे से काफी दूर जा चुके थे।'[3]

1993 में संजय की तीसरी फिल्म रिलीज़ हुई *साहिबां*। संजय और माधुरी ने आठ फिल्मों में साथ-साथ काम किया। और इन आठ फिल्मों में से तीन फिल्मों में उन्होंने युगल जोड़ी के रूप में काम नहीं किया—*साहिबां* में माधुरी को ऋषि कपूर से प्यार होता है। संजय ने शराबी औरतबाज़ कुंवर विजय सिंह की दिलचस्प भूमिका निभाई थी। एक दिन उसके गुर्गे साहिबां (माधुरी दीक्षित) को अपने मालिक के लिए उठा लाते हैं। साहिबां भाग जाने में सफल हो जाती है लेकिन विजय का दिल उसके ऊपर आ चुका होता है। वह साहिबां के माता-पिता से जाकर विवाह के लिए उसका हाथ मांगता है लेकिन साहिबां शादी करने से मना कर देती है। वह गोपी (ऋषि कपूर) से प्यार करती है। इसलिए विजय गोपी के ऊपर हमला कर देता है और उसको मारने की कोशिश करता है। संजय ने इस फिल्म में जिस तरह की भूमिका निभाई थी उस तरह की भूमिका उन्होंने पहले किसी फिल्म में नहीं निभाई थी। माधुरी के साथ उनके रोमांटिक दृश्य नहीं थे और उन्होंने शानदार अभिनय किया था, और फिल्म को अपने कंधों पर खींच कर ले गए थे। और वैसे तो इसे आज संजय की सबसे प्रसिद्ध फिल्मों में गिना नहीं जाता है लेकिन इसमें उनकी भूमिका उनकी कुछ बेहतर भूमिकाओं में एक थी। साल 1993 में *खलनायक* के बाद *साहिबां* संजय की दूसरी सबसे हिट फिल्म थी।

कानूनी परेशानियों के बावजूद संजय की हालत अच्छी लग रही थी। उनकी फ़िल्में अच्छी तरह चल रही थीं और उनकी ज़िंदगी में एक नई लड़की आ गई थी। लेकिन शायद बम धमाकों के मामले के दबाव के कारण संजय फिर से पुराने ढर्रे पर लौट गए। एक बार फिर शराब उनका सबसे अच्छा साथी बन गया। संजय के एक नज़दीकी फिल्म निर्माता के अनुसार, 'उसको बकार्डी रम बहुत पसंद था और शूटिंग ख़त्म हो जाने के बाद हम पीते थे। वह कुछ पैग पीने के बाद भी रुकता नहीं था।'[4]

संजय दत्त वापस बोतल में डूब चुके थे, और महेश भट्ट को यह बात समझ में आ गई थी और वह इस बारे में सुनील दत्त को सावधान करना चाहते थे। महेश ने याद करते हुए बताया, 'संजय मेरे पास आया और बोला कि मैंने सुना है कि आप दत्त साहब को मेरी शराबनोशी के बारे में बताने वाले हैं... संजय गुस्सा हो गया और बोला कि वह मेरे साथ काम नहीं करेगा।'[5] हालांकि महेश के समझाने पर संजय शांत हो गए और उनके दोस्त और हितैषी एक बार फिर उनसे बात करने में सावधानी बरतने लगे। संजय का शराब से प्रेम जारी रहा। हाल में उनसे पूछा गया, 'क्या आप सोशल ड्रिंकर हैं (यानी आयोजनों आदि में पीते हैं)?' जिसके जवाब में उन्होंने कहा, 'झूठ। मैं बोतल ड्रिंकर हूं।'[6] और किसी बात के लिए न सही आप संजय की इस बात के लिए कायल हो सकते हैं कि वह निर्ममता की हद तक ईमानदार हैं। बॉलीवुड में शायद ऐसे बहुत कम फिल्म स्टार होंगे जो संजय जैसे स्पष्टवादी हों।

1993 में संजय की चौथी फिल्म आई थी *गुमराह*, जिसका निर्माण यश जौहर के धर्मा प्रोडक्शन द्वारा किया गया था और निर्देशन महेश भट्ट ने किया था। महेश भट्ट की फिल्म के रिलीज़ होने के ठीक 30 साल पहले सुनील दत्त ने इसी नाम से बनी फिल्म में मुख्य भूमिका निभाई थी। श्रीदेवी इस फिल्म में संजय दत्त के साथ पहली बार काम कर रही थीं। फिल्म की कहानी के केंद्र में वही थीं, यह फिल्म एक अंग्रेज़ी

धारावाहिक *बैंकॉक हिल्टन* पर आधारित थी। संजय ने फिल्म में जग्गू की भूमिका निभाई थी, जो फिल्मों के टिकट बेचता है, और वह गायिका रोशनी चड्ढा (श्रीदेवी) का बहुत बड़ा प्रशंसक है। रोशनी को इस बात का पता नहीं रहता है कि जब वह हांगकांग जा रही थी तो उसके प्रेमी (राहुल रॉय) ने उसके बैग में कोकीन छिपा दिया था और एयरपोर्ट पर वह गिरफ्तार हो जाती है। उसको जेल में डाल दिया जाता है, और उसको मौत की सज़ा सुनाई जाती है। उसके बाद जग्गू हांगकांग जाता है और उसको भगाने की योजना बनाता है।

एक मज़ेदार दृश्य है, जिसमें संजय का किरदार हांगकांग जेल में होता है और मज़ाक में कहता है कि मुंबई के जेल इससे बेहतर हैं। यह सुनते ही देश भर के दर्शक तालियां बजाने लगते थे। *गुमराह* एक तेज़ गति की थ्रिलर फिल्म थी, लेकिन यह फिल्म श्रीदेवी की थी, जिन्होंने अपने करियर के आखिरी दौर की इस फिल्म में अच्छा अभिनय किया था। *गुमराह* संजय के लिए 1993 की तीसरी हिट फिल्म रही... संजय उस साल सबसे बड़े स्टार रहे। 'आपको यह देखना चाहिए कि दर्शक संजय को देखकर किस तरह से रोमांचित हो जाते थे। उनको ऐसा लगता था कि वे उस तक पहुंच सकते हैं उसको छू सकते हैं। उनमें मर्दानेपन और संवेदनशीलता का अद्भुत मिश्रण था,' एक फिल्म निर्देशक का कहना था।[7] संजय अपने करियर के शिखर पर थे।

संजय दत्त उस साल के सबसे बड़े स्टार थे।

19

बचाने आए बाल ठाकरे

1993 तक संजय बॉलीवुड में सबसे अधिक भुगतान पाने वाले अभिनेताओं में एक बन गए थे, उनका चेहरा नियमित रूप से फ़िल्मी पत्रिकाओं के कवर पर रहता था। सलमान खान द्वारा बॉडी बिल्डिंग को लोकप्रिय बनाने से पहले हिंदी फिल्म उद्योग जगत में संजय के शरीर सौष्ठव के चर्चे थे। उनका खुरदुरा शरीर, लंबे बाल, योद्धा जैसा शरीर और बैड बॉय की उनकी कुख्यात छवि के चर्चे रहते थे। उससे पहले तक बॉलीवुड के हीरो अच्छे, चिकने-चुपड़े माने जाते थे।

लेकिन संजय को फिल्म मीडिया और निर्माताओं द्वारा इस तरह से पेश किया जाता मानो वे कोई खतरनाक सेक्स सिंबल हों। जब वे कमरे में घुसते थे तो सबकी आंखें उनकी तरफ ही होती थीं। इसके बावजूद कि संजय ने बड़ी भारी गलतियां की थीं, वे बहुत अधिक लोकप्रिय थे। फिल्म समीक्षक सुपर्णा शर्मा के मुताबिक़ संजय और सलमान दोनों ही के मामले में, 'उनके प्रशंसकों में पुरुष अधिक रहे हैं—जवान, अक्सर अविवाहित नौजवान जो इन मर्दों से कई बातें सीखते हैं जैसे कि किस तरह से बाईक चलाई जाए, किस तरह से डांस किया जाए, किस तरह से किसी लड़की से बातचीत की जाए, अपने पिता के साथ किस तरह

का बर्ताव किया जाए, अपने व्यक्तित्व को किस प्रकार से बेहतर तरीके से दिखाया जाए। इन नौजवानों की वास्तविकता जो भी रही हो वे इन हीरो की तरह अदा दिखाते थे, कपड़े पहनते थे, बातें करते थे, बर्ताव करते थे। इसका कारण यह था कि संजय या सलमान से उनका जुड़ाव दिमागी स्तर पर नहीं बल्कि भावनात्मक स्तर पर था।'

लेकिन इस ग्लैमर, प्यार करने वाले प्रशंसकों और एक मशहूर हस्ती के रूप में जीवन जीना एक तरफ था, संजय के सिर पर अभी भी टाडा की तलवार लटक रही थी। उनके तलाक का मामला अभी भी पूरा नहीं हुआ था और थोड़े दिनों के ठहराव के बाद उस मामले में दोबारा प्रगति हुई थी, अपनी बेटी त्रिशला से दूरी का भी संजय के ऊपर असर हो रहा था। ऋचा का परिवार बड़ी बेरहमी से संजय की आलोचना कर रहा था और यह कह रहा था कि संजय ने ऋचा को छोड़ दिया। और ऋचा के परिवार द्वारा चारों तरफ से लगाए जा रहे आरोपों के सामने संजय के कमज़ोर तर्कों पर कोई ध्यान नहीं दे रहा था। वह कहते, 'यह बात सही नहीं है कि अगर हमारी शादी चली होती तो ऋचा बीमार नहीं हुई होती। हमारी शादी वैसे भी गलत थी। हम दो अलग-अलग लोग थे।'[1]

ऋचा परिवार और दत्त परिवार के बीच आरोपों-प्रत्यारोपों का दौर जारी था। ऋचा के परिवार वालों का यह कहना था कि उनकी शादी इसलिए टूटी क्योंकि संजय एक परंपरागत घरेलू पत्नी चाहते थे और ऋचा अमेरिका में पली-बढ़ी थीं, लेकिन उनको मजबूर होकर अपने सपनों और अपनी महत्वाकांक्षाओं का त्याग करना पड़ा। संजय की प्रतिक्रिया से कोई फर्क नहीं पड़ा : 'मैं इस बात के खिलाफ नहीं था कि मेरी पत्नी काम करे, जब तक कि वह अपनी खुद की कंपनी न खोल ले, अपना बुटीक खोल ले और अपनी बॉस खुद बन जाए। लेकिन मैं यह नहीं चाहता था कि मेरी बेटी हीरोइन के रूप में काम करे...मैं यह नहीं चाहता था कि शाम को जब मैं घर आऊं तो वह रात की शूटिंग के लिए गई हो... अगर आप इससे मुझे मर्दवादी कहना चाहते हैं तो मैं हूं।'[2] संजय

की मां नरगिस को भी सुनील दत्त से शादी के बाद अपना करियर छोड़ देना पड़ा था जबकि वह उस समय अपने करियर के शिखर पर थीं। सुनील दत्त इस बात के सख्त खिलाफ थे कि उनकी पत्नी फिल्मों में काम करें और परदे पर दूसरे हीरो के साथ रोमांस करें। संजय ने यह गुण अपने पिता से पाया था और अपने हर रिश्ते पर इसको थोपते थे। 'जहां बात पत्नी, बहनों और परिवार की आती है तो मैं रूढ़िवादी हूं और मेरे मूल्य बहुत भारतीय हैं', संजय ने बड़े गर्व के साथ कहा।[3]

1993 में संजय दत्त की तीन फ़िल्में हिट रहीं लेकिन 1994 की शुरुआत उनके लिए खराब रही। *ज़माने से क्या डरना* और *इंसाफ अपने लहू से* फ़िल्में फ्लॉप रहीं। लेकिन संजय के लिए सबसे बड़ी कठिनाई यही नहीं रही। संजय को ज़मानत पर बाहर आए एक साल से अधिक हो चुका था और उनकी कानूनी परेशानियां अब निर्णायक रूप से राजनीतिक रंग ले रही थीं। सरकार की तरफ से अभियोजन के ऊपर नतीजे देने का दबाव था, इसलिए उन्होंने संजय की ज़मानत रद्द करने के लिए आवेदन किया। इससे पहले, धमाके के मामलों के सभी 134 आरोपियों की एक याचिका में संजय ने अपना नाम दे दिया था, जिसमें दुस्साहसी तरीके से और गलत सलाह के कारण यह मांग की गई थी कि जज जे. एन. पटेल को हटाया जाए क्योंकि वे न्याय के मामले में समदर्शी नहीं थे। यह बहुत बड़ी गलती थी। संजय ने बाद में यह बताया कि इस याचिका के बाद जज उनके प्रति और नफरत से भर गए।

हालांकि, सुनील दत्त कांग्रेस के वरिष्ठ नेता थे, और उनके बारे में यह कहा जाता था कि वे गांधी परिवार के नज़दीकी थे, महाराष्ट्र और केंद्र में कांग्रेस की सरकार थी। 1991 में राजीव गांधी की हत्या हो चुकी थी और सोनिया गांधी राजनीति से दूर थीं। एक वरिष्ठ कांग्रेस नेता के मुताबिक़, महाराष्ट्र के मुख्यमंत्री शरद पवार और सुनील दत्त के बीच राजनीतिक संघर्ष चल रहा था। असल में, यह कहा जाता है कि 1993 में प्रधानमंत्री पी. वी. नरसिम्हा राव ने शरद पवार को मुख्यमंत्री

के रूप में महाराष्ट्र भेजा था तब सुनील दत्त को ऐसा महसूस हुआ कि उनको नज़रअंदाज़ किया गया। कांग्रेस नेता के अनुसार, 'पवार बनाम सुनील दत्त की राजनीति संजय दत्त के खिलाफ चली गई... नरसिम्हा राव ने सुनील दत्त के ऊपर शरद पवार को तरजीह दी और इस केस में कांग्रेस पार्टी ने चुप्पी साध ली।' इस घटना के कई साल बाद जून 2005 में—तब तक सोनिया गांधी के विदेशी मूल को मुद्दा बनाकर शरद पवार कांग्रेस छोड़ चुके थे—शिव सेना प्रमुख बाल ठाकरे ने सामना में एक साक्षात्कार में कहा, 'सुनील दत्त ने मुझे यह कहा कि शरद पवार ने संजय की ज़िंदगी तबाह कर दी।' आगे उन्होंने कहा, 'दत्त ने शरद पवार की बात का यकीन किया और संजय, जो उस समय विदेश में था, को पुलिस के पास भेजा...। उसको गिरफ्तार कर लिया गया...और वो (जेल में) सड़ता रहा।'

जून 1994 के आखिर तक आते-आते इस तरह की अफवाहों ने फिर से ज़ोर पकड़ना शुरू कर दिया कि संजय को फिर से गिरफ्तार किया जा सकता था। निर्माताओं की जो फ़िल्में संजय दत्त के साथ बन रही थीं वे उनको जल्दी से जल्दी ख़त्म कर लेना चाहते थे। अगर संजय को एक बार और लंबे समय के लिए जेल में रहना पड़ जाता तो उनकी फ़िल्में रुक जातीं। 4 जुलाई संजय की ज़मानत की अर्जी पर सुनवाई हुई। अदालत वकीलों और पत्रकारों से खचाखच भरी हुई थी। संजय के वकील सी.बी. वाधवा ने उनको इस बात के लिए आश्वस्त किया था कि उनको ज़मानत मिलने की पूरी संभावना थी। लेकिन जज जे. एन. पटेल ने अभियोजन का पक्ष सुनने के बाद उनकी ज़मानत रद्द कर दी, 'मैं इसके द्वारा संजय दत्त की अग्रिम ज़मानत को रद्द करता हूं और उनको तत्काल न्यायिक हिरासत में ले लिया जाए।' संजय को न्यायिक हिरासत में ले लिया गया और तत्काल उनको ठाणे जेल भेज दिया गया। इस बार जेल में उनकी रहने की अवधि लंबी और मुश्किल होने वाली थी।

4 जुलाई की शाम करीब 6 बजे जींस और शर्ट पहने संजय दत्त ठाणे केंद्रीय कारागार (सेंट्रल जेल) में दाखिल हुए। यह तय किया गया कि उनको सामान्य सेल में न रखा जाए। पुलिस के पास ऐसी सूचना थी कि संजय के ऊपर हमला किया जा सकता था। 'इसलिए मेरी सुरक्षा के लिए उन्होंने मुझे मुझे एकांत सेल में डाल दिया, जो अपने आप में बहुत बड़ा मज़ाक था,' संजय ने गुस्से में याद करते हुए कहा, उनका यह कहना था कि उनके पिता के राजनीतिक विरोधियों ने यह चाल चली।[4] संजय दत्त को अंडा सेल में बंद कर दिया गया, जो दस गुना दस का एक अंडाकार कमरा होता था, जो आठ दस की संख्या में अलग अलग कतारों में थे—जिसमें आम तौर पर सुरक्षा के लिहाज से बेहद खतरे में माने जाने वाले अपराधियों और अंडरट्रायल कैदियों को रखा जाता है। उस सेल में एक ही दरवाज़ा होता है जो लोहे का होता है और जिसके द्वारा सामने वाले सेल को देखा जा सकता है। इन सेलों में किसी भी तरह की प्राकृतिक रोशनी नहीं होती। संजय ने याद करते हुए बताया था, 'मुझे यह भी नहीं पता होता था कि दिन था या रात क्योंकि वहां बस एक छोटा सा बल्ब लगा हुआ था... मैं अक्सर वहां चारों तरफ चींटियों को चलते हुए देखता था।'[5]

जेल के अधिकारियों के जाने के बाद संजय कुछ देर वहीं खड़े रहे, उनको समझ में नहीं आ रहा था कि क्या करना चाहिए। उन्होंने उस लटके हुए अकेले बल्ब की तरफ देखा, गद्दे चादर की तरफ देखा। सेल के एक कोने में बाथरूम तो था लेकिन उसमें फ़्लश की सुविधा नहीं थी। पूरे बैरक में बुरी तरह बदबू आ रही थी और बाथरूम का इस्तेमाल करते हुए उनको कोई भी देख सकता था। संजय बहुत घबरा गए। हताशा की हालत में वे वहीं ठंडे फर्श पर बैठ गए और उन्होंने अपनी आंखें बंद कर लीं।[6]

*

अगले कुछ दिन तो बेख़याली में बीते। संजय अभी उस नए माहौल के अनुकूल नहीं हो पाए थे। अंडा सेल को बहुत खतरनाक अपराधियों और आतंकवादियों के लिए रखा जाता है—और यह सोचकर ही वे सिहर जाते कि उनको आतंकवादी के रूप में देखा जा रहा है। वे किसी से बातें तक करने के लिए तरसते थे। उस बैरक के एक और कैदी के मुताबिक़, 'अंडा सेल की सबसे बुरी बात यह होती है कि अकेलापन आपके ऊपर थोप दिया जाता है। हालांकि हर दिन दोपहर के भोजन के बाद कैदियों को एक घंटे के लिए बैरक के भीतर मिलने-जुलने की आज़ादी होती है। कोई अपने सेल के दूसरे साथियों से मिल सकता है और फिर अपने सेल में लौटकर आ जाए, उसके बाद सेल को बंद कर दिया जाता था। पहले डेढ़ महीने संजय को यह आज़ादी भी नहीं दी गई।'[7]

इस बीच सुनील पूरी कोशिश कर रहे थे कि संजय को जेल से बाहर निकाल लाएं। वे नियमित तौर पर संजय से मिलने के लिए जाते थे ताकि उनको जल्दी घर वापसी की उम्मीद बंधा सकें। वह वकीलों, पुलिस अधिकारियों तथा कांग्रेस पार्टी के नेताओं से मिलने के लिए घंटों इंतज़ार करते थे। लेकिन पार्टी ने सुनील दत्त को पूरी तरह दरकिनार कर दिया और उनको किसी तरह की सफलता नहीं मिल रही थी।

संजय दत्त की बहनें हर दूसरे दिन संजय से मिलने जाती थीं लेकिन वे दूर से ही उनको देख पाती थीं। ऐसे मुश्किल वक्त में रिया परिवार के लिए मज़बूत सहारा बनी रहीं। वो कई बार जेल गईं और उन्होंने दत्त परिवार को इस बात की उम्मीद बनाए रखी कि आगे अच्छे दिन आने वाले थे। भावुक होकर संजय ने बाद में कहा, 'प्यार वह था जो रिया ने मुझे उस वक्त दिया जब मैं जेल में था। मेरा भविष्य अंधकारमय दिखाई दे रहा था, न किसी तरह की सुरक्षा थी न ही कोई वादा। लेकिन उसने इस रिश्ते को मरने नहीं दिया।'[8] संजय रिया से मिलने का इंतज़ार किया करते थे। उस साल बाद में संजय ने जेल से प्रिया को चिट्ठी में लिखा, 'इस दीवाली रिया को घर बुला लो, और उसको परिवार के साथ

दीवाली मनाने दो, इससे मुझे बहुत खुशी मिलेगी।'[9]

29 जुलाई को संजय का 35 वां जन्मदिन था, उच्चतम न्यायालय में संजय की ज़मानत की अर्ज़ी पर सुनवाई होने वाली थी। परिवार को इस बात की उम्मीद थी कि देश की सर्वोच्च अदालत से उनको न्याय मिल जाएगा। दुर्भाग्य से, सुनवाई 12 अगस्त तक टल गई। दत्त परिवार ने जेल अधिकारियों से उस दिन संजय के पास जाने की विशेष अनुमति ली। कुमार गौरव, नम्रता दत्त और प्रिया कार्ड और चिट्ठियों के साथ आए। रिया भी वहां आई थीं। आंखों में आंसू लिए संजय चेहरे पर मुस्कुराहट बनाए रहे।[10]

रक्षाबंधन के दिन फिर से परिवार ने ठाणे सेंट्रल जेल में जाकर संजय से मिलने के लिए विशेष अनुमति ली। सुनील दत्त, प्रिया, नम्रता एक केबिन में संजय के लाए जाने का इंतज़ार कर रहे थे। संजय आए और उन्होंने अपनी बहनों को गले से लगा लिया, सबकी आंखों में आंसू थे। उन पलों को याद करते हुए नम्रता ने लिखा है, 'डैड ने कहा, "उसको अपनी-अपनी राखियां बांधो और उसको मज़बूती दो"... भारी दिल से संजय ने कहा, "तुम लोगों को देने के लिए मेरे पास कुछ भी नहीं है, लेकिन मैंने तुम लोगों के लिए अपने ये कुछ कूपन बचा कर रखे हैं। अभी यही है मेरे पास।"'[11] वे दो-दो रुपए के कूपन थे जो जेल के अंदर से चाय और स्नैक्स खरीदने के लिए दिए जाते थे।

दोनों बहनों की आंखों में आंसू थे, सुनील दत्त अभी तक संयत बने हुए थे। लेकिन उस पल में ऐसा कुछ था, यादें थीं, बरसों का रिवाज़ और प्यार था कि वे भी फूट पड़े। 'यह एक बेहद भावुक पल था। मैंने पहली बार डैड को टूटते हुए और रोते हुए देखा।'

बेचारगी के उस इंतहाई पल में दत्त परिवार एक दूसरे को बांहों में कसे हुए रोता रहा। हर चीज पास आ गई थी—अतीत की प्यारी यादें, वर्तमान की बेचारगी और आने वाले दिनों का खौफ।

*

संजय का धीरज कम होता जा रहा था। जब भी सुनील दत्त उनसे मिलते वह यही कहते, 'बेटा बस कुछ दिन और।' संजय ने बाद में याद करते हुए कहा, 'आप अपने आप से बातें करने लग जाते। अपनी मां से बातें करने लग जाते, डैड से बातें करने लग जाते। अजीब किस्म का पागलपन था। मैं चींटियों का पीछा करता था, चींटियों के झुंड का। तब जाकर मुझे यह बात समझ में आई कि चींटियों में कितना अनुशासन होता है। मैंने तीन महीने तक उन चींटियों को देखकर समय बिताया है।'[12]

'किसी पिंजरे में जानवर को कैद कर दिया जाए—संजय की हालत उस तरह की हो गई थी। वह बैरक में बेचैनी से टहलते रहते थे,' जेल में तैनात एक वरिष्ठ पुलिस अधिकारी ने कहा। एक और पुलिस वाले के मुताबिक़, 'वह कभी अपने अतीत के बारे में बात नहीं करता था। अगर हम पूछने की कोशिश भी करते तो वह यह कहता, "जाने भी दो साहब।" लेकिन वह बहुत विनम्र था, किसी तरह की अकड़ नहीं थी उसमें।'

एक दिन जब संजय अपने अकेलेपन को बर्दाश्त नहीं कर पाए तो वह जैसे 'पागल हो गए और उन्होंने दीवार पर इतनी ज़ोर से सर मारा कि उसके टांके लगाने पड़े।'[13] हर तरफ खून था और संजय को तत्काल चिकित्सा सहायता की ज़रूरत थी। जेल के अधिकारी डर गए और उन्होंने यह फैसला किया कि संजय को सेल में एक साथी की ज़रूरत थी। 'उसके बाद उन्होंने मुझे एक बैरक में डाल दिया जिसमें मेरे साथ एक सरदार थे,' संजय ने बताया।[14] उनके साथ जो सरदार थे वह एक ट्रक ड्राइवर थे और उनका नामा था प्यारा सिंह, जिनको अमर नगर, मुलुंड में हुए दंगों में कथित भूमिका के लिए टाडा के अंतर्गत गिरफ्तार किया गया था। प्यारा सिंह का संजय दत्त के साथ एक ख़ास तरह का लगाव विकसित हो गया, संजय उसको ताऊ जी कहते थे। 'वह हमें अपने जैसा ही लगता था,' प्यारा सिंह ने कहा।[15]

महेश भट्ट ने आगे बताया, 'संजय दत्त शब्दों का खिलाड़ी नहीं

है। वह जब मुंह खोलता है तो पता नहीं क्या बोल जाए, उसका अपनी जुबान के ऊपर किसी तरह का नियंत्रण नहीं है, वह किसी आम आदमी की तरह बात करता है। लेकिन जो वह महसूस करता है, उसे पूरी ताकत से बोलता है। उसको कभी भी बौद्धिक किस्म के लोगों का साथ अच्छा नहीं लगा। वह उन दिनों भी आम आदमी की जुबान ही बोलता था–गंदी बातें करना, गाली गलौज का माहौल उसको बहुत सहज लगता था... आप जितना ही अभद्र तरीके से बात करें उतने ही आप उसको सच्चे लगते। कोई भी चीज़ जो बहुत सलीके के साथ की जाए उसको उसमें कुछ संदेह दिखाई देता है।'[16] अंडा बैरक के कुछ कैदी साथियों के अनुसार, जब संजय वहां थे तब उनको कभी यह लगा ही नहीं कि उनके बीच कोई अंतर था। संजय उनके बीच सहज महसूस करते थे। संजय ने बाद में कहा कि उनका सरदार दोस्त उनके 'जोश को बनाए रखता था। वे अक्सर मुझे चुटकुले सुनाते थे और वे मिलकर पंजाबी गीत गाते थे।'[17]

कुछ समय के लिए संजय को घर से खाना मंगवाने की अनुमति भी मिल गई। लेकिन कुछ सप्ताह के बाद उन्होंने मंगवाना बंद कर दिया। उनका कहना था, 'मेरे नसीब में अगर जेल की रोटियां तोड़ना लिखा है तो वही सही। मैं वही खाऊंगा।' संजय खूब सिगरेट पीते थे, करीब एक पैकेट रोज़ पी जाते थे जो उनके लिए घर से आता था। 'वह अपनी मां को बहुत याद करते थे। वह कहते, अगर आज वह होती तो यह सब नहीं हुआ होता।'[18]

प्यारा सिंह के मुताबिक, संजय ने कभी अपनी पत्नी ऋचा के बारे में बात नहीं की। लेकिन उनको त्रिशला की याद आती थी और वह कभी-कभी रिया के बारे में बातें करते थे। प्यारा सिंह ने याद करते हुए बताया कि संजय दत्त ने उनसे कहा कि रिया 'बहुत घरेलू, साधारण और अच्छे स्वभाव की लड़की है... वह उनके साथ विवाह करना चाहते थे और यह तय कर चुके थे कि जेल से निकलते ही उनसे विवाह कर लेंगे',[19] प्यारा सिंह ने बताया। लेकिन संजय की रिहाई राजनीति के दावं-पेंच

में बुरी तरह उलझी हुई थी।

संजय को बाद में ठाणे जेल से आर्थर रोड जेल में भेज दिया गया। सुनील दत्त ने संजय को बचाने के लिए ज़मीन-आसमान एक कर रखा था। लेकिन महेश भट्ट के मुताबिक़, 'मुझे याद है कि शरद पवार मुख्यमंत्री थे, जब दत्त साहब मुझे उनके पास लेकर गए... उन्होंने मुझसे कहा कि मैं संजू के बारे में पवार साहब को अपनी राय से अवगत करवा दूं। तो मैंने कहा कि पवार साहब संजू बेवकूफ है, अपराधी नहीं है। 'देशद्रोही' या 'राजद्रोही' जैसे आरोप सही नहीं हैं। वह थोड़ा बेवकूफ है। शरद पवार ने मेरे सामने सुनील दत्त से कहा... नहीं, नहीं, हम इस बात को जानते हैं, हमारा पेशेवर आकलन भी यही रहा है।'[20] लेकिन इन मुलाकातों के बावजूद संजय के लिए कोई राहत नज़र नहीं आ रही थी। सुनील दत्त को ऐसा लगता था कि जो लोग उनका साथ दे सकते थे वे या तो उनको नज़रअंदाज़ कर रहे थे या उनका अपमान कर रहे थे। दिसंबर 1994 की एक घटना है जिसमें शरद पवार ने अपनी लॉबी में सुनील दत्त से तीन घंटे इंतज़ार करवाया।[21] जब अंततः यह मुलाकात हुई पवार ने यह कहा कि मामला अभी अदालत में है इसलिए वे कुछ नहीं कर सकते।[22] कांग्रेस पार्टी ने सुनील दत्त से किनारा कर लिया। फिल्म जगत के उनके कुछ दोस्त भी उनसे दूरी बनाने लगे।

महेश भट्ट ने याद करते हुए कहा, 'सुनील दत्त जब संजय से मिलने के लिए आर्थर रोड जेल जाते थे तब संजू उनसे कहता था कि आपकी राजनीति के कारण मुझे मोहरा बनाया गया। आप मुझे किसी तरह निकालिए।' सुनील उनको समझाने की कोशिश करते थे। लेकिन अंततः लड़ाई से भागने वाले सुनील दत्त को संजय से सच कहना पड़ा। संजय ने उन पलों को याद करते हुए कहा, 'वे हर दिन जेल आते और मुझ से मिलते तो कहते कि "कल हो जाएगा...कल हो जाएगा।" ऐसा नहीं है कि उन्होंने कोशिश नहीं की। लेकिन 3-4 महीने लग गए।' संजय बताते हैं कि ऐसी ही एक मुलाकात के दौरान, 'मैं रोने लगा और बोला

"डैड कब हो जाएगा...कब?" ...उन्होंने मेरा कॉलर पकड़ लिया और आंखों में आंसू भरकर बोले "संजू मैं अब तुम्हारे लिए और कुछ नहीं कर सकता। मुझे माफ़ करना बेटे... मैं कुछ नहीं कर सकता।"'[23]

सुनील दत्त बहुत बुरी निराशा की हालत में वहां से चले गए, और संजू घंटों रोता रहा, उसके पिता के शब्द उसके कानों में गूंज रहे थे। जब कहीं से कोई मदद आती नहीं दिखाई दे रही थी तो संजू प्रार्थना करने लगे। वह खाली पैर चलने लगे—यह एक मन्नत थी, वह कहते—और उन्होंने अपने बाल और दाढ़ी बढ़ानी शुरू कर दी। उन्होंने यह संकल्प लिया कि वे अपने बाल-दाढ़ी को तभी कटवाएंगे जब जेल से छूटने के बाद वे तिरुपति मंदिर जाएंगे। गीता, रामायण और नेल्सन मंडेला की आत्मकथा उनके नए साथी बन गए।

*

जब सारे रास्ते बंद दिखाई दिए तो सुनील दत्त को यह बात समझ में आई कि उनको अपने पहले के राजनीतिक विरोधियों से मदद मांगनी चाहिए। महाराष्ट्र में 1995 के आरंभ में विधानसभा चुनाव होने वाले थे। चुनाव की तैयारी के लिए शिव सेना प्रमुख बाल ठाकरे के आवास मातोश्री पर भीड़ लगी रहती थी और वहां राजनीतिक गतिविधियों का शोर रहता था।

उस दिन मातोश्री में एक आदमी सबसे अलग लग रहा था : सुनील दत्त। बाल ठाकरे शिव सेना के नेताओं के साथ किसी ज़रूरी बैठक में थे कि उनको यह बताया गया कि सुनील दत्त उनसे मिलने आए हैं। उन्होंने तत्काल बैठक समाप्त की और सुनील दत्त से मिलने आ गए। दुआ-सलाम के बाद सुनील दत्त ने ठाकरे से कहा, 'मैं यहां अपनी पार्टी के नेता के नाते नहीं आया हूं बल्कि एक पिता के रूप में आया हूं जो अपने बेटे के लिए मदद चाहता है।'[24] *मैक्सिमम सिटी* में ठाकरे को उद्धृत किया गया है, 'वह (सुनील दत्त) रो रहे थे, उन्होंने मेरी पत्नी के चारों

तरफ़ घूम-घूम कर आरती की।'[25]

सुनील दत्त का बाल ठाकरे से मदद मांगने जाना अप्रत्याशित था। शिव सेना और कांग्रेस एक दूसरे के कटु विरोधी थे। सुनील पक्के सेक्युलर थे और उन्होंने एक मुस्लिम महिला से शादी भी की थी; जबकि दूसरी तरफ शिव सेना एक कट्टर दक्षिणपंथी पार्टी थी। बल्कि सुनील दत्त ने मुंबई दंगों के पीड़ितों के लिए जो राहत अभियान चलाया था उसका शिव सेना द्वारा सख्त विरोध भी किया गया था। शिव सेना ने उनके ऊपर यह आरोप लगाया था कि वे मुसलमानों की तरफदारी कर रहे थे। तभी संजय दत्त का नाम मुंबई धमाकों के मामले में आया, तब शिव सेना ने ही खुलकर उनके खिलाफ प्रदर्शन किया था और उनकी फिल्मों को दिखाए जाने का विरोध किया था। जब उनकी अपनी पार्टी के किसी नेता ने उनकी मदद नहीं की तो उनके सामने इसके अलावा कोई चारा नहीं रह गया था कि वे बाला साहेब ठाकरे के दरवाज़े पर मदद के लिए जाएं।

ठाकरे ने उनकी बात सुनी। अभिनेता दिलीप कुमार के अनुसार, 'बाला साहेब की प्रतिक्रिया ऐसी थी जैसे एक पिता दूसरे पिता की इस बेचैनी को समझ रहा हो कि उसे अपने बेटे को बचाना है।'[26] बातचीत के अंत में बाला साहेब ने कहा कि वह और उनकी पार्टी उनकी मदद के लिए हरसंभव कोशिश करेगी। संजय ने बाद में कहा, 'मेरे पिता कांग्रेस में हर नेता के पास मदद के लिए गए लेकिन किसी ने उनकी मदद नहीं की। इसलिए वे बाला साहेब के पास मदद के लिए गए, और उस आदमी ने, भगवान उनकी आत्मा को शांति दें, यह कहा कि मैं इसके परिवार को जानता हूं। नरगिस मेरी बहन थी और यह ऐसा कभी नहीं कर सकता है। मैं आपके साथ हूं। और वे हमारे साथ खड़े रहे।'[27]

ऐसा माना जाता है कि बाल ठाकरे ने प्रधानमंत्री नरसिम्हा राव को भी फोन करके संजय की मदद करने के लिए कहा था।[28] अपने रुख में बदलाव करते हुए सेना के मुखपत्र *सामना* ने यह लिखना शुरू

कर दिया कि संजय को राजनीतिक षड्यंत्र के तहत शिकार बनाया गया है। उन्होंने सार्वजनिक रूप से यह घोषणा की कि उनको इस बात के ऊपर यकीन नहीं हो सकता है कि दत्त परिवार का कोई सदस्य राष्ट्रविरोधी हो सकता था। प्रिया दत्त ने, जो फिलहाल कांग्रेस पार्टी की सदस्य और दो बार की सांसद हैं, कहा, 'बाला साहेब एकमात्र ऐसे नेता थे जो हमारे साथ खड़े हुए और जिन्होंने हमारी मदद की। राजनीति अपनी जगह है, हम लोग आज भी उनके बेहद शुक्रगुज़ार हैं।'[29] लेकिन ऐसी कहानियां भी सुनने में आईं कि सुनील दत्त को इस बात का वादा करना पड़ा कि वे शिव सेना के खिलाफ चुनाव नहीं लड़ेंगे। ठाकरे ने इस बारे में खुद *सामना* में एक इंटरव्यू में कहा था।

दत्त परिवार के लिए हालात बेहतर होते दिख रहे थे। फिल्म उद्योग के वरिष्ठ लोगों का एक समूह, जिसमें दिलीप कुमार, शत्रुघ्न सिन्हा और राज बब्बर शामिल थे, संजय के लिए समर्थन जुटाने के इरादे से राष्ट्रपति शंकर दयाल शर्मा और प्रधानमंत्री नरसिम्हा राव से भी मिला। मार्च 1995 में शिव सेना और भाजपा ने विधानसभा चुनाव जीत लिया और सत्ता में आ गईं। इससे हालात संजय के पक्ष में कुछ और बेहतर हुए। जुलाई 1995 में बांद्रा में फ्लाईओवर के उद्घाटन के मौके पर बाल ठाकरे ने खुलेआम जज जे. एन. पटेल के ऊपर हमला बोला और यह कहा कि वे पूर्वाग्रह से ग्रस्त हैं।[30] किसी को यह देखकर हैरानी नहीं हुई कि पक्के कांग्रेसी सुनील दत्त भी उस मौके पर मौजूद थे।

ऐसा माना गया कि ठाकरे द्वारा उठाए क़दम काम कर गए। जुलाई 1995 में रिया की तबियत खराब थी और संजय ने उसको देखने के लिए आवेदन दिया। इस बार जज जे.एन. पटेल ने अनुमति दे दी। 22 जुलाई को संजय रिया से मिलने के लिए पहुंचे। उन्होंने पूरा दिन उनके और अपने परिवार के साथ बिताया। हालांकि संजय इसके बाद जेल चले गए और अपना 36वां जन्मदिन भी उन्होंने वहीं मनाया लेकिन उम्मीद जग चुकी थी।

सितंबर 1995 में राज्य समीक्षा समिति ने अपने एक बयान में कहा कि संजय को ज़मानत दिए जाने में उनको कोई आपत्ति नहीं थी। सुनील दत्त ने उच्चतम न्यायालय का दरवाज़ा खटखटाने की तैयारी शुरू की। 16 अक्टूबर 1995 को संजय दत्त की ज़मानत याचिका के साथ कोर्ट नंबर 7 में जाने-माने वकील कपिल सिब्बल और ललित भसीन खड़े हुए। संजय स्वयं उस दिन मुंबई में थे। शुभ समाचार करीब 11 बजे सुबह आया अदालत ने 5 लाख के मुचलके पर संजय को ज़मानत देने का ऐलान किया, संजय को अपना पासपोर्ट भी जमा करवाना था।

अंततः 18 अक्टूबर को 15 महीने बाद संजय दत्त सलाखों से बाहर निकल पाए।

*

जब संजय आर्थर रोड जेल से बाहर निकले तो सैकड़ों लोग बॉलीवुड के उस सबसे मर्दाने शरीर वाले अभिनेता को देखने के लिए जुटे थे, जिसकी तरह अपनी बॉडी बनाने की आकांक्षा लाखों लोगों में थी। उन्होंने देखा कि एक दुबला-पतला आदमी बाहर आया जिसके बाल बढ़े हुए थे, जिसने सफ़ेद रंग का लंबा कुरता और जींस पहन रखी थी और उसके गले में एक माला थी। जेल में संजय का वज़न 18 किलो कम हो गया था। मीडिया की धक्का-मुक्की के बीच उनको तेज़ी से गाड़ियों के काफिले की तरफ ले जाया गया। वह सबसे पहले प्रभा देवी में सिद्धि विनायक मंदिर में रुके। संजय ने अपने पिता के साथ मंदिर की परिक्रमा की और भगवान का शुक्रिया अदा करने के लिए पूजा की। महेश भट्ट ने संजय की रिहाई से कुछ दिन पहले उनसे हुई मुलाकात को याद करते हुए कहा : 'उसके बाल थोड़े लंबे थे, उसने दाढ़ी नहीं बनाई थी। उसके गले में खूब सारी मालाएं थीं। मुझे यह बताया गया था कि वह बहुत अधिक धार्मिक हो गया था।'[31] तावीज़ के स्थान पर तिलक आ गया था, इसके बाद समय था संजय के सबसे बड़े संरक्षक को शुक्रिया अदा करने का।

उनका काफिला मातोश्री की तरफ बढ़ गया।

चमकते कैमरों के बीच बाल ठाकरे अपने दरवाज़े के सामने आए और उन्होंने संजय को गले से लगा लिया। वे मुस्कुराए और उनके बीच थोड़ी बातचीत हुई। अगली सुबह वह प्रसिद्ध हो चुकी तस्वीर अखबारों में आई जिसमें संजय दत्त ने ठाकरे को ज़ोर से भींच रखा था जबकि सुनील दत्त और राजेंद्र कुमार बगल में खड़े मुस्कुरा रहे थे।

कांग्रेस पार्टी के एक नेता 'मुंबई के शेर' के सामने सम्मान प्रदर्शित कर रहे थे, यह दृश्य शिव सेना के लिए बहुत बड़ा था। संजय दत्त की रिहाई के इस हो-हल्ले के बीच शरद पवार ने रुखाई के साथ यह टिप्पणी की, 'कोई महात्मा गांधी रिहा नहीं हुए हैं।'[32]

उसके बाद समय था संजय के लिए घर की तरफ रवाना होने का। जेल की सख्ती के सामने यह आज़ादी विश्वास से परे लग रही थी। उसके बाद से कुछ दिनों तक, वे आधी रात में जग जाते थे। इसके बाद उन्होंने बत्ती जलाकर सोना शुरू कर दिया। जेल से आने के बाद शुरू-शुरू में वह जेल के अधिकारियों को फोन करके हालचाल भी लेते थे। 'हां उनके साथ मज़ाक करते, "क्या आपको सच में उनकी कमी खल रही है?"' उनके सचिव पंकज खरबंदा ने बताया।[33] ऐसा लगता था जैसे संजय गहराई से बदल चुके थे। 'मैंने अपनी आध्यात्मिकता अर्जित कर ली थी,' उन्होंने कहा। 'मैं माता, साईं बाबा, शिव जी, गणेश जी में विश्वास करता हूं। मुझे गणेश जी के दूध पीने वाले चमत्कार में भी यकीन है (सितंबर 1995 में बड़े पैमाने पर लोगों को ऐसा लगने लगा कि गणेश की मूर्तियों पर जो दूध चढ़ाया जाता है वे उनको पी रही थीं)। लोग इसको समझने का प्रयास कर रहे थे, समझाने का प्रयास कर रहे थे लेकिन यह एक चमत्कार था।'[34] अपनी नई-नई मिली आज़ादी के बाद के दिनों में संजय ने महालक्ष्मी मंदिर में पूजा की, अपने बाल कटवाए—लेकिन तिरुपति नहीं गए जैसा कि उन्होंने पहले संकल्प लिया था और उसके बाद रामगोपाल वर्मा की सुपरहिट फिल्म *रंगीला* देखी।

लेकिन उन्होंने अपना अधिकतर समय परिवार और रिया पिल्लई के साथ ही बिताया।

जब रिया से यह पूछा गया था कि उनको संजय में क्या बात ख़ास लगी थी, तो उनका जवाब था, 'उसकी सादगी ने मुझे प्रभावित किया। वह बहुत सच्चा है...उसमें कुछ भी नकली नहीं है...जो लोग मुझे, मेरे परिवार को जानते हैं, जो मेरे दोस्त हैं वे कहते हैं, "पागल हो गई हो? उसके बारे में तो तुमको सोचना भी नहीं चाहिए"... सब लोगों के मना करने के बावजूद मैं उसके साथ बनी रही और मुझे खुशी है कि मैंने ऐसा किया।'[35] संजय ने यह सपना देखा था कि वे रिया के साथ बस जाएं और चिंता से मुक्त जीवन बिताएं। वह अक्सर कहते थे, 'मैं एक दिन अपनी ज़िंदगी को लेकर एक किताब लिखूंगा। शायद रिया के साथ अमेरिका में रहने के लिए चला जाऊं। कैलिफोर्निया। अपनी बेटी के साथ समय बिताऊं।'

लेकिन उस समय संजय के दिमाग में काम था और वह अपने पेशेवर जीवन की ढीली पड़ रस्सी को कसना चाहते थे। मुक़दमे में बहुत पैसा खर्च हो गया था और संजय के लिए यह ज़रूरी था कि वे काम पर वापस लौटें। संजय के जेल में होने के कारण कुछ फ़िल्में रिलीज़ हुईं, जिनमें थोड़ा-बहुत काम रह गया था–जैसे *आंदोलन* (1995), *जय विक्रांता* (1995) और *अमानत* (1994)। थोड़ी बहुत डबिंग और कुछ एक्शन सीन किसी और ने पूरे कर दिए। सभी फिल्में बुरी तरह डूब गईं। केवल संजय गुप्ता की फिल्म *आतिश* (1994) ने अच्छा व्यवसाय किया, जिसको संजय ने जेल जाने से पहले पूरा कर लिया था।

संजय को लेकर जिस तरह की सहानुभूति का माहौल था, जिस तरह की उत्सुकता उनको लेकर थी, उसके कारण संजय को उस वक्त भी प्रति फिल्म एक करोड़ की राशि दी जाती थी। लेकिन फिल्म जगत में उनका स्थान पहले से बहुत बदल गया था। जब संजय पहली बार 1993 में जेल गए थे उस वक्त वे सबसे बड़े स्टार थे। लेकिन जिस

बॉलीवुड में संजय लौटकर आए थे उसमें सब कुछ बहुत बदल चुका था। *करण अर्जुन* (1995) की ऐतिहासिक सफलता और उसके बाद *दिलवाले दुल्हनिया ले जाएंगे* (1995) की सफलता के बाद शाहरुख़ खान सबसे बड़े स्टार हो गए थे, उनके अलावा सलमान और आमिर भी थे। गोविंदा का स्टारडम भी मज़बूत हुआ था। संजय इस होड़ में काफी पीछे पड़ गए थे।

एक और मुश्किल थीः जुलाई 1995 में टाडा अदालत में बम धमाकों के मामले की सुनवाई शुरू हो गई थी, जिसके कारण संजय को दिन के वक्त सुनवाई के लिए अदालत जाना पड़ता था। वह दिन के वक्त शूटिंग भी नहीं कर सकते थे और न ही अदालत के आदेश के बिना शहर के बाहर जा सकते थे। संजय की चार फ़िल्में अधूरी पड़ी थीं और कोई नई फिल्म हाथ में लेने से पहले वह उन अधूरी फिल्मों को पूरा करना चाहते थे और इसलिए उनके पास जो थोड़ा बहुत समय होता था उस समय में वे उन अधूरी पड़ी फिल्मों की शूटिंग किया करते थे।

20

विधुर

त्रासदी लगातार दत्त परिवार के पीछे लगी थी। अब जब संजय जेल से बाहर आए तो अगला दुर्भाग्य उनका इंतज़ार कर रहा था। संजय के एक नज़दीकी फिल्मकार ने इसको इस तरह से कहा : 'संजय दत्त एक ऐसा इंसान है जो अपने दुस्वप्न से बाहर नहीं निकल सकता। वह नरक के महल में कैद है।' एक तरफ, नई आज़ादी थी और रिया थीं, तो दूसरी तरफ ऋचा थीं।

संजय का ऋचा से अभी तलाक हुआ नहीं था। दोनों के बीच त्रिशला की कस्टडी को लेकर संघर्ष चल रहा था ऋचा के परिवार ने बम धमाकों के मुकदमे का हवाला देते हुए कहा था कि संजय को कस्टडी नहीं दी जानी चाहिए। इसलिए तलाक का मुकदमा लगातार विवादग्रस्त होता जा रहा था। जब संजय जेल में थे, तब ऋचा के हालत में बुरी तरह गिरावट आई। किसी तरह की उम्मीद नहीं लग रही थी। बुरी हालत में ऋचा को अस्पताल में भर्ती करवाया गया, उनको देखने और सुनने में बहुत अधिक दिक्कत हो रही थी। जब प्रिया न्यूयॉर्क में थीं तो वह ऋचा को देखने गई थीं। ऋचा उनको पहचान ही नहीं पाईं।

1996 में संजय को अमेरिका जाने के लिए अदालत से विशेष

अनुमति मिली। लेकिन जब संजय न्यूयॉर्क पहुंचे तो डॉक्टर ने उनका इलाज बंद कर दिया था और केवल उनका दर्द दूर करने वाली दवाएं दी जा रही थीं। तलाक और कस्टडी के विवाद की कटुता के कारण, दोनों परिवारों के बीच के मतभेदों के बावजूद संजय ने जब ऋचा को देखा तो रोने लगे। कैंसर के कारण उनकी शक्ल बिगड़ गई थी। चेहरे की सुंदरता खत्म हो चुकी थी, वह बात तक नहीं कर पा रही थीं, लोगों को पहचान भी नहीं पा रही थीं। लेकिन जब संजय आए तो उनके होंठों पर मुस्कराहट फ़ैल गई।

कई साल पहले संजय ने अपनी मां को भी इसी तरह दर्द से जाते हुए देखा था। वह कुछ देर ऋचा को देखते रहे और फिर वहां से चले आए।[1] 'आपको जो सबसे भयानक बीमारी जो हो सकती है उसको वह हुआ है। ज़िंदगी ने उसके साथ अच्छा नहीं किया है... मैं उसके माथे के ट्यूमर को नष्ट कर देना चाहता हूं और यह चाहता हूं कि वह जीवित रहे। मैं यह नहीं चाहता हूं कि बाद में मेरे पास उसकी बुरी स्मृतियां ही रह जाएं',[2] संजय ने बाद में कहा, 'अंत में तो सबको जाना ही होता है। मैं बस यही दुआ कर सकता हूं कि जब उसका अंत आए तो वह शांति से मरे। ऋचा ने इतनी पीड़ा भोगी थी। मुझे नहीं पता कि भगवान ने उसके साथ ऐसा क्यों किया... मैं आपको यह नहीं बता सकता कि वह किस दर्द से गुज़र रही है।'[3]

10 दिसंबर 1996 को ऋचा शर्मा ने न्यूयॉर्क में अंतिम सांस ली। उनको अंतिम कुछ दिनों में अस्पताल से उनके मां-पापा के घर ले जाया गया था। एक ज़िंदादिल स्त्री जिसने एक बार देश के मशहूर स्टार का दिल चुरा लिया था वह दुनिया से यूं चली गई। प्रिया दत्त ने कहा कि ऋचा मिसेज दत्त के रूप में दुनिया से गईं और 'अंत तक वो संजय से सच्चे दिल से प्यार करती रहीं।'[4] शायद संजय ने भी किया था। शायद।

संजय अब त्रिशला को खोना नहीं चाहते थे। हर लिहाज से, उस छोटी बच्ची का बचपन सहज नहीं रहा था जो तब महज 8 वर्ष की

थी। अगर संजय का जीवन पागलपन से भरपूर था तो त्रिशला को भी मजबूरी में उस उथल-पुथल से गुज़रना पड़ा। पहले जब वह बच्ची थी तो उसकी मां को पहली बार कैंसर हुआ, और उसको न्यूयॉर्क जाना पड़ा और कई साल तक अस्पताल में आना-जाना पड़ा। उसके बाद त्रिशला के मां-पापा अलग हो गए, उसके बाद तलाक की खिचखिच शुरू हो गई। और फिर, मानो ऋचा को दुबारा कैंसर होना ही दुःख देने के लिए काफी नहीं हो, उसके पिता की बहुत अधिक सार्वजनिक औरतबाज़ी के किस्से, शराबनोशी और आतंकवाद के मामले में गिरफ्तारी के चर्चे लगातार प्रेस में रहते थे और जिसके कारण परिवार के लोगों के ऊपर उदासी छाई रहती थी। हां, त्रिशला का जीवन पूरी तरह ठहर गया था।

संजय ऐसे पिता थे जो लगातार अनुपस्थित रहे। वे जितना हो सकता था उतना त्रिशला के पास न्यूयॉर्क जाने की कोशिश करते थे। लेकिन फिल्म करियर, प्रेमिकाओं, आतंकवाद के मुकदमे के होते हुए कोई कितनी बार चैन से भारत से अमेरिका जा सकता था? 1990 के दशक के आरंभ में जब ऋचा ज़िंदा ही थीं, तब त्रिशला के जीवन में संजय की मौजूदगी इतनी कम रहती थी कि त्रिशला संजय को 'अंकल' कहती थी, क्योंकि उसको यह नहीं पता था कि वही उसके पिता थे। एक इंटरव्यू लेने वाले ने एक बार संजय से इसके बारे में पूछा था, जिसके लिए उसने ऋचा को ज़िम्मेदार ठहराया था, 'शुरू में वह ऐसा ही करती थी, और मुझे बहुत गुस्सा आया था, और मैंने ऋचा को इस बारे में बताया भी। अगर मैं खुद मौजूद नहीं भी हूं तो क्या यह ऋचा का कर्त्तव्य नहीं है कि वह मेरे बच्चे में मेरी स्मृति को बनाए रखे?'[5]

ऋचा की मौत के बाद त्रिशला अपने पिता से दूर हो गई। संजय ने 2001 में एक इंटरव्यू में बताया था कि उनकी 'ज़िंदगी का सबसे यादगार फोन कॉल वह था जब ऋचा की मृत्यु के बाद त्रिशला ने मुझे पहली बार फोन किया था। उसने कहा कि उसे मेरी याद आती थी और वह अमेरिका में मेरे साथ रहना चाहती है।'[6] लेकिन एक बड़े परिवार

की तरह रह पाना असंभव था। संजय की अपने सास-ससुर से लड़ाई चल रही थी। संजय यह चाहते थे कि त्रिशला उनके साथ रहने के लिए मुंबई आ जाए, लेकिन शर्मा परिवार ने मना कर दिया, और एक बार फिर से कस्टडी की लड़ाई शुरू हो गई; जमकर आरोप-प्रत्यारोप लगाए जाने लगे। संजय ने याद करते हुए कहा, 'उनका कहना था कि यह आतंकवादी है। इसके खिलाफ आतंकवाद का मुकदमा चल रहा है... हमें इस बात का डर है कि यह कहीं बच्चे के साथ न भाग जाए।'[7] हालात इतने खराब थे कि संजय के मुताबिक़ जब सुनील दत्त त्रिशला से मिलने के लिए न्यूयॉर्क गए तो उनको सड़क के किनारे खड़े रहना पड़ा और इसके लिए इंतज़ार करना पड़ा कि संजय जाकर उसको ले आए। 'मेरे पिता अक्सर बहुत दूर खड़े होकर उसको हाथ हिलाते रहते थे। इसलिए मैंने यह फैसला किया कि मैं केस लडूं,'[8] संजय बोले। संजय इसके लिए ऋचा के परिवार को दोषी ठहराते हैं कि उनके कारण उनका अपनी बेटी के साथ दूर-दूर का रिश्ता रहा। 1997 में उन्होंने कहा, 'कम से कम वे इतना तो कर ही सकते थे कि वे छुट्टियों में उसको मुंबई भेज दें, बजाए हर बार हमसे मिलने को लेकर इतना नाटक करने के. .. यह मामला अब वैसे भी समझौते की हर संभव संभावना से आगे निकल चुका है।'[9] ऐसे मुश्किल वक्त में त्रिशला उनकी लड़ाई में बुरी तरह फंस गई थी। 'ज़्यादातर समय मैं उससे बात भी नहीं कर सकता, क्योंकि मेरी पहुंच उस तक नहीं है। हम जब भी फोन करते हैं, तो शर्मा परिवार ऐसे बर्ताव करता है... हम त्रिशला से कभी बात नहीं कर सकते।'[10]

एक बार ऐसा भी हुआ था कि शर्मा परिवार त्रिशला के साथ भारत आया था लेकिन वह अपने पिता के साथ नहीं रही। बल्कि वे ऋषि कपूर के घर पर ठहरते थे, जिनकी पत्नी नीतू सिंह के बारे में कहा जाता है कि वह ऋचा शर्मा की बहन ऐना शर्मा की अच्छी दोस्त हैं। संजय ने आगे बताया, 'आप किसी बच्चे से यह नहीं पूछ सकते "तुम कहां रहना चाहती हो?" इस तरह के फैसले लेने के लिहाज से उसकी उम्र बहुत

कम है। उस दिन मैं एयरपोर्ट पर इंतज़ार करता रहा। उन्होंने उससे पूछा कि वह कहां रहना चाहती थी, और चूंकि वह नीतू के बच्चों की अच्छी दोस्त है इसलिए उसने कहा, "मैं नीतू आंटी के साथ रहना चाहती हूं।" फिर मैंने यह कहा कि ठीक है, लेकिन अगर वे एक ज़िम्मेदार इंसान होते तो वे उससे कहते, "नहीं बच्चे, आप अपने घर जाइए।" लेकिन उन्होंने ऐसा किया नहीं।'[11]

त्रिशला के लिए भाग्य की बात यह रही कि पारिवारिक झगड़े के और बिगड़ने से पहले एक फैसला ले लिया गया। कस्टडी की वह लड़ाई बहुत लंबी चली लेकिन अंततः जज ने यह फैसला सुनाया कि चूंकि संजय त्रिशला के जैविक पिता थे इसलिए कस्टडी उनको ही मिलनी चाहिए। लेकिन दत्त परिवार को यह बात समझ में आ गई कि त्रिशला ने अपने जीवन का आरंभिक हिस्सा न्यूयॉर्क में बिताया है—तब उसकी उम्र करीब दस साल हो चुकी थी—इसलिए जिस बच्ची ने इतना कुछ झेला है उसके प्रति यह क्रूरता होगी कि उसको फिर से अपनी जगह से हटा लिया जाए। संजय त्रिशला के पिता तो थे लेकिन शर्मा परिवार ने उसको पाल-पोसकर इतना बड़ा किया था। त्रिशला जब कुछ दिनों के लिए भारत आई तो उसको लगातार उन लोगों की याद आ रही थी और उसको एक अलग देश के अनुरूप खुद को ढालने में मुश्किल आ रहीं थी। 'जब वह मुंबई आई तो वह मुझसे कहती, "डैड मुझे पिज़्ज़ा चाहिए, मुझे बिग मैक ला दीजिए, मुझे कोक लाईट चाहिए डैड"... अब कोक लाईट कहां से लाऊंगा यार?' संजय ने याद करते हुए कहा।[12]

अपनी बेटी की खातिर संजय ने शर्मा परिवार के साथ लड़ाई खत्म कर ली और यह तय हुआ कि त्रिशला न्यूयॉर्क में उनके साथ ही रहेगी। 'वह वहां बहुत सहज महसूस करती है। चूंकि वो अमेरिका में पली-बढ़ी है इसलिए उसका जीवन आसान है। वह भारत में एक सप्ताह के लिए आई थी, लेकिन मेरी बात का यकीन कीजिए उसको अच्छा नहीं लग रहा था। वायु प्रदूषण और गर्मी के कारण... शुक्र है कि ईमेल है, हम

नियमित रूप से संपर्क में रहते हैं... हम बाप बेटी हाई टेक हैं,' संजय ने कहा। त्रिशला को जाने देने से दत्त परिवार का दिल ज़रूर टूटा था लेकिन दत्त परिवार को यह समझ में आ गया था कि त्रिशला के हित में यही सही था। 'मैं उसके पास हर दूसरे महीने जाने का प्रयास करता हूं। यह सभी के लिए सबसे अच्छा समाधान है,' संजय ने कहा।[13]

ऋचा की बहन ऐना ने त्रिशला का अच्छी तरह ध्यान रखा और वह उसके बचपन के दिनों में उसकी मां की तरह उसका ध्यान रखती थी। 'मैं अपने परिवार में अपनी मौसी ऐना की सबसे करीब हूं। वह बहुत मज़बूत हैं, सफल हैं और बहुत सहज हैं। वह मेरे लिए आदर्श जैसी हैं। वह मेरे चेहरे पर हंसी लाने के लिए कुछ भी कर सकती थीं,' त्रिशला ने 2013 में बताया। दुःख के साथ त्रिशला ने यह भी कहा, 'मुझे यह बात दुःख के साथ कहनी पड़ती है कि मुझे अपनी मां की याद नहीं है, लेकिन मुझे यह याद है कि वह बहुत सुंदर थीं, बहुत दयालु थीं, और बहुत ईमानदारी से प्यार करने वाली थीं।'[14]

आने वाले सालों में, शर्मा परिवार के साथ संजय का रिश्ता बेहतर हुआ। सब कही-अनकही बातें भुला दी गईं। संजय ने बाद में कहा, 'मैं ऋचा के परिवार से प्यार करता हूं कि उन्होंने अमेरिका में रहते हुए मेरी बेटी में मूल्य विकसित किए।'[15] लेकिन उनको हमेशा इस बात की कमी खलती है कि जब उनकी बेटी बड़ी हो रही थी तब वे उसको देख नहीं पाए।

21

'हैलो, छोटा शकील'

ऋचा की मौत और त्रिशला की कस्टडी के लिए हुई लड़ाई के दौरान रिया पूरी मज़बूती से संजय के साथ खड़ी रहीं। सब देखते थे कि जब संजय सुनवाई के लिए जाते थे तो वह पुलिस वैन की जालीदार खिड़की के बाहर से संजय का हाथ थामकर रखती थीं। संजय रिया के प्रति कृतज्ञता से भरा हुआ था। संजय ने कहा, 'प्यार वह है जो रिया ने मुझसे तब किया जब मैं जेल में था। भविष्य अंधकारमय दिख रहा था, न तो किसी तरह की सुरक्षा थी न ही किसी तरह का वादा। लेकिन उसने इस रिश्ते को मरने नहीं दिया।' 14 फ़रवरी को वैलेंटाइंस डे के दिन संजय ने एक पार्टी में रिया को प्रोपोज़ करके हैरान कर दिया। उसके बाद दोनों साईं बाबा के मंदिर में गए, वहां पुजारी को जगाया और शादी कर ली। मंदिर में हुई उस शादी में दोनों में से किसी के परिवार का कोई सदस्य मौजूद नहीं था।

प्रिया ने कहा कि शादी से परिवार में सभी हैरान रह गए लेकिन वे सभी संजय के लिए खुश थे। उनको उम्मीद थी कि वह जिस स्थिरता की चाह में थे शायद वह आखिरकार उनको मिल जाए। लेकिन एक वरिष्ठ पुलिस अधिकारी के मुताबिक़, जो सुनील दत्त के करीबी थे और

रिया के विवाह के बाद उनसे दिल्ली में मिले थे, सुनील दत्त ने उनसे कहा था, 'अपने छोटे को कुछ समझाइए समझदारी से काम लिया करे।' अधिकारी दोस्त के अनुसार सुनील दत्त को संजय रिया की शादी के बारे में अपने बेटे से नहीं बल्कि एक पत्रकार से पता चला। वे शांत रहे और उनसे उन्होंने कहा, 'एक पिता के रूप में संजय को बचाना मेरा कर्त्तव्य था। उसके बाद संजू अपने निजी जीवन में जो भी करता है उसका अपना काम है। उसके निजी जीवन और करियर से मेरा कोई लेना-देना नहीं है।' सुनील का कहने का अंदाज़ ऐसा था जैसे वे दुनियादारी की बात कर रहे हों लेकिन एक तरह से उनके लहजे में तकलीफ का भाव भी था। जब वह अधिकारी जाने ही वाले थे कि सुनील ने उनकी बेटियों के बारे में पूछा जिन्हें वो बहुत पसंद करते थे। फिर सुनील बोले, 'साहब आप जानते हैं, बेटियां सबसे अच्छी होती हैं।'

*

संजय 58 पाली हिल से बाहर रहने लगे और रिया के साथ रहने के लिए उन्होंने बांद्रा में एक बड़ा-सा अपार्टमेंट लिया जिसके सामने समुद्र तट का नज़ारा था। रिया की आर्ट ऑफ़ लिविंग में बहुत दिलचस्पी थी। वह आर्ट ऑफ़ लिविंग की प्रशिक्षक अध्यापिका बन गई और संजय अपने करियर में व्यस्त हो गए। जेल से छूटने के बाद संजय की पहली बड़ी फिल्म रिलीज़ हुई राम गोपाल वर्मा की *दौड़* (1997)। दो साल पहले वर्मा ने *रंगीला* नामक एक सुपरहिट फिल्म बनाई थी। *रंगीला* की हीरोइन, उर्मिला मातोंडकर को *दौड़* में संजय दत्त के साथ हीरोइन बनाया गया था, इस फिल्म को संजय की वापसी की फिल्म माना जा रहा था। उम्मीदें बहुत अधिक थीं। फिल्म के रिलीज़ होने से पहले ही ए. आर. रहमान के गाने खूब बज रहे थे। जैसी कि उम्मीद थी *दौड़* की ओपनिंग शानदार रही। लेकिन जल्दी ही फिल्म बॉक्स ऑफिस पर लुढ़क गई। फिल्म बुरी तरह असफल साबित हुई। इसके बाद आई तनुजा चंद्रा निर्देशित अपराध

फिल्म *दुश्मन* (1998)। उस फिल्म में संजय ने एक नेत्रहीन, पूर्व सेना अधिकारी की भूमिका बड़ी अच्छी तरह निभाई थी। फिल्म सफल रही लेकिन सफलता का सारा श्रेय उचित ही फिल्म की अभिनेत्री काजोल को गया जिन्होंने शानदार अभिनय किया था।

1999 का साल सच्चे अर्थों में संजय के लिए वापसी का साल रहा। इस साल उनकी पांच फ़िल्में रिलीज़ हुईं और सभी फ़िल्में साल की सबसे अधिक कमाई करने वाली फिल्मों में रहीं। पहली फिल्म रिलीज़ हुई महेश भट्ट निर्देशित एक्शन फिल्म *कारतूस*, उसके बाद आई संजय छैल की फिल्म *खूबसूरत*, राज कंवर की सुपरहिट फिल्म *दागः द फायर*, डेविड धवन की कॉमेडी फिल्म *हसीना मान जाएगी*, जिसमें गोविंदा भी अपने पूरे रंग में थे, और महेश मांजरेकर की पुरस्कृत अपराध ड्रामा *वास्तवः द रियलिटी*।

वास्तव बिला शक संजय के करियर की अच्छी फिल्मों में है, वह करियर जो बुरी फिल्मों से भरा हुआ है। *वास्तव* एक अपराधी सरगना की घिसी-पिटी कहानी हैः रघु (संजय) एक निम्न मध्यवर्गीय परिवार का व्यक्ति है जो मुंबई के चाल में अपने परिवार के साथ रहता है। वह अनजाने में एक अपराध का हिस्सा बन जाता है और अंडरवर्ल्ड का हिस्सा बन जाता है। देख़ते-देखते रघु शिखर पर पहुंच जाता है और उसको ऐसा लगने लगता है कि कोई उसका बाल भी बांका नहीं कर सकता। फिर उसका शीराज़ा बिखरने लगता है। यह फिल्म एक अपराध ड्रामा थी जिसका अंत फार्मूला फिल्मों की तरह मौत में होता है जिस तरह से रामगोपाल वर्मा की फिल्म *सत्या* में हुआ था या संजय की अपनी फिल्म *हथियार* में। लेकिन महेश मांजरेकर ने फिल्म में भावनात्मक गहराई पैदा की और संजय ने हिलाकर रख देने वाला अभिनय किया था।

फिल्म में कुछ दृश्य तो बहुत ज़बरदस्त थे, लेकिन सबसे ज़बरदस्त था फिल्म का क्लाइमेक्स। नरगिस की *मदर इंडिया* से प्रेरित *वास्तव* में

भी एक मां (रीमा लागू) अपने अपराधी बेटे को मार देती है। अंतर यह था कि *वास्तव* में रघु को इस बात का पता होता है कि पुलिस उसको पकड़ने वाली है। वह अपनी मां के सामने टूट जाता है और उनसे विनती करता है कि वे उसको आसान मौत दे दे—वह उसकी इच्छा पूरी कर देती हैं। यह दृश्य बहुत पीड़ादायी था, और दोनों ही अभिनेताओं ने बहुत अच्छा अभिनय किया था।

संजय को याद है कि वह पूरा सीक्वेंस एक बार में शूट हो गया था। 'अगर हमने उस सीन को कई टेक में किया होता—एक टेक किया और थोड़ा आराम किया, फिर अगला शॉट दिया—तो उस सीन में जिस तरह की भावनात्मक गहराई है उसको पा सकना संभव नहीं हो पाता। अंततः मैंने महेश भट्ट से कहा कि मुझे एक बार में ही पूरा सीक्वेंस करना है। इसलिए महेश ने सात कैमरे लगाए और घर के अंदर के हिस्से का सीन एक बार में हो गया जबकि घर के बाहर के हिस्से का सीन एक बार में।' वह क्लाइमेक्स संजय के करियर के सबसे चर्चित सीन में से एक बन गया।

संजय के प्रदर्शन के बारे में फिल्म समीक्षक अनुपमा चोपड़ा ने *इंडिया टुडे* में लिखा, 'कम से कम एक बार संजय ने सिर्फ मारधाड़ और रैंबो की तरह काम नहीं किया है। मांजरेकर ने न केवल उनके प्रभावी शरीर का इस्तेमाल किया है बल्कि उनकी कुम्हलाई आंखों का भी। दत्त ने ड्रग्स से संघर्ष किया था और जेल में खुद समय बिताया भी है, इसके कारण ड्रग्स लेने वाले के किरदार में वो करुणा और ईमानदारी लेकर आए, एक भटके हुए सरगना के रूप में उन्होंने ज़बरदस्त अभिनय किया है।'[1] करीब दो दशक लंबे फ़िल्मी करियर में अंततः पहली बार संजय को वास्तव में अभिनय के लिए फिल्मफेयर में सर्वश्रेष्ठ अभिनेता का पुरस्कार मिला।

लेकिन यह सिर्फ अपराध पर आधारित फिल्म ही नहीं है जिसके बारे में हम चर्चा कर रहे थे। संजय को अभी भी आर्थर रोड जेल में

टाडा अदालत में नियमित रूप से जाना पड़ता था और ज़मानत के रजिस्टर में साइन भी करना पड़ता था। वे जिन लोगों से अदालत में मिलते थे उन लोगों के साथ उनके संबंध बहुत दोस्ताना हो गए थे—ड्यूटी पर काम करने वाले पुलिस वाले, आरोपी और उनके परिवार वाले। मुकदमा अभी कुछ साल और चलने वाला था। मुंबई बम धमाकों का केस कवर कर चुके पत्रकार एजाज़ अहमद ने मुझे बताया, 'समय के साथ संजय ने कानून को विस्तार से पढ़ा। कई बार टाडा अदालत में वे कई बार वकील से असहमति जताते हुए अपने केस की पैरवी खुद ही करने लगते थे। अदालत में उनको इस बात के लिए फटकार लगाई जाती थी कि जब उनके पास वकील था तो वे अपना मुकदमा खुद कैसे लड़ सकते थे।'[2] संजय ने बाद में एक इंटरव्यू में कहा, 'एक बात मैं युवाओं से यह कहना चाहता हूं कि उनको देश के कानून की जानकारी होनी चाहिए। जब भी आपको समय मिले कानून की पढ़ाई करें। मुझे इसलिए भुगतना पड़ा क्योंकि मुझे कानून की जानकारी नहीं थी।'[3] लेकिन संजय अपनी सलाह को खुद ही नहीं मान रहे थे।

सुनील दत्त के अफसर दोस्त के मुताबिक़, एक बार संजय और रिया के घर पर उनको अपनी पत्नी के साथ रात के खाने के लिए आमंत्रित किया गया था। संजय ने बहुत शराब पी ली और ऊटपटांग बातें करने लगे। वह अधिकारी याद करते हैं, 'रिया मेरी पत्नी और मेरे दोस्त की पत्नी के साथ दूसरे कमरे में थी। संजय पीता रहा और फिर गालियां शुरू कीं उसने। इससे मेरे दोस्त को शर्मिंदगी हुई। मुझे ज़्यादा शर्मिंदगी महसूस हो रही थी, लेकिन क्या कर सकते हैं, ये आदमी तो होश में ही नहीं था।'

इससे भी बढ़कर, ऐसे समय में जब संजय को बचकर रहना चाहिए था, अपनी छवि को साफ़-सुथरा बनाए रखने का प्रयास करना चाहिए था, युसुफ नलवाला उस वक्त वहां मौजूद था, जिसके ऊपर इस बात का आरोप था कि उसने एके-56 को नष्ट करने में संजय की मदद की

थी। 'वह गधा है, बेवकूफ है,' उन अफसर दोस्त ने अपना निर्णय सुनाते हुए अंत में कहा।

इससे भी बुरी बात यह कि संजय अभी भी डॉनों के संपर्क में थे। इसके बावजूद कि वह जेल में समय बिता चुके थे और उनके सिर पर मुकदमा चल रहा था, ऐसा लग रहा था मानो संजय को कानून का डर नहीं था। कहावत है न, 'सुंदरता तो मिट जाती है लेकिन बेवकूफी हमेशा बनी रहती है।' संजय खतरों से खेल रहे थे और उनकी कानूनी हालत जो पहले से ही बिगड़ी हुई थी और बिगड़ती जा रही थी। वो मानो न सुधरने की क़सम खाकर बैठे थे। अंडरवर्ल्ड के साथ उनकी नज़दीकी उनको ज़ल्दी ही एक बार फिर मुश्किल में डालने वाली थी।

11 नवंबर 2000 को नासिक के ताज रेजीडेंसी होटल से संजय दत्त, निर्देशक संजय गुप्ता, निर्देशक महेश मांजरेकर और निर्माता हरीश सुगंध ने फोन पर करीब 45 मिनटों तक कुख्यात अपराधी छोटा शकील से बात की, जो कराची में दाऊद का ख़ास गुर्गा था। वही शकील जिसने मुंबई धमाकों की योजना में प्रमुख भूमिका निभाई थी और दर्जनों अन्य हत्याओं को भी अंजाम दिया था।[4] सुपरस्टार और उस अपराधी के बीच की पूरी बातचीत को सीबीआई ने रेकॉर्ड कर लिया और उसको सबूत के तौर पर पेश किया—जिसको पहली बार खुली अदालत में 26 जुलाई 2002 को चलाया गया था। उस टेप की बातचीत को टेलीविज़न चैनलों पर चलाया गया और उसको हर अखबार के पहले पन्ने पर प्रस्तुत किया गया था। एक वरिष्ठ पुलिस अधिकारी के मुताबिक़, ऐसा लग रहा था कि 'दत्त का अंडरवर्ल्ड के साथ संबंध लगातार बना रहा।'[5]

उस बातचीत में संजय शकील के साथ खुलकर बात करते हुए सुनाई देते हैं। उन्होंने जो बातें की थीं उनमें एक बात टी शर्ट के बारे में थी जो संजय ने शकील के लिए खरीदी थी क्योंकि शकील ने कहा था कि 'मैं ज़्यादातर टी शर्ट ही पहनता हूं'; कि कैसे गोविंदा, जो उन दोनों को ही नापसंद हैं, शूटिंग पर देर से आते हैं; वे किसी चिकना के

बारे में बात करते हैं, शायद अपराधी अबू सलेम के बारे में, जो करिश्मा कपूर को गंदी-गंदी बातें करके धमकियां दे रहा था, और कैसे चिकना के दिन अब गिने हुए ही रह गए हैं। यही नहीं, बातचीत में एक मौके पर शकील संजय से यह पूछता है कि उनको दुबई से क्या चाहिए, संजय कहता है, 'भाई आपने ज़ो अफज़ल को भेजा था न वैसा एक भेजो न मेरे को यार।' शायद वे किसी कपड़े या फैशन के किसी सामान के बारे में बातें कर रहे थे। शकील समझने की कोशिश करता है कि संजय किस बारे में बात कर रहा हैः क्या वह भूरा है? क्या वह चेक वाला भूरा है? क्या वह घड़ियाल की चमड़ी का है? क्या वह रस्टी है? इसके बाद शकील और संजय एक प्रसिद्ध बॉलीवुड डांस डायरेक्टर के सेक्स जीवन के बारे में बात करते हैं—उनका दोस्त अफज़ल शायद उनके साथ हमबिस्तर होता रहा है। शकील संजय के दोस्तों को सलाह भी देता है : वह संजय गुप्ता को फिल्म की एडिटिंग के बारे में सलाह देता है, और महेश मांजरेकर के साथ शकील के जीवन पर एक 'रियलिस्टिक' फिल्म बनाने की उनकी योजना पर बात करता है।

बातचीत के इस टेप से केवल इस बारे में संकेत नहीं मिलता है कि संजय के शकील के साथ क्या रिश्ते हैं बल्कि इस बारे में भी कि बॉलीवुड में अंडरवर्ल्ड की दखल कितनी अधिक है। यह संजय के लिए किसी पागलपन से कम नहीं था, बल्कि कहें आत्महत्या जैसा था कि संजय का अभी अंडरवर्ल्ड के सरगनाओं से संपर्क बना हुआ था। मज़ेदार बात यह रही कि अगले दिन संजय और उनके तीनों दोस्त साईं बाबा की पूजा करने के लिए शिर्डी चले गए।

टेप से इस बात का खुलासा भी हुआ कि अंडरवर्ल्ड के अलग-अलग गुटों के बीच किस तरह की प्रतिद्वंद्विता चलती है। 1993 में अबू सलेम ने अनीस इब्राहीम के कहने पर संजय को एके-56 पहुंचाया था, तब वह संजय दत्त का बहुत बड़ा प्रशंसक था। धीरे-धीरे अंडरवर्ल्ड के लोगों में सलेम का दर्जा बहुत ऊंचा हो गया और समय के साथ वह बहुत

खतरनाक अपराधी बन गया जो बॉलीवुड की मशहूर हस्तियों को उगाही के लिए फोन करने के लिए कुख्यात हुआ। सलेम अंततः दाऊद गिरोह से अलग हो गया, जैसा सीबीआई के फोन टेप से पता चला। लेखक एस. हुसैन ज़ैदी की किताब *माई नेम इज़ अबू सलेम* के अनुसार, 'सलेम को इस बात का अंदाज़ा था कि अनीस और शकील उसके हर कदम पर नज़र बनाए हुए थे। उसको जिस बात का पता नहीं था वह यह कि उन लोगों ने एक बार न्यू जर्सी में अबू सलेम को ख़त्म करने की योजना में तथाकथित रूप से अभिनेता संजय दत्त को भी शामिल कर लिया था।'[6]

ज़ैदी लिखते हैं कि अबू सलेम उन दिनों अमेरिका में छिप कर रह रहा था। उसने 2001 में संजय से कहा था कि वह न्यू जर्सी में बॉलीवुड फ़िल्मी सितारों का शो देखना चाहता था। सलेम ने अंतिम पलों में वहां जाने का इरादा त्याग दिया क्योंकि उसको यह सूचना मिली थी कि शकील उसको वहीं मारने की योजना बना रहा था। सलेम को यह बात निश्चित रूप से लग रही थी कि संजय ने ही शकील को उसके बारे में बताया था और इसलिए उसको इस 'धोखे' के लिए वह सज़ा देना चाहता था।

कुछ महीने बाद जब संजय अपने दोस्त संजय गुप्ता के साथ गोवा में थे तब सलेम ने उनका 'ध्यान रखने' की योजना बनाई–सलेम ने इसके लिए चार शूटरों को इस काम के लिए लगा दिया। सलेम ने अपने लड़कों को साफ़ तौर पर यह निर्देश दिया था: 'संजय के पीछे जाओ और उसको या तो गोवा में या मुंबई हवाई अड्डे पर ख़त्म कर दो,' ज़ैदी ने लिखा है। जब संजय को इस बारे में पता चला तो वे अपने होटल के कमरे में छिप गए और अपने 'दोस्तों' को इसमें बीच-बचाव करने के लिए बेतहाशा फोन करने लगे। अंततः एक आदमी अकबर खान ने, जिसने कभी अबू सलेम की जान बचाई थी, सलेम से कहा कि वह अपने शूटर को हटा ले। सलेम ने कहा, 'उसके शूटर्स तब तक दोनों संजय

को नहीं छुएंगे जब तक कि वे खान की कार में चलते रहेंगे...वे मुंबई एयरपोर्ट पहुंचे और खान उनको अपनी ह्युंडई सैंट्रो में लेकर शहर में ले गया, इस तरह उसने संजय को सलेम और उसके शूटर्स के गुस्से से बचाया,' ज़ैदी ने लिखा है।[7] ज़ाहिर है अकबर खान ने गुप्ता से इस मदद के लिए काफी पैसे लिए।

*

संजय ने अपनी तरफ से पुलिस वालों को यह बताया कि फिल्म वालों को अंडरवर्ल्ड के लोगों से बात करनी पड़ती है क्योंकि उनको डर लगता रहता है। संजय का तर्क यह था कि उनका फोन न उठाना बेवकूफी होती। इसमें कोई शक नहीं कि बॉलीवुड में अंडरवर्ल्ड गहरे तक घुसा हुआ है। मुंबई के पुलिस कमिश्नर एम.एन. सिंह ने एक इंटरव्यू में कहा था, 'फिल्म उद्योग पर अंडरवर्ल्ड की भयावह छाया खतरनाक बिंदु तक पहुंच चुकी है। इस हद तक कि फ़िल्मी दुनिया के बहुत सारे लोग उनसे नियमित संपर्क में रहते हैं। बहुत सारे गिरोहों का फिल्म उद्योग में पैसा लगा हुआ है।'[8] लेकिन ऐसे बहुत सारे स्टार हैं जो उनके फोन कॉल्स लेने से इन्कार कर देते हैं और जब उनको इस तरह के फोन आते हैं तो वे पुलिस को बता भी देते हैं।

लेकिन बहुत सारे लोग अभी भी संजय की बेगुनाही की कसमें खाते हैं और कहते हैं कि वह बेवकूफ है जो इस तरह से आपराधिक रूप से फंस गया। पुलिस अफसर सुरेश वालीशेट्टी ने, जिन्होंने संजय दत्त को 1993 में एयरपोर्ट से गिरफ्तार किया था, संजय को संदेह का लाभ देते हुए मुझसे यह कहा, 'संजय में अक्ल कम है। उसमें बचपना है। उसे अंदाज़ा ही नहीं है कि वह कर क्या रहा है।' या शायद मुंबई के सरगनाओं के साथ संजय की नज़दीकी उनकी खुद को बचाए रखने की रणनीति ही रही हो? मुंबई पुलिस के एक अन्य अधिकारी के मुताबिक़, 'वह अंडरवर्ल्ड और उसकी ताकत से बहुत अधिक प्रभावित रहता था।

यह साधारण सी बात है। अंडरवर्ल्ड के साथ कुछ समय की नज़दीकी ने संजय को फिल्म उद्योग में बहुत शक्तिशाली भी बना दिया था।' संजय के संपर्कों का मतलब यह था कि वह फंसने पर अपने दोस्तों को निकाल सकते थे। *मैक्सिमम सिटी* में सुकेतु मेहता ने लिखा है कि किस तरह से सलेम ने फिल्मकार विधु विनोद चोपड़ा को धमकी दी थी और उनसे पैसों की मांग की थी। संजय ने बीच-बचाव किया और एक फोन कॉल से अपने दोस्त को धन उगाही के फंदे से आज़ाद करवाया।[9]

'वह...भोला और बेवकूफ है। दुनियादारी से, कायदे कानूनों से, किसी चीज़ से कोई मतलब नहीं। बेवकूफ है,' सुनील दत्त के क़रीबी रहे पुलिस अधिकारी ने कहा।[10] उस अफसर ने एक मज़ेदार घटना का ज़िक्र किया जिससे संजय के भोलेपन, यहां तक कि उनकी बेवकूफी के बारे में भी पता लगता है। जब संजय आर्थर रोड स्थित टाडा अदालत में सुनवाई के लिए जाते थे तो वह अफसर वहां मौजूद रहते थे। शाम के समय मुंबई पुलिस के कुछ अधिकारियों ने संजय को जेल के एक कमरे में बुलाया और उनसे केस के बारे में कुछ पूछने लगे। संजय कमरे में आए, और जब उन्होंने उस पुलिस अधिकारी को देखा तो वो उनको गले लगाने के लिए आगे बढ़े। उस अफसर ने उनके प्रति रुखाई बरती, उनको गले लगाने से रोकने की कोशिश की। ज़ाहिर है कि वो यह नहीं चाहते थे कि दूसरे लोग ऐसा समझ लें कि पेशेवर स्तर पर किसी तरह की गड़बड़ी हुई थी। 'संजय तत्काल समझ गया और रुक गया। सभी अधिकारियों ने उससे सवाल पूछे। मैंने भी दो सवाल पूछे। उसने उनका गंभीरता से जवाब दिया। उसने बहुत अच्छी तरह से अभिनय करते हुए मुझे 'सर' भी कहा। उसके बाद अधिकारियों ने उसको जाने के लिए कहा। मैंने राहत की सांस ली कि वह जा रहा था... लेकिन वह जैसे ही दरवाज़े के पास पहुंचा, पीछे मुड़ा, मेरी तरफ देखकर बोला, 'भाई, भैब्स, भाभी, को मेरा हाय कहना और बच्चों को प्यार देना।' सभी अफसर

मेरी तरफ देख रहे थे। यह इतनी बड़ी शर्मिंदगी का मौका था,' वो अफ़सर हंसते हुए याद करते हैं।

उन अफ़सर के मुताबिक़, जब संजय ने बाद में राष्ट्रपति को माफ़ी के लिए याचिका भेजी, जो 'एक गंभीर पत्र था जिसमें यह लिखा था कि किस तरह से उसको पीड़ा हुई और वह आतंकवादी नहीं है और क्यों वह आज़ादी का हकदार है,' तो उस पत्र का अंत करते हुए भी उसने लिखा थाः 'चियर्स!'

22

मुन्ना भाई

अदालत की कार्यवाही लंबी खिंचती जा रही थी। संजय को यह बात समझ में आने लगी थी कि जिस आदमी पर वह पूरी ज़िंदगी निर्भर रहे, जो हर मुश्किल, हर तूफ़ान के बावजूद हमेशा उनके लिए खड़ा रहा, वो शख़्स, उनके पिता सुनील दत्त अब बूढ़े हो रहे थे। वैसे तो ऐसा लगता था कि ज़िंदगी ने एक से एक बीहड़ चुनौतियां उनके सामने प्रस्तुत कीं, वो सबसे निकलते गए। लेकिन बढ़ती उम्र से वे बच नहीं पाए। संजय का अपने पिता से हमेशा एक औपचारिक तथा दूर-दूर का ही संबंध रहा। उन्होंने अपने पिता के आगे कभी अपना दिल उस तरह से खोल कर नहीं रखा, जिस तरह से उन्होंने शायद अपनी मां को दिखाया होता, लेकिन संजय अपने पिता के ऊपर बुरी तरह से निर्भर थे। दत्त परिवार के बाकी लोग भी उनके ऊपर उसी तरह से निर्भर थे।

संजय दत्त की कानूनी मुश्किलों के शुरू होने के बाद से सुनील दत्त ने सक्रिय राजनीति से विराम ले लिया था। उन्होंने 1996 का लोकसभा चुनाव लड़ने से इन्कार कर दिया, कुछ तो इस कारण से कि शरद पवार के साथ उनके मतभेद थे और कुछ इस कारण से कि उन्होंने बाल ठाकरे से उस वक्त इसका वादा किया था जब बाल ठाकरे ने संजय दत्त को

ज़मानत दिलवाने के लिए निजी तौर पर हस्तक्षेप किया था। इस दौर में, शिव सेना के नेता मधुकर सर पोतदार सुनील दत्त के चुनाव क्षेत्र मुंबई उत्तर पश्चिम से दो बार (1996, 1998) सांसद रहे। सुनील दत्त की मृत्यु के बरसों बाद बाल ठाकरे ने कहा, 'सुनील ने अपनी ज़ुबान रखी,' साथ ही उन्होंने यह भी कहा कि वह अभिनेता उनका पुराना दोस्त था तथा दोनों एक दूसरे के घर शैम्पेन लेकर जाया करते थे।[1]

अंततः, 70 साल की उम्र में कांग्रेस पार्टी ने सुनील दत्त को राजनीति में वापस आने के लिए मनाया। वह मान तो गए लेकिन तब जब शरद पवार को पार्टी से निकाल दिया गया और सोनिया गांधी कांग्रेस पार्टी की अध्यक्ष बन गईं। सुनील दत्त ने 13वीं लोकसभा का चुनाव (1999) मुंबई पश्चिम से लड़ा और भारी बहुमत से जीत भी गए। लेकिन लोकसभा की सुनील दत्त की यात्रा आसान नहीं थी। उस साल पहले हैंड्स अक्रॉस द बॉर्डर के तहत नेपाल में सफ़र के दौरान उनके साथ सड़क दुर्घटना हुई थी। जीप के विंडस्क्रीन से उनका सर टकरा गया था। शुक्र की बात यह रही कि उनको अधिक चोट नहीं आई, और सिवाय गर्दन में दर्द के उनको और कुछ नहीं हुआ था। कारगिल की लड़ाई सबके दिमाग में थी, सुनील दत्त कहते थे कि वे जल्दी से अपनी यात्रा पूरी करके घर वापस लौट जाएं। मुंबई पहुंचने के बाद भी उनकी गर्दन का दर्द नहीं जा रहा था। लेकिन सितंबर-अक्टूबर में उनको एक चुनाव लड़ना भी था और जीतना भी था। नवंबर 1999 में उन्होंने अपने चुनाव क्षेत्र से लोकसभा चुनाव जीत लिया।

1999 के लोकसभा चुनावों के बाद सुनील दत्त को मुंबई के ब्रीच कैंडी हॉस्पिटल में भर्ती करवाया गया। उनको फालिज हुआ था। कमर के नीचे सुनील दत्त हिल भी नहीं पा रहे थे। डॉक्टर्स को इस बात का डर था कि सुनील दत्त फिर कभी चल नहीं पाएंगे। लेकिन खुद सुनील दत्त की योजनाएं अलग थीं।

फिज़ियोथेरेपी के लंबे-लंबे सत्र थकाने वाले होते थे, और सुनील

दत्त ने असाधारण संकल्प शक्ति का प्रदर्शन किया। 18 जनवरी 2000 के दिन, अस्पताल में उनके भर्ती होने के करीब दो माह बाद सुनील दत्त ब्रीच कैंडी हॉस्पिटल से वाकर पकड़कर बाहर निकले। उनकी हालत में धीरे-धीरे सुधार हो रहा था और कुछ महीने के लिए वे घर के अंदर ही रहे। बीमारी की हालत में ही उन्होंने प्रधानमंत्री को पत्र लिखकर यह मांग की कि असमर्थ लोगों के लिए संसद में विशेष रैंप और टॉयलेट बनाया जाए। अंततः नवंबर 2000 में सुनील दत्त संसद की बैठक में भाग लेने के लिए तैयार हो गए।

फिर, 27 मार्च 2001 को सुनील दत्त एक और दुर्घटना के शिकार हुए। उद्योगपति और राज्यसभा सांसद मुकेश पटेल के परिवार के चार सदस्यों के साथ सुनील दत्त शिरपुर से मुंबई लौट रहे थे कि निजी छह सीट के जहाज़ में खराबी आ गई। नासिक के पास जहाज़ गिर गया और उसमें आग लग गई। सुनील दत्त के कंधे और घुटने टूट गए थे और इस हालत में उनको वापस ब्रीच कैंडी अस्पताल आना पड़ा। उनको एक बार फिर से फिज़ियोथेरेपी करानी पड़ी और अपने साहस के बल पर वे दो महीने में अपने पैरों पर खड़े हो गए।

ज़ाहिर है कि संजय दत्त हमेशा की तरह अस्थिरता और विवादों के बीच बुरी तरह फंसे हुए थे, अदालतों के चक्कर तथा पिता की बीमारी के कारण वे पहले से ही परेशान थे। 2000 में जब रिया उनकी पत्नी थीं, तभी इस तरह की अफवाहें आने लगीं कि संजय के जीवन में एक नई लड़की आ गई थी। वह औरत कौन थी? खबरें आने लगीं कि वह पाकिस्तान की एक बेली डांसर थी, जिसका नाम था नादिया दुर्रानी। *आउटलुक* पत्रिका में एक लेख छपा जिसका शीर्षक था 'नादिया राइड्स अगेन' (13 सितंबर 2004)। उस लेख में लिखा था : 'संजय दत्त की सबसे नई हिट है—नादिया दुर्रानी...9 साल के बच्चे की मां, इस महिला ने संजय दत्त का ध्यान तीन साल पहले (हां, यह सही है) खींचा। दोनों को हाल में ही मुंबई में आयोजित पाकिस्तानी फ़ूड फेस्टिवल में काफी

घुल-मिल कर खाना खाते हुए देखा गया।' उन दोनों के बीच प्यार की कहानियां लोकप्रिय पत्रिकाओं में प्रकाशित हो रही थीं और यहां तक कि एक रपट प्रकाशित हुई जिसमें यह लिखा हुआ था मुंबई के एक सेवेन स्टार होटल में दोनों मिलते थे।[2] होटल के कर्मचारी इस बात को लेकर पूरे चौकन्ने रहते थे कि संजय और नादिया की निजता की रक्षा की जाए। एक बार संजय और नादिया को होटल के चाइनीज़ रेस्तरां में लंच करते हुए देखा गया, और दोनों को अगले दिन भी वहीं देखा गया।[3]

कहा जाता है कि नादिया संजय पर बहुत फिदा थीं और उनसे शादी करना चाहती थीं। अक्टूबर 2001 में संजय *कांटे* फिल्म की शूटिंग के लिए एक सप्ताह के लिए अमेरिका गए थे, और खबरों के मुताबिक संजय की दीवानी नादिया भी वहां पहुंच गई थीं। बताया जाता है कि रिया इससे बहुत दुखी थीं। इस घटना के बाद, संजय ने रिया से इस बात का वादा भी किया कि वह इस रिश्ते को ख़त्म कर देंगे। लेकिन संजय-नादिया की कहानियां ख़त्म नहीं हुईं। कहा जाता है कि ऐसी ख़बरें भी आईं कि संजय ने बांद्रा के नाईट क्लब पॉइज़न में पार्टी के दौरान नादिया को सार्वजनिक रूप से शादी का प्रस्ताव रखा था।[4] 'संजय क्लब में नादिया के साथ थे और उन दोनों को रात भर मीठी बातें करते देखा जा सकता था। अचानक संजय दत्त खड़े हुए और उन्होंने सभी लोगों से मुखातिब होते हुए कहा कि वे नादिया से प्यार करते हैं और जल्दी ही उससे शादी करना चाहते हैं।' भीड़ खुश होकर चिल्ला रही थी और यहां तक कि वहां मौजूद लोगों ने उन दोनों के लिए टोस्ट भी किया।[5]

संजय और रिया की शादी अपने आखिरी मुकाम पर पहुंच चुकी थी और इस बात की चर्चा थी कि वे दोनों जल्दी ही अलग होना चाहते थे।

पेशेवर मोर्चे पर संजय संघर्ष तो नहीं कर रहे थे लेकिन 1990 के दशक के आरंभ में उन्होंने जिस तरह से तूफ़ान मचा दिया था वे

उस ऊंचाई के आसपास भी कहीं नहीं थे। इस दौर में, विधु विनोद चोपड़ा की फिल्म *मिशन कश्मीर* (2000) आई, जिसमें संजय ने ऋतिक रोशन और प्रीति ज़िंटा के साथ काम किया था, इस फिल्म के लिए संजय को आलोचकों की खूब प्रशंसा मिली।

ये जानना दिलचस्प है कि *मिशन कश्मीर* में जिस रोल को संजय ने निभाया वो पहले अमिताभ बच्चन को ऑफर किया गया था। जो रोल ऋतिक रोशन ने निभाया उस रोल के लिए शाहरुख खान से बात की गई थी। मगर स्क्रिप्ट पर कई बैठकों के बाद अमिताभ और शाहरुख दोनों ने ही अलग-अलग वजहों से ये फिल्म करने से मना कर दिया। इसके बाद ही निर्माता विधु विनोद चोपड़ा ने अपने करीबी दोस्त संजय दत्त को फिल्म का हीरो बनने को कहा। शाहरुख वाले रोल के लिए नए अभिनेता ऋतिक रोशन को साइन किया गया। उस समय तक ऋतिक की कोई फिल्म रिलीज़ नहीं हुई थी। मगर *मिशन कश्मीर* की शूटिंग के दौरान ही ऋतिक की फिल्म *कहो ना...प्यार है* ब्लॉक बस्टर हो गई और वो रातोंरात बॉलीवुड सनसनी बन गए। उनकी मौजूदगी से फिल्म *मिशन कश्मीर* बेहद चर्चा में आ गई। साल 2000 में ही रिलीज़ हुई *मिशन कश्मीर* हिट रही और संजय दत्त को उनके परिपक्व अभिनय के लिए बहुत तारीफ़ मिली।

इस फिल्म के साथ अन्य फिल्मों जैसे *जोड़ी नंबर 1* (2001) और *पिता* (2002) ने एक 'बिकाऊ' अभिनेता के रूप में उनकी जगह मज़बूत की। लेकिन संजय की सबसे बड़ी हिट फिल्म अभी आने वाली थी। *मिशन कश्मीर* में जैसे किस्मत ने उनका साथ दिया था और अमिताभ की जगह संजय हीरो बन गए थे, ठीक वैसे ही एक और फिल्म की कास्टिंग बदलने वाली थी। और किस्मत के इसी खेल से संजय को मिलने वाली थी उनके करियर की सबसे यादगार फिल्म।

विज्ञापन फिल्मों की दुनिया से ताल्लुक रखने वाले राजकुमार हिरानी ने साल 2000 मंद अपनी पहली फिल्म *मुन्नाभाई एमबीबीएस* की पटकथा

लिखी, यह फिल्म एक बदमाश के बारे में थी जिसका दाखिला मेडिकल कॉलेज में हुआ और सब कुछ उलट-पलट गया। विधु विनोद चोपड़ा फिल्म का निर्माण करने वाले थे और वे शाहरुख़ खान को मुन्ना भाई की भूमिका में लेना चाहते थे, असल में शाहरुख़ खान के साथ उनकी कई मीटिंग्स भी हो चुकी थीं और यहां तक कि शाहरुख़ खान ने फिल्म की पटकथा में कुछ बदलाव भी सुझाए थे, जो फिल्म की कहानी में शामिल किए गए। लेकिन बाद में, पीठ के दर्द के कारण उनको मजबूर होकर इस फिल्म की योजना से बाहर हो जाना पड़ा।

अब शाहरुख की जगह एक हीरो की तलाश थी।

संजय दत्त शुरू में *मुन्ना भाई एमबीबीएस* में कैंसर के मरीज़ की एक छोटी भूमिका निभानेवाले थे। एक दिन उनको विनोद चोपड़ा ने फोन कियाः 'अच्छा ये बताओ तुम मुन्ना भाई करोगे?' संजय का जवाब था, 'मैंने बताया न आपको, मैं कर रहा हूं।' लेकिन विनोद यह चाहते थे कि वह फिल्म में मुख्य भूमिका निभाएं। उन्होंने संजय से कहा, 'बेवकूफ! ज़हीर की भूमिका नहीं (कैंसर का मरीज़, जिसे बाद में जिम्मी शेरगिल ने निभाया), क्या तुम मुन्ना भाई का रोल करोगे?' ज़ाहिर है, संजय ने हां कर दी।[6]

लेकिन कास्टिंग के मामले में फिल्म के निर्माता और निर्देशक ने सबसे बड़ा तहलका यह किया कि उन्होंने संजय दत्त के पिता की भूमिका में सुनील दत्त को साइन किया। हालांकि, इससे पहले भी सुनील दत्त और संजय दत्त एक फिल्म में साथ-साथ काम कर चुके थे, लेकिन दोनों एक फ्रेम में कभी साथ नहीं आए थे। संजय दत्त की पहली फिल्म *रॉकी* में भी दोनों ने काम किया था, जिसमें सुनील दत्त के किरदार की मौत पहले हो जाती है, और बाद में फिल्म *क्षत्रिय* (1993) में, जिसमें सुनील की भूमिका मेहमान कलाकार की थी।

सुनील दत्त विनोद को पसंद करते थे और जब उन्होंने सुनील दत्त से फिल्म *मुन्ना भाई एमबीबीएस* में संजय दत्त के ईमानदार पिता की

भूमिका करने के लिए कहा तो वे इसके बावजूद तैयार हो गए कि विमान दुर्घटना के बाद उनको चलने में दिक्कत होती थी। यह फिल्म उनके दिल के करीब भी रही होगी, क्योंकि इस फिल्म में संजय दत्त की भूमिका उन दोनों के बीच के रिश्ते की सच्ची परछाई जैसी ही थी।

सुनील दत्त खुश थे, वे इस बात से कुछ घबराए हुए भी थे कि एक दशक से भी अधिक समय बाद वे कैमरे के सामने वापसी कर रहे थे। उन्होंने संजय से कहा, 'यार, पता नहीं मैं कहां पॉलिटिक्स में आ गया, मेरी ज़िंदगी तो यही है।'[7] बोमन ईरानी ने, जिन्होंने फिल्म में मेडिकल कॉलेज के डीन डॉक्टर अस्थाना की भूमिका निभाई थी, याद करते हुए बताया कि जब सुनील दत्त पहले दिन शूटिंग के लिए आए तो फिल्म की पूरी टीम ने तालियां बजाकर उनका अभिवादन किया। बहुत अच्छा पल था।'[8] निर्देशक राजू हिरानी ने याद करते हुए कहा कि अपने ख़राब स्वास्थ्य के बावजूद 'वे अच्छी तरह से तैयारी करके आए थे...जब वे सेट पर पहुंचे तो उनको अपनी लाइनें अच्छी तरह याद थीं और सेट पर उनको किस तरह क्या करना था, सब अच्छी तरह पता था।'[9]

मुन्नाभाई एमबीबीएस लीक से अलग हटकर, एक बदमाश मुरली प्रसाद शर्मा उर्फ़ मुन्ना भाई की दिल को छू लेने वाली कहानी है। मुन्ना भाई और उसका खास गुर्गा फ्राइडे सर्किट (अरशद वारसी) वसूली और अपहरण का काम करते हैं। जबकि मुन्ना ने अपने मां-पापा से यह कह रखा था कि वह डॉक्टर बन गया था। जब भी उसके माता-पिता उससे मिलने के आते तो वह अपनी झुग्गी के घर को अस्पताल में बदल देता था। जब डॉ. अस्थाना मुन्ना के माता-पिता को उसकी असलियत के बारे में बता देते हैं तो वह तय करता है कि अपने दुखी और अपमानित माता-पिता को खुश करने के लिए मेडिकल कॉलेज में दाखिला लेकर ट्रेनिंग लेगा और डॉक्टर बनेगा। संयोग से, मुन्ना अस्थाना के कॉलेज में ही दाखिला ले लेता है। धीरे-धीरे अपने लीक से हटकर लेकिन खुशमिजाज़ और अच्छे बर्ताव द्वारा उस संस्थान के कामकाज के तरीके

को बदल कर रख देता है।

मुन्नाभाई एमबीबीएस की शुरुआत बॉक्स ऑफिस पर अच्छी नहीं रही लेकिन लोगों के बीच फिल्म की तारीफ़ इतनी होने लगी कि यह उस साल की सुपरहिट रही। वह राजकुमार हिरानी द्वारा निर्देशित पहली फिल्म थी और वह उनके लिए शानदार रही। वह सफलतापूर्वक मुन्ना की बुनियादी अच्छाई को लोगों तक पहुंचा पाने में कामयाब रहे जिसे लोगों ने दिल से पसंद किया। 2004 के फिल्मफेयर अवार्ड्स में इस फिल्म को कई पुरस्कार मिले और उस साल सर्वश्रेष्ठ लोकप्रिय फिल्म के लिए मुन्ना भाई को राष्ट्रीय पुरस्कार भी मिला। 'मैं सोचता हूं कि कुछ खास फ़िल्में हरेक अभिनेता के भाग्य में होती हैं। मुझे लगता है कि अगर मुझे यह रोल मिला होता तो मैं इसे उतनी अच्छी तरह से नहीं कर पाता जितनी अच्छी तरह से संजय दत्त ने किया,' शाहरुख़ खान ने बाद में कहा।[10]

संजय को ऐसी भूमिकाओं के लिए जाना जाता था जिसमें उन्होंने 'भाई' यानी मुंबई के अपराधी की भूमिका निभाई थी। ऊपर से देखने पर *मुन्ना भाई एमबीबीएस* संजय की सामान्य फिल्मों जैसी ही लगती थी। प्रिया दत्त ने कहा, 'जब हमने *मुन्ना भाई एमबीबीएस* के बारे में सुना तो हमें ऐसा लगा कि यह एक और अपराध और अपराधी से जुड़ी हुई फिल्म है और वह इस फिल्म में "भाई" की भूमिका निभाने वाला है। हम यही सोच रहे थे "ठीक है और यह ऐसी एक और फिल्म है।"'[11] लेकिन *मुन्ना भाई एमबीबीएस* ने असल में संजय के बारे में आम धारणा को बदल कर रख दिया। संजय को एक ऐसे आदमी के रूप में देखा गया जो अपने आपको सुधारने में सक्षम था; उनको एक ऐसे आदमी के रूप में देखा गया जो अपनी गलतियों के बावजूद दिल से बुनियादी रूप से अच्छा था और सार्थक काम करने वाला था। बदमाश संजू बाबा से वे प्यारे मुन्ना भाई बन गए। इसमें कोई शक नहीं है *मुन्ना भाई एमबीबीएस* संजय के करियर की सबसे यादगार फिल्म है।

मुन्ना भाई और सर्किट की अलग तरह की भाषा—जादू की झप्पी, या मुंबइया जुमले जैसे 'मामू', 'वाट लगेली है' और 'बोले तो' देखते-देखते ही दर्शकों में लोकप्रिय हो गए। प्रिया ने याद करते हुए बताया कि संजय 2005 के चुनावों में उनके लिए चुनाव प्रचार कर रहे थे : उनकी लोकप्रियता बहुत अधिक थी और एक तरह का जुनून था। संजय ने याद करते हुए कहा, 'मैंने कभी भाषण नहीं दिया। मैं बस कहता, "अपुन बोलता है कि अपुन की बहन को वोट देने का। बोले तो?" जवाब में लोग कहते, "वोट देने का!"'[12]

फिल्म की कास्टिंग भी बिलकुल सही निकलकर आई। मुन्ना भाई और सर्किट के बीच का तालमेल गजब था। बोमन ईरानी मेडिकल कॉलेज के डीन के रूप में आश्चर्यजनक रूप से बहुत अच्छे लगे। लेकिन दिल को सबसे अधिक छू लेने वाले दृश्य वे थे जो पिता और पुत्र के बीच थे। फिल्म के साधारण लेकिन दिल को छू लेने वाले क्लाइमेक्स में सुनील दत्त अपने बेटे से कहते हैं कि वह उनको गले से लगा ले। दर्शक इस बात को नहीं समझ सकते हैं कि दुर्घटना के कारण उस दृश्य की शूटिंग करना कितना दर्द भरा था। राजू हिरानी ने याद करते हुए बताया, 'मैंने एक्शन कहा और वह हिले ही नहीं। हमने कैमरा को कट किया। मैंने फिर एक्शन कहा। हमें यह समझ में आया कि वह अपने हाथ नहीं हिला सकते थे। संजय बहुत दुखी था। उसने कहा, "पैक अप करते हैं, इनको अस्पताल लेकर चलते हैं।" लेकिन सुनील दत्त जोर देकर यह कहते रहे कि वे शॉट को ख़त्म करेंगे।' वह कुछ देर के लिए बैठ गए, उन्होंने एक कप चाय पी और बड़ी मुश्किल से खड़े हो गए। राजू ने कहा, 'मुझे पता था कि उनको दर्द हो रहा था, लेकिन वे ज़ोर दे रहे थे। उन्होंने बड़ी मेहनत से अपना हाथ उठाया।' फिल्म की यूनिट उनके पुराने ज़माने के अनुशासन तथा पेशेवर अंदाज़ से बहुत प्रभावित हुई।[13] जब वे गले मिले, ऐसा लगा जैसे वह परीक्षा की घड़ी हो, संघर्ष, आंसू सब पीछे रह गए थे। प्रिय और नम्रता दत्त भी उस सीन को बड़े प्यार से याद करती

हैं। 'वह भावुक कर देने वाला दृश्य है क्योंकि पापा और भईया के बीच के रिश्ते इसी तरह के हैं। *मुन्ना भाई एमबीबीएस* में पापा और भईया के बीच के रिश्ते को उसी तरह दिखाया गया है जिस तरह का वह था।'[14]

वह सीन जिसमें पश्चाताप करता हुआ बेटा अपने पिता को गर्व करने का मौका देता है–सुनील दत्त और संजय दत्त की संवेदनाओं को एक कर देने वाला पल था। राजू के मुताबिक, सुनील दत्त ने ही इस बात पर ज़ोर दिया था कि उस सीन में गले लगने के साथ-साथ यह संवाद हो, 'तुमने अपनी मां को तो बहुत बार जादू की झप्पी दी है। आज अपने बाप के गले भी लग जा।' मैंने संजय से पूछा कि क्या उनको वो लम्हे याद हैं जब इस सीन की शूटिंग हुई थी? संजय की आंखें नम सी हो गईं। वो बोले, 'उन्होंने मुझे ज़ोर से गले लगाया...ऐसा लगा जैसे वह मुझसे कुछ कहना चाहते थे। लेकिन वो कह नहीं सके...वह मेरे प्रति अपने प्यार को कभी जताते नहीं थे। लेकिन उस दिन उन्होंने जता दिया।'[15]

23

अलविदा दत्त साब

1996 में दत्त परिवार ने यह तय किया कि पाली हिल वाले उनके बंगले को गिरा दिया जाए। उसके स्थान पर इंपीरियल हाइट्स का निर्माण होने लगा। करीब 9 साल तक इंपीरियल हाइट्स का निर्माण कार्य चलता रहा, इस दौरान दत्त परिवार शहर के अलग-अलग इलाकों में बिखर गया नम्रता और कुमार गौरव जुहू में थे, प्रिया अधिकतर सुनील दत्त के ही साथ अप्सरा अपार्टमेंट के आठवें माले स्थित फ्लैट में रहती थीं, जो उनके पुराने बंगले के सामने सड़क की दूसरी तरफ था, संजय भी पास के ही एक फ़्लैट में रहते थे। करीब एक दशक के बाद 2005 में इंपीरियल हाइट्स अंततः बनकर तैयार हो गया। सुनील दत्त और उनके बच्चों को उसमें एक-एक अपार्टमेंट मिलना था ताकि वे एक दूसरे के पास-पास रह सकें, और ऐसे रहते हुए भी अपने-अपने जीवन को स्वतंत्र तरीके से जी सकें। इससे दत्त परिवार फिर से एक साथ आ जाता। 'परिवार बिखर चुका था...लेकिन उन्होंने (सुनील दत्त) ने बहुत हैरान कर देने वाली योजना बनाई थी—यह कि हम सब फिर से साथ रहें। हम भले अलग अलग फ़्लैट में रहें लेकिन एक ही बिल्डिंग में तो रहें,' संजय ने कहा।[1]

और वह पल बहुत जल्दी नहीं आया। पृष्ठभूमि में संजय के केस

की अनुगूंज चल रही थी, परिवार के सदस्यों के बीच का तनाव भी बढ़ता जा रहा था। 2001 में, प्रिया दत्त के चैरिटी से जुड़े किसी कार्यक्रम के सिलसिले में ओवेन रोनकोन से प्रिया की मुलाकात हुई। एक के बाद एक घटनाएं होती गईं, और 2003 तक ओवेन और प्रिया ने विवाह करने का फैसला किया।

सुनील दत्त ने तो प्रिया को विवाह की अनुमति दे दी, लेकिन संजय पता नहीं क्यों यह नहीं चाहते थे कि उनकी बहन ओवेन के साथ विवाह करे। *टाइम्स ऑफ़ इंडिया* में प्रकाशित एक खबर के मुताबिक़, जब ओवेन संजय के जिम में संजय को निजी तौर शादी के लिए आमंत्रित करने के लिए गए, तो संजय ने उनसे कहा, 'शादी मत करो। तुम शादी क्यों करना चाहते हो? बस ज़िंदगी के मजे लो। क्या वह तुम्हारे ऊपर दबाव बना रही है? मैं उससे बात कर लूंगा।' लेकिन जब संजय के लिए यह बात साफ़ हो गई कि वह मानें या न मानें विवाह तो होकर रहेगा तो ओवेन ने याद करते हुए कहा, 'उसने मुझे देखा और अपनी बगल की दीवार में ज़ोर से मुक्का मार दिया। मैं पसीने-पसीने हो गया।'[2]

नवंबर 2003 में विवाह संपन्न हुआ जिसमें संजय दत्त शामिल नहीं हुए। कहा जाता है कि उन्होंने अपनी बहन से कहा, 'मैं एक साल तक ओवेन को देखूंगा। अगर यह शादी उससे आगे भी चलती रही तो मैं उससे मिलूंगा।' *हिंदुस्तान टाइम्स* में छपी खबर के मुताबिक़, '365 दिनों के परीक्षण वाले दिनों के दौरान संजय प्रिया से फोन पर पहले से भी अधिक बात करने लगे। हर बार जब वह कहतीं कि सब कुछ ठीक चल रहा था, तो प्रिया को संजय की आवाज़ में निराशा की झलक दिखाई देती थी।' आखिरकार, शादी के करीब एक साल बाद जब प्रिया के पहले बच्चे का जन्म होने वाला था, तो संजय ने प्रिया और ओवेन के साथ दोस्ती कर ली।[3] आज उनको बहुत नजदीकी दोस्त के रूप में देखा जाता है। इसी माहौल में 2005 में परिवार इंपीरियल हाइट्स में अपने-अपने फ़्लैटों में जाने की तैयारी कर रहा था।

जब प्रिया की शादी हो गई तो सुनील दत्त एक तरह से अकेले रह गए, हालांकि प्रिया, जो ओवेन से शादी से पहले तक उनके साथ ही रहती थीं, उनके बहुत नज़दीक बनी रहीं, और जब वे शहर में होते थे तो एक तरह से उनसे रोज़ ही मिलती थीं।

सुनील दत्त 2004 में अपने चुनाव क्षेत्र मुंबई उत्तर-पश्चिम से पांचवीं बार जीतकर लोकसभा में आए। उसके बाद उनको मनमोहन सिंह की सरकार में युवा मामले और खेल विभाग का मंत्री बनाया गया, और सुनील दत्त बहुत व्यस्त हो गए। सुनील दत्त मुंबई और दिल्ली दोनों जगह बारी-बारी से रहते थे। वे दिन परिवार के लिए बहुत खुशी भरे थे, वे अपने-अपने नए रहने के इंतज़ाम को लेकर तरह-तरह के ख्यालों में रहते थे। उनको याद करते हुए संजय ने कहा, 'हमारा रिश्ता अब बहुत सहज हो गया था और हम अब खूब बातें किया करते थे। वह मेरी बगल के अपार्टमेंट में रहना चाहते थे, और हम लोग उनके लिए सभी तैयारियों में लगे हुए थे।'[4]

संजय ने सुनील दत्त को उनके नए घर के लिए महंगी-महंगी वाइन की सात बोतलें दी, और सुनील दत्त ने उनको गले से लगाते हुए कहा, 'मेरे बेटे, तुम मुझे बिगाड़ दोगे।'[5] मई 2005 में सुनील ने नए फ़्लैट में जाने की योजना बनाई थी।

उस महीने सुनील दत्त को एक और घर को रहने लायक बनाना थाः दिल्ली में मंत्री के रूप में मिला घर। उन्होंने दिल्ली से प्रिया को फोन करके कहा कि वह दिल्ली आ जाए और फर्नीचर खरीदने में उनकी मदद करे। जब प्रिया आईं, तो उन्होंने ध्यान दिया कि सुनील दत्त बीमार और उदास लग रहे थे। उसके ठीक बाद वे दोनों वापस मुंबई आए और सुनील दत्त के स्वास्थ्य की अनेक तरह से जांच की गई। सभी जांच ठीक रही और यह कहा गया कि थकान के कारण उनकी हालत वैसी थी।

23 मई को जब सुनील दत्त नए घर में जाने के लिए पैकिंग कर

रहे थे तो उनको बुखार था लेकिन नए घर को ठीक-ठाक भी करना था। अगले दिन भी बीमार सुनील दत्त इसी काम में लगे रहेः वह पूरे दिन अपना कबर्ड को साफ़ करते रहे। उस शाम जब प्रिया और ओवेन उनसे मिलने के लिए गए तो सुनील दत्त ने उनको प्रिया के बचपन की एक फोटो दी। उस तस्वीर में सुनील दत्त ने प्रिया को अपनी बांहों में उठा रखा था।[6] उन ख़ूबसूरत पुराने दिनों को याद करते हुए सुनील दत्त ने कहा, 'मैंने अपनी ज़िंदगी में सब कुछ कर लिया है। मुझे कोई अफ़सोस नहीं है।'[7] उसके बाद थके हुए सुनील दत्त ने उनसे कहा कि वे उनसे अगली सुबह मिलेंगे। उस शाम जब संजय ने उनको फोन किया, वह उस वाइन को लेकर बहुत उत्साहित थे जो वे डैड के लिए लाए थे। सुनील दत्त ने कहा कि वह थक गए हैं और अब सोने जा रहे हैं। उन्होंने संजय से भी कहा कि वे कल सुबह उनसे मिल सकते थे।

लेकिन वह सुबह कभी नहीं आई।

25 मई को सुनील सुबह करीब 5.30 में उठे। 9 बजे उनकी एक मीटिंग थी। उन्होंने अपने दांत साफ़ किए और धुले हुए कपड़े पहनकर मीटिंग के समय तक के लिए फिर से सोने चले गए। मगर उनको नींद में ही दिल का दौरा पड़ गया। सुबह 11 बजे के कुछ बाद घबराई हुई प्रिया ने नम्रता दत्त को सूचित किया कि 'डैड को कुछ हो गया है,' नम्रता ने संजय को बताया। संजय याद करते हैं, 'अंजू (नम्रता) ने मुझे उठाया, "डैड खड़े नहीं हो रहे।" मैंने कहा, "क्या मतलब है तुम्हारा, वो खड़े नहीं हो रहे?"' संजय भागते हुए सुनील दत्त के घर पहुंचे और 'उनको सोए हुए देखा...उनकी आंखें हलकी खुली हुई थीं, हाथ छाती पर थे।'[8] संजय ने सुनील दत्त को जगाने की कोशिश की लेकिन वे जा चुके थे।

महेश भट्ट के मुताबिक़, 'जैसे-जैसे दिन गुज़रता गया और यह खबर फैलने लगी तो लोग आने लगे...ऐसा लग रहा था मानो राजकीय अन्येष्टि हो। सोनिया गांधी, प्रधानमंत्री मनमोहन सिंह और अन्य प्रमुख नेता अंतिम प्रणाम कहने के लिए पहुंचे।'[9] फ़िल्मी दुनिया के सभी गणमान्य लोग

वहां थेः खान से लेकर कपूर से लेकर बच्चन तक सभी। अंतिम यात्रा में सुनील दत्त को तिरंगे झंडे में लपेट कर रखा गया था और उनको सेना के वाहन में श्मशान घाट ले जाया गया। महेश भट्ट ने, जो वाहन में संजय, कुमार गौरव तथा कुछ अन्य पारिवारिक मित्रों के साथ थे, याद करते हुए कहा, 'हमें दूर तक बस लोगों का हुजूम दिखाई दे रहा था। जहां तक आंखें जाती थीं लोग ही लोग दिखाई देते थे। *द हिंदू* अखबार के मुताबिक़ 30 हज़ार लोग श्मशान जाने के रास्ते में खड़े थे।[10] वे उस इंसान को आखिरी विदाई देने आए थे जिसको वे बेहद प्यार करते थे। 'संजय एकटक लोगों के उस हुजूम को देख रहे थे जो सुनील दत्त का शोक मनाने के लिए जुटे हुए थे... सभी उम्र, सभी वर्गों के लोग, दत्त साहब को अलविदा कहने के लिए जुटे हुए थे। संजू और मेरी आंखें मिलीं तो मैंने वह देखा जो मैंने संजय के चेहरे पर पहले कभी नहीं देखा था। सुनील दत्त की मृत्यु के बाद संजू को यह बात समझ में आई कि उसके पिता ने लोगों की ज़िंदगी में किस तरह का योगदान किया था। मैं यह देख सकता था कि वह बहुत भावुक था,' महेश भट्ट ने कहा, '...संजय ने पीछे मुड़कर मुझे देखा...फिर नम आंखों के साथ वो बोलाः "मुझे नहीं पता था कि मेरे पिता इतने महान इंसान थे।"'[11]

*

अपने पिता की मौत के तीन दिन बाद संजय दत्त के सपने में वे आए। ये ख़्वाब उन दिनों के बारे में था जब संजय रात में बहुत देर-देर तक बाहर रहते थे और उनके चिंतित माता-पिता 58 पाली हिल की सीढ़ियों पर संजय के आने का इंतज़ार करते रहते थे। संजय दत्त के सपने में केवल उनके पिता उनका इंतज़ार कर रहे थे। नरगिस वहां नहीं थीं। संजय ने याद करते हुए कहा, 'मेरी कार अंदर आती है और डैड सीढ़ियों पर खड़े हैं। मैं उनके पास जाता हूं और पूछता हूं, "आप कहां चले गए? आप हमें छोड़कर क्यों चले गए?" वे मुझे गले से लगा लेते हैं और मुझे

घर के भीतर ले जाते हैं। वह कहते हैं, "बेटे, अब चूंकि मैं यहां नहीं हूं, तुम परिवार में सबसे बड़े हो। तुमको अपनी बहनों और सभी लोगों का ध्यान रखना है।" मैं रोने लगता हूं और पूछता हूं, "आप यह सब क्यों कह रहे हैं? आ जाइए और हम लोगों के साथ रहिए।" वे जवाब देते हैं, "नहीं, मैं खुश हूं।" और वे मुझे खूब सारा प्यार करते हैं और फिर कहते हैं "मुझे अब जाना है।" हम लोग ऊपर उनके कमरे में हैं और मैं कहता हूं, 'प्लीज़ मत जाइए, मत जाइए, हमें छोड़कर फिर से मत जाइए।" और अचानक मेरी नींद खुल जाती है।'[12]

छियालीस साल के संजय की आंखें खुल जाती हैं और उनको यह समझ आ गया कि वे जिस चट्टान के सहारे थे वह जा चुके थे। अब समय था अपने जीवन के टुकड़ों को जोड़ने का, अपने ही बल पर।

24

मान्यता

जब तक संजय दत्त के पिता की मृत्यु हुई तब तक रिया पिल्लई के साथ उनकी शादी पूरी तरह से बिखर चुकी थी। जैसा कि पहले इस बात का उल्लेख किया गया है कि इस तरह की अफवाहें थीं कि नादिया दुर्रानी के साथ उनका अफेयर था, और रिया के बारे में भी कहा जाता था कि वह डेटिंग कर रही थीं। ख़बरों के मुताबिक़ रिया 2003 में ही टेनिस खिलाड़ी लिएंडर पेस के साथ संबंध में थीं, जिनसे उनकी मुलाकात गोवा जाते हुए फ्लाईट में हुई थी।[1] अंततः रिया और संजय के बीच तलाक 2008 में हुआ। लेकिन तब तक सभी को इस बारे में पता चल चुका था कि उनके बीच की शादी का रिश्ता ख़त्म हो चुका था। उदाहरण के लिए, एक राष्ट्रीय अखबार ने रिया और लिएंडर को 'मोस्ट टॉक्ड अबाउट कपल ऑफ़ 2003' घोषित किया था।[2] वास्तव में, रिया जब कानूनी तौर पर संजय की पत्नी थीं तभी 2006 में लिएंडर से उनको बच्चा भी हुआ। खास बात यह है कि जब रिया को बच्चा होने वाला था तब भी संजय उनकी मदद करते रहे। जैसा कि एक राष्ट्रीय अखबार में छपा था, 'वह ख़ुशी-ख़ुशी एक्टर को अपने मोबाइल और क्रेडिट कार्ड के बिल चुकाने देती थी (जिसमें लिएंडर के बच्चे के लिए अमेरिका में

खरीदारी करना भी शामिल था)।'[3]

संजय-रिया के बीच में तलाक के लिए जो समझौता हुआ उसकी खूब चर्चा रही—बॉलीवुड में सभी लोगों को ऐसा ही लगता था कि संजय को बेवक़ूफ़ बनाया गया। 'समझौते के तहत रिया को अपने लिए दो कंपनियां देजा वु एंटरटेन्मेंट और ग्लोबल एंटरटेनमेंट और बांद्रा में दो फ़्लैट (प्रत्येक 750 वर्ग फुट) मिले।'[4]

लेकिन ऐसा नहीं था कि संजय रिया से मुक्त होने का इंतज़ार कर रहे थे, इस तरह की ख़बरों के बीच की संजय ने नादिया दुर्रानी को प्रोपोज़ किया था, अचानक से एक नाम न जाने कहां से हवा में आया—मान्यता। कहा जाता है कि जब वे नादिया के साथ थे उन्हीं दिनों संजय की मुलाकात अपनी भविष्य की पत्नी से हुई। संजय के एक दोस्त के अनुसार निर्माता नितिन मनमोहन ने उनको मान्यता से मिलवाया था। दिलनवाज़ शेख के नाम से पैदा हुई मान्यता संजय से 20 साल छोटी हैं। उन्होंने अपने जीवन के आरंभिक साल दुबई में बिताए और जब उनका परिवार 1999 के आसपास वापस मुंबई आया तो मान्यता की हीरोइन बनने की महत्वाकांक्षा उन्हें बॉलीवुड ले आई। संघर्ष के दिनों में मान्यता यारी रोड पर एक छोटे से फ़्लैट में रहती थीं, वह एक सी ग्रेड की फिल्म *लवर्स लाइक अस* (2002) में आई थीं। यह फिल्म संजय दत्त के लिए इतनी शर्मिंदगी का कारण बनी कि बाद में संजय ने उस फिल्म के अधिकार 20 लाख में खरीद लिए और कहा जाता है कि बाजार से उन्होंने फिल्म के सभी वीसीडी और डीवीडी खरीद लिए।[5] मान्यता को पहली बार बड़ा मौका मिला प्रकाश झा की फिल्म *गंगाजल* में 'अल्हड़ मस्त जवानी' नामक आइटम नंबर में डांस करने का जो एक बार फिर संजय के लिए शर्मिंदगी की वजह थी।[6] ख़बरों के मुताबिक प्रकाश झा ने ही दिलनवाज़ का नाम मान्यता रखा।

मुंबई मिरर अखबार ने संजय और मान्यता के आरंभिक दिनों को इस प्रकार से बयान किया है: 'वह गुपचुप तरीके से उसके घर आने

लगी, जबकि उन दिनों संजय दत्त नादिया दुर्रानी के साथ डेट कर रहे थे। जब भी नादिया शहर से बाहर होती थी तो मान्यता संजय के घर में आ जाती। मान्यता ने उस पुरानी कहावत को आजमाया कि पुरुष के दिल तक पहुंचने का रास्ता उसके पेट से होकर जाता है, मान्यता ने संजय की रसोई संभाल ली। संजय को यह बात समझ में नहीं आ रही थी कि क्या किया जाए: एक तरफ नादिया थी जो संजय का क्रेडिट कार्ड ले जाकर खरीदारी करती थी, दूसरी तरफ मान्यता थी जिसने कभी संजय से उसका क्रेडिट कार्ड नहीं मांगा, बल्कि वह उनको उनकी पसंद के डिशेज खिलाने में लगी रहती थी... मान्यता का धैर्य का ईनाम उसको मिला और नादिया संजय के जीवन से चली गई।' मान्यता के बारे में शुरू में सभी यही समझते थे कि संजय के रंगीन प्यार भरे जीवन का वह भी एक झोंका थीं, लेकिन शायद मान्यता को समझ में आ गया था कि संजय उनके लिए सहारे की रस्सी बन सकते थे। मान्यता ने यह तय किया कि वह घरेलू जीवन के लिए फिल्मों का जीवन छोड़ देंगी। 2005 तक मान्यता और संजय का रिश्ता गंभीर हो गया। हालांकि, समय के साथ मान्यता की मितव्ययिता पीछे रह गई। आज वह महंगी गाड़ियों, गहनों तथा घड़ियों की शौक़ीन हैं।

2006 में स्टार स्क्रीन अवार्ड के मौके पर संजय और मान्यता साथ साथ आए, उन्होंने इस बात को सार्वजनिक कर दिया कि वे एक दूसरे के प्यार में थे। कहा जाता था कि मान्यता ने धीरे-धीरे इस बात को साफ़ करना शुरू कर दिया कि वही संजय के जीवन की बॉस थीं। उनके खाने के बारे में फैसला लेना, उनके घर के अंदर की साज-सज्जा, वे किस तरह के कपड़े पहनेंगे से लेकर उनके दोस्तों के चुनाव तक और उनके हिसाब-किताब रखने से लेकर उनका करियर संभालने तक, मान्यता ने संजय की ज़िंदगी संभाल ली। इस तरह की ख़बरें आईं—और बाद में उनका खंडन भी कि—2006 में दोनों ने शादी कर ली थी।

नज़दीकी दोस्तों को यह याद है कि मान्यता ने संजय के जीवन

में कुछ तत्काल बदलाव किए। वे अधिक अनुशासित हो गए। पार्टियों में जाने और बेतहाशा शराब पीने पर लगाम लगी और अच्छे दिनों के दोस्तों को बाहर का दरवाज़ा दिखा दिया गया। मान्यता ने एक इंटरव्यू लेने वाले से कहा, 'संजय को हिसाब-किताब की बारीकियों की समझ कभी नहीं आई। और अगर उन्होंने बैंक में खूब सारे पैसे जमा नहीं कर रखे हैं तो इसका मतलब यह नहीं है संजय ने पैसे कमाए नहीं हैं। उन्होंने खूब कमाया, खूब गंवाया भी। उनके आसपास ऐसे बहुत सारे लोग थे जो उनका इस्तेमाल करना चाहते थे। मैं संजू के जीवन में एक ऐसे अवरोध की तरह आई जो संजू और उनको इस्तेमाल करने वालों के बीच में खड़ी हो गई।'[7]

2010 की एक रपट के अनुसार, मान्यता ने 'संजय के करीबी सभी लोगों को बाहर का रास्ता दिखा दिया, जिनमें संजय के पुराने दोस्त और बहनोई कुमार गौरव भी थे, जो 1993 में जब संजय दत्त जेल में थे तो उनके लिए खाना लेकर जाते थे।' मान्यता ने संजय के पुराने सचिव को भी बाहर कर दिया, 'जो संजय की कारों, पैसे और डेट्स को देखता था।' मान्यता ने कमान अपने हाथों में ले ली, और उस रिपोर्ट में कहा गया कि, 'अफवाह यह है कि संजय एक्टिंग के हर काम के बदले मिली राशि का कुछ हिस्सा मान्यता को देते हैं।'[8]

यह समझ में आने वाली बात है कि संजय की बहनों और उनके करीबी दोस्तों के लिए संजय के जीवन में किसी नई स्त्री को स्वीकार कर पाना मुश्किल था। इसलिए जब संजय और मान्यता ने 7 फ़रवरी 2008 को सादे समारोह में विवाह किया तो संजय की बहनें शादी में नहीं गईं। उनको इस शादी के बारे में मीडिया से ही पता चला।[9]

11 फ़रवरी को संजय और मान्यता एक बार फिर से हिंदू रीति से मान्यता के दोस्त प्रदीप सिन्हा के अपार्टमेंट में विवाह बंधन में बंध गए। इस बार संजय ने कहा जाता है कि एसएमएस करके प्रिया और नम्रता को आधे दिल से विवाह के लिए बुलाया था। लेकिन दोनों एक

बार फिर से शादी में नहीं आईं। टीवी चैनलों ने एक्शन हीरो और उनकी दुल्हन की शादी को, जिसने लाल और सुनहरे रंग का विवाह का जोड़ा पहन रखा था, लाइव दिखाया। संजय के करीबी दोस्त और अभिनेता सुनील शेट्टी ने कन्यादान किया। जब मीडिया ने पूछा, 'आगे की क्या प्लानिंग है?' संजय ने मुस्कुराते हुए जवाब दिया, 'फैमिली प्लानिंग की तो नहीं है।'[10]

बहुप्रचारित शादी के कारण मान्यता के अतीत के ऊपर भी ध्यान गया। जैसे बॉलीवुड की मसाला फिल्मों की कहानी हो, एक शख़्स मेराज-उर-रहमान ने नाटकीय तरीके से सामने आते हुए यह दावा किया कि वह मान्यता का कानूनी पति है। मेराज का, जो बॉलीवुड का एक संघर्षरत लेखक था, यह दावा था कि मान्यता उनकी पत्नी थीं, और उन्होंने अभी तलाक भी नहीं लिया है, इसलिए संजय दत्त के साथ उनका रिश्ता अवैध था।

मेराज ने 2003 में मान्यता के साथ अपनी शादी की तस्वीरें पेश कीं और साथ ही यह भी कहा कि मान्यता का चार साल का एक बेटा है जो हैदराबाद में रहता है। इस कहानी ने एक और मोड़ ले लिया जब मेराज को इसलिए गिरफ्तार किया गया कि वह कटरीना कैफ, करीना कपूर, नेहा धूपिया और कंगना रनौत को अश्लील एसएमएस भेजा करता था। बाद में एक मजिस्ट्रेट ने मान्यता को सभी आरोपों से मुक्त कर दिया : उन्होंने मेराज के साथ 2003 में सचमुच शादी की थी। लेकिन जब उनको बाद में यह पता चला कि वह एक 'जालसाज, धोखेबाज और ठग' था तो मान्यता ने काज़ी से संपर्क किया कि वह इस शादी को ख़त्म करवा दे।[11]

*

जब से मान्यता संजय के जीवन में आई थीं तब से वो दत्त परिवार में झगड़े का कारण बनी हुई थीं। लेकिन शायद संजय और उनकी बहनों

के बीच सबसे बड़ा झगड़ा तब हुआ जब संजय ने 2009 में समाजवादी पार्टी के टिकट पर लोकसभा का चुनाव लड़ने की कोशिश की (अंततः अपने कानूनी पचड़ों के कारण वे चुनाव में खड़े नहीं हो पाए)। उसके बाद समाजवादी पार्टी के नेता अमर सिंह ने संजय को समाजवादी पार्टी में शामिल करवा लिया। यह प्रिया दत्त के लिए बहुत बड़ा झटका रहा होगा जो अपने पक्के कांग्रेसी पिता के रस्ते पर चलते हुए मुंबई उत्तर-पश्चिम से कांग्रेस की सांसद हो गई थीं। गुस्से में तिलमिलाई प्रिया दत्त ने संजय के बारे में कहा : 'उनके (सुनील दत्त) मरने के बाद पहली बार मैं इस बात के लिए राहत महसूस कर रही हूं कि इस कलंक को देखने के लिए वे जीवित नहीं हैं।'

लेकिन बात यहीं तक ख़त्म नहीं हुई। प्रिया ने कहा कि संजय के पारिवारिक राजनीतिक विरासत से अलग होने का कारण मान्यता थीं : 'वह फिल्मों में इतना व्यस्त रहते हैं कि उनको राजनीति के लिए समय नहीं मिलता.:. उसने अपनी महत्वाकांक्षाओं को बढ़ावा देने के लिए मेरे भाई को इसके लिए तैयार किया है।' प्रिया ने अपने माता-पिता की विरासत से मान्यता को अलगाते हुए यह कहा, 'वह सुनील और नरगिस दत्त की बहू नहीं है... वह एक ऐसी औरत है जिसने मेरे भाई को फंसा लिया है।'[12] बाद में संजय ने विरासत के ऊपर अपना दावा ठोकते हुए कहा, 'पाली हिल में एक ही मिस्टर दत्त और मिसेज दत्त हैं, मैं और मान्यता।'[13]

ज़िंदगी एक तरह से पूरा घूम गई थी। जब प्रिया और ओवेन को पहला बच्चा होने वाला था उस समय प्रिया और ओवेन के साथ संजय ने अपने रिश्ते ठीक कर लिए, उसी तरह संजय की बहनों ने भी मान्यता के साथ अपने रिश्ते उस समय ठीक कर लिए जब उनके जुड़वां बच्चों का जन्म होने वाला था। शायद उन सभी लोगों को यह बात समझ में आ गई थी कि शादी या राजनीति को लेकर आपस में लड़ने का कोई मतलब नहीं था? या शायद संजय के केस ने सब कुछ सही कर दिया? या शायद अपने माता-पिता की याद आने पर कि परिवार में फूट की

बात सुनकर उनको कितना दुःख हुआ होता यह सोचकर उन लोगों ने आपस में समझौता कर लिया? संजय और उनकी बहनों ने अंततः सितंबर 2010 में आपसी मतभेद भुला दिए। 21 अक्टूबर 2010 को संजय और मान्यता जुड़वां बच्चों के माता-पिता बन गए : एक लड़का और एक लड़की, जिनके नाम हैं शहरान और इक़रा।

लेकिन संजय की पहली संतान त्रिशला का क्या हुआ? जब उसके सौतेले भाई-बहनों का जन्म हुआ तब वह 21 साल की हो चुकी थी। समय के साथ पिता-पुत्री के रिश्ते में काफी सुधार हुआ था। त्रिशला संजय को 'पापा ड्यूक्स' बुलाती है। 'उनके साथ मेरे रिश्ते बहुत अच्छे हैं,' वह कहती है, 'अधिकतर लोगों को ऐसा लगता है कि वे और मैं एक दूसरे के बहुत पास नहीं हैं लेकिन वे गलत हैं। सिर्फ इसलिए कि मैं उनसे हर दिन नहीं मिलती तो इसका मतलब यह नहीं है कि हम दोनों एक दूसरे के करीब नहीं हैं। मैं उनसे बात करती हूं, हर तीसरे दिन?'[14]

त्रिशला ने वे कठिन दिन देखे थे जब उसके पिता को आतंकवाद के मुकदमे के कारण बुरे हालात से गुज़रना पड़ा था। संजय दत्त के मुक़दमे को मीडिया में बहुत कवर किया गया था, और न्यूयॉर्क में त्रिशला के आसपास के भारतीय समुदाय के लोग अकसर इस बारे में बातें करते थे। 'लोग मेरे पास आते हैं, मेरे डैड के इस तरह के गाने गाते "इश्क समुंदर"...मुझे इस तरह के लोग पसंद नहीं हैं,' उसने कहा।

त्रिशला का बचपन मुंबई के अधिकतर फ़िल्मी सितारों के बचपन जैसा नहीं था। 'अन्य सितारों के बच्चों की तरह मेरे पास यह सुविधा नहीं थी कि मम्मी और डैड मेरे हर काम में मदद के लिए हों। मेरे पास यह सुविधा नहीं है कि मैं अपना पापा को एक फोन कॉल करूं और दूसरे बच्चों की तरह अपने लिए जो चाहूं करवा लूं।' लेकिन अन्य फिल्म स्टारों के बच्चों की तरह ही त्रिशला को बॉलीवुड का नशा है। वह अपने पिता के करियर को ध्यान से देखती है और उनकी हर फिल्म देखती

है। क्रिमिनल जस्टिस में बैचलर्स और मास्टर्स की डिग्री के बाद उसने भी बॉलीवुड में अभिनेत्री बनने का सपना देखा। उसने अपना पूरी तरह से मेकओवर किया और यहां तक कि 20 किलो वज़न भी कम कर लिया।[15] लेकिन संजय इसके सख्त खिलाफ थे। ज़रूरत से ज़्यादा प्रोटेक्टिव पापा ने साफ़ न कर दिया। संजय ने इतनी सख्ती से न कहा था कि उन्होंने तो यहां तक कहा कि 'त्रिशला हीरोइन बनना चाहती थी और मैं उसकी टांगें तोड़ देना चाहता था।'[16] इस तरह त्रिशला के फिल्मों में काम करने के सपने का भी वही हश्र हुआ जो नरगिस, ऋचा और मान्यता के सपनों का हुआ था।

जबकि त्रिशला का रिया पिल्लई के साथ सौहार्दपूर्ण रिश्ता था—यहां तक कि संजय और रिया के अलग हो जाने के बाद भी, रिया जब भी अमेरिका जाती हैं तो दोनों मिलते हैं। लेकिन मान्यता के साथ उसके रिश्ते अलग ही थे, कम से कम शुरू में। त्रिशला को अपने पिता की शादी के बारे में पता भी नहीं था। ख़बरों के अनुसार, त्रिशला को बड़ी रुखाई से एक रिपोर्टर ने आधी रात में जगाकर उससे पूछा कि इस शादी के बारे में उसका क्या कहना है।[17]

इस तरह से उसको इस शादी के बारे में पता चला। कहा जाता है कि अब स्थितियां पहले से बेहतर हैं। 2017 में संजय, मान्यता और दोनों बच्चे त्रिशला से मिलने के लिए न्यूयॉर्क गए थे, अपने सौतेले भाई बहनों की प्यारी बड़ी बहन से। फिलहाल दत्त परिवार में सब कुछ ठीक लग रहा है।

25

आज़ादी की राह पर

पीछे मुड़कर देखने पर यह लगता है कि संजय की छवि को बनाने में *मुन्ना भाई एमबीबीएस* और उसके सीक्वल से ज़्यादा किसी और चीज़ ने काम नहीं किया। 2006 में, निर्देशक राजकुमार हिरानी ने 2003 की सुपर हिट फिल्म का सीक्वल बनाया *लगे रहो मुन्ना भाई*। मूल फिल्म के दो किरदारों को ही इसमें रखा गया था—मुन्ना भाई और सर्किट को। विद्या बालन को हीरोइन की भूमिका के लिए चुना गया, जिन्होंने इस फिल्म में रेडियो जॉकी जाह्नवी का किरदार निभाया है, और बोमन ईरानी जो पहली फिल्म का भी हिस्सा थे, इस फिल्म में खलनायक लकी सिंह बने थे। *लगे रहो मुन्ना भाई* में अच्छे दिल वाला गुंडा मुन्ना महात्मा गांधी के भूत के साथ संवाद करने लगता है। उनके साथ इन संवादों से प्रेरित होकर मुन्ना गांधीगीरी क़रने लगता है, जो गांधी के विचारों और उनकी पद्धतियों पर आधारित होता है। वह गांधीगीरी के माध्यम से लोगों की मदद करता है और इस क्रम में लोगों का दिल जीत लेता है, जिसमें उसकी प्रेमिका जाह्नवी भी होती है।

इस फिल्म के कारण महात्मा गांधी लोगों की कल्पना का हिस्सा बन गए—उदाहरण के लिए, गांधी के किताबों की बिक्री आसमान छूने

लगी। और जिस तरह से फिल्म में मुन्ना विरोध जताने के लिए अपने विरोधियों को लाल गुलाब भेजता था, बड़े पैमाने पर लोग ऐसा ही करने लगे। आम आदमी पार्टी के कार्यकर्ताओं से लेकर ग्रीनपीस के कार्यकर्ताओं ने इस पद्धति को आज़माया। यह फिल्म संजय के लिए जन संपर्क की जीत थी। इस फिल्म के कारण परदे के ऊपर और परदे के बाहर संजय दत्त की जो खराब आदमी की छवि थी वह अच्छे आदमी की छवि बन गई, जिसके कारण संजय दत्त के बारे में लोगों की धारणा में बड़े पैमाने पर बदलाव आया। जल्दी ही संजय को बड़े पैमाने पर जन समर्थन की ज़रूरत थी।

28 नवंबर 2006 को, टाडा उल्लंघन के मामले में पहली बार उनके गिरफ्तार होने के 13 साल बाद फैसला आया। भरी हुई अदालत में काली कमीज़ और पैंट पहने आरोपी नंबर 117 संजय दत्त दीवार से लगकर खड़े थे। जज पी. डी. कोड़े ने उनको अवैध रूप से हथियार रखने का दोषी करार दिया और उनको आर्म्स एक्ट के अंतर्गत सज़ा सुनाई गई, न कि खतरनाक टाडा के अंतर्गत।

सज़ा सुनाने के बावजूद उस दिन जज कोड़े ने जो बात कही वो संजय के कानों को बहुत मीठी लगती रहीः 'मैंने पाया कि संजय दत्त आतंकवादी नहीं हैं।'[1] संजय ने बाद में याद करते हुए कहा, 'वे सबसे अच्छे शब्द थे जो मैंने अपनी ज़िंदगी में सुने थे...मेरे डैड इन शब्दों को सुनने का इंतज़ार करते रहे कि उनका बेटा आतंकवादी नहीं है। मेरी आंखों से वहीं आंसू निकल आए।'[2] संजय को ज़रूर इस बात का अहसास होता रहा कि उसके मां-पापा ऊपर से उनको देखकर मुस्कुरा रहे होंगे। अंततः इस बात की घोषणा हो गई थी कि वे राष्ट्रविरोधी आतंकवादी नहीं थे। उनको एक ऐसे आदमी के रूप में देखा जाने लगा जो भावनाओं में बह जाता था और जो कभी बड़ा नहीं हो पाया। एक ऐसा आदमी जिसने बड़ी-बड़ी गलतियां कीं।

31 जुलाई 2007 के दिन टाडा कोर्ट ने संजय को सज़ा सुनाईः

छह साल के सश्रम कारवास की सज़ा। अगर संजय को टाडा के अंतर्गत सज़ा सुनाई गई होती तो सज़ा बहुत गंभीर हुई होतीः आजीवन कारावास या फांसी। संजय को तत्काल हिरासत में ले लिया गया और आर्थर रोड जेल में डाल दिया गया। 2 अगस्त को उनको पुणे के 140 साल पुराने यरवदा सेंट्रल जेल में भेज दिए गया। जब उनको पुणे ले जाया जा रहा था तब मान्यता, जो तब उनकी प्रेमिका थीं, अपनी कार से पुलिस की गाड़ी के पीछे-पीछे चल रही थीं। संजय ने इस फैसले के खिलाफ अपील दायर की और उनको 20 अगस्त से तब तक के लिए अंतरिम ज़मानत दे दी गई जब तक कि टाडा कोर्ट उनको फैसले की प्रति नहीं दे देता। इस दौरान, संजय और उनके साथ दृढ़ता से खड़ी मान्यता साथ-साथ प्रार्थना करने के लिए अनेक मंदिरों में गए। वे जम्मू के प्रसिद्ध वैष्णो देवी मंदिर भी गए। तभी यह बात साफ हो गई थी कि निरंतर संजय के साथ-साथ रहने वाली मान्यता उनके जीवन की सबसे महत्वपूर्ण इंसान थीं।

22 अक्टूबर 2007 को संजय जेल में वापस आ गए, दोबारा ज़मानत पर वे 27 नवंबर को रिहा हुए। इस बार संजय ने टाडा कोर्ट के फैसले के खिलाफ जब शीर्ष अदालत में अपील दायर की थी तो उनको उच्चतम न्यायालय से ज़मानत मिली। संजय काम पर वापस लौट आए लेकिन निश्चित रूप से वे मुन्ना भाई शृंखला की फिल्मों जैसा जादू नहीं जगा पाए, हालांकि, *धमाल* (2007) तथा *शूटआउट ऐट लोखंडवाला* (2007) जैसी कुछ सफल फ़िल्में भी इस दौरान आईं। संजय की अपील पर उच्चतम न्यायालय के फैसले का संजय और मान्यता दिल थाम कर इंतज़ार कर रहे थे।

21 मार्च 2013 को उच्चतम न्यायालय का फैसला आया। उच्चतम न्यायालय ने टाडा अदालत के फैसले को बनाए रखा, आर्म्स एक्ट के अंतर्गत संजय दत्त को सज़ा सुनाई, लेकिन उनकी सज़ा को कम करके पांच साल कर दिया। पांच साल की सज़ा में से संजय मुकदमे के दौरान 18 महीने जेल में बिता चुके थे। उनको कुछ समय दिया गया और 16

मई 2013 को संजय दत्त ने मुंबई पुलिस के सामने आत्मसमर्पण कर दिया। उनको पहले आर्थर रोड जेल में भेज दिया गया और बाद में उनको पुणे के यरवदा सेंट्रल जेल में स्थानांतरित कर दिया गया।

जिस दिन संजय जेल में पहुंचे उस दिन को याद करते हुए वरिष्ठ आईपीएस अधिकारी स्वाति साठे ने कहा, 'आर्थर रोड जेल में शुरू के दिनों में वे जेल के कपड़े पहनना नहीं चाहते थे। जब उनको सख्त शब्दों में कहा गया तो वे तैयार हो गए।' साठे ने बताया कि उन्होंने बड़ी सख्ती के साथ उनसे कहा, 'संजय तू बातों से मानेगा या लातों से?' संजय के लिए अपने सज़ायाफ्ता दर्जे को स्वीकार कर पाना, अपनी नई पत्नी, छोटे-छोटे बच्चों और घर के आराम को छोड़ पाना आसान नहीं लग रहा था। 'पहले कुछ निराशा, डर और थोड़ा बहुत विरोध तो उन्होंने दिखाया लेकिन जल्दी ही उन्होंने जेल के जीवन को स्वीकार कर लिया,' साठे ने कहा।[3]

आरंभ में, कैदी नंबर 16656 के रूप में संजय को यरवदा सेंट्रल जेल में 'फांसी' वार्ड की बगल में उच्च सुरक्षा वाले सेल में रखा गया, फांसी वार्ड में फांसी की सज़ा पाए आरोपियों को रखा जाता था। दत्त आठ गुना दस फुट के एक सेल में रहते थे और कैदियों वाली सफ़ेद ड्रेस पहनते थे। उनके सेल के सामने 100 वर्ग फुट का एक बगीचा था, जहां उनको चार रक्षकों की निगरानी में टहलने की अनुमति दी गई थी। उनकी सुरक्षा की चिंताओं को देखते हुए अन्य कैदियों के साथ उनको बातचीत की इजाज़त नहीं थी। जेल का जीवन सख्त और अनुशासित था। संजय सुबह 5.30 बजे उठ जाते, पूजा पाठ करते, व्यायाम करते, नाश्ता करते और उसके बाद दिन में उनके लिए जो काम निर्धारित होता था वह काम करते। दूसरे कैदी काम करने के लिए कार्यस्थल पर जाते थे जबकि संजय को उसी तरह के काम दिए जाते थे जिस तरह के काम वे अपने सेल में कर सकते थे—बांस के साथ काम या कागज़ के बैग बनाने के काम।

लगे रहो मुन्ना भाई के कुछ हिस्से में संजय ने रेडियो जॉकी की भूमिका निभाई थी। अब जेल में उन्होंने उस भूमिका को फिर से निभाया। जेल के अधिकारियों ने उनका चुनाव जेल के रेडियो स्टेशन के मुख्य आरजे के रूप में किया। 'गुड आफ्टरनून! वेलकम तो रेडियो वाईसीपी, मैं हूं आपके साथ आपका आरजे संजय दत्त,' दोपहर के एक बजे से यरवदा के केंद्रीय कारागार में दोपहर के एक बजे से उनकी आवाज़ गूंजने लगती थी। दो अन्य साथियों जीशान कुरैशी और समीर इंगले के साथ वह सुधार, ड्रग्स से दूर रहने के महत्व, गुस्से के ऊपर काबू रखने और अपराध जैसे विषयों के बारे में बातें किया करते थे। उनसे अक्सर अपने कुछ प्रसिद्ध संवादों को बोलने का आग्रह किया जाता था। यह ऐसा काम था जो संजय को बहुत सुकून देता था और शायद इसके लिए समय भी होता था कि वे अपने जीवन के बारे में सोच सकें और अपनी बहुत सारी गलतियों के बारे में भी।

संजय ने इस बात को स्वीकार किया कि वे जेल में बीड़ी पीते थे। 'मैं हमेशा से शाहखर्च था। लेकिन जेल में मुझे पैसों की अहमियत समझ में आई, जो मेरे लिए बहुत अच्छी बात थी। मुझे 2 हज़ार रुपए में पूरे महीने का बिस्कुट, सिगरेट, बीड़ी और टूथपेस्ट का खर्च निकालना होता था और इसके बाद भी मैं 20 रुपए बुरे दिनों के लिए बचा लेता था,' उन्होंने कहा।[4] जेल का जीवन सख्त था और कुछ ऐसे मसले थे जिनके बारे में संजय को पाली हिल के अपने आलीशान अपार्टमेंट में कभी सोचना भी नहीं पड़ता था : साफ़-सफाई, मच्छर। 'मुझे सभी तरह के मच्छरों के बारे में पता चला, डेंगू के मच्छरों से लेकर मलेरिया के मच्छरों तक, और मैंने यह भी जाना कि किन मच्छरों के ऊपर धारियां होती हैं और किस मच्छर के शरीर पर धब्बे होते हैं,' संजय ने बताया।[5]

जेल में संजय को पढ़ने की आदत लग गई, जो उन्होंने कभी स्कूल, कॉलेज के दिनों में नहीं की थी। 'बाबा, जैसा कि उनको प्यार से कहा जाता है, हर सप्ताह कम से कम दो किताबें ज़रूर पढ़ते। वह खूब पढ़ते

थे, खासकर प्रेमचंद का साहित्य,' स्वाति साठे के याद करते हुए कहा।[6] उन्होंने कविताएं लिखने की कोशिशें भी कीं, जिनको किसी दिन वे *सलाखें* के नाम से प्रकाशित करवाना चाहते हैं।

मान्यता संजय से मिलने नियमित रूप से जेल जाती थीं। अन्य लोगों की तरह, वह लाईन में 30 से 40-45 मिनट तक वह खड़ी रहती थीं ताकि संजय को एक झलक देख सकें। लेकिन संजय ने कभी अपने जुड़वां बच्चों शहरान और इक़रा को खुद से मिलने के लिए जेल में नहीं आने दिया। 'मैंने जान बूझकर अपने बच्चों को वहां नहीं बुलाया क्योंकि मैं यह नहीं चाहता था कि वे मुझे जेल के कपड़ों में देखें...कई बार मैं भावुक हो जाता था और उनको बुलाना चाहता था, लेकिन मैं यह नहीं चाहता था कि वे मुझे इस हालत में देखें,'[7] संजय ने कहा। बच्चों से यह बताया गया था कि उनके पिता बहुत दूर पहाड़ों की यात्रा पर गए थे जहां फोन का सिग्नल कमज़ोर था। लेकिन संजय का कहना है कि वे कुछ सालों में उनको सच्चाई बता देंगे कि क्या हुआ था, ताकि जब वे बड़े हों तो उनके जीवन को समझ सकें।

हलके-फुल्के अंदाज़ में, उन्होंने मुझे मुस्कुराते हुए कहा, 'अगर किसी को अपना वज़न कम करना हो तो यरवदा जेल उसके लिए सबसे सही जगह है।' जेल में उन्होंने 40 किलो वज़न कम किया। लेकिन गहरे रूप में रूपांतरण हो रहा था : उनकी उम्र बढ़ती जा रही थी, और जेल में उनका आध्यात्मिकता की तरफ रुझान हो गया और भावनात्मक रूप से वे मज़बूत भी हुए। 'मैं गीता पढ़ता हूं। मैं शिव भक्त हो गया हूं,' संजय ने कहा। उनका पिछला जीवन दूर दुनिया की बात लगने लगी, मानो किसी और ज़माने की बात हो, एक बंद अध्याय की तरह। संजय अब बदले हुए इंसान लगते हैं—शांत, मानने वाले, सब्र रखने वाले, एक ऐसा इंसान जो किसी भी बात पर यूंही यकीन नहीं कर लेता हो।

महेश भट्ट ने कहा, 'मैं हमेशा से यह मानता था कि जेल का जीवन आपके जीवन को बदल कर रख देता है। जब संजू वापस लौट कर आए

तो उन्होंने मुझसे कहा, 'अगर मैं जेल नहीं गया होता तो हो सकता है कि मैं मर गया होता'।[8]

*

लेकिन निश्चित रूप से संजय दत्त जेल में किसी आम कैदी के रूप में नहीं गए। वह एक वीआईपी कैदी थे। संजय पैरोल और फरलो पर अक्सर जेल से बाहर जाते रहते थे। इस कारण से इस बात को लेकर अक्सर हो हल्ला मचता रहता था कि चूंकि संजय सेलिब्रिटी थे और उनके राजनीतिक संपर्क थे इस वजह से उनके साथ ख़ास बर्ताव किया जाता था।

किसी कैदी को पैरोल पर असाधारण परिस्थितियों में छोड़ा जाता है, जैसे कोई प्राकृतिक आपदा आ गई हो या परिवार में किसी के साथ कोई आकस्मिक स्थिति आ गई हो या हालत बहुत बुरी हो गई हो। दूसरी तरफ, फरलो साल में एक बार 14 दिनों के लिए ऐसे कैदियों को दिया जाता है जो उसके लिए योग्य होते हैं, वह भी तब जब पुलिस द्वारा इसके लिए अनापत्ति प्रमाण पत्र दिया गया हो। फरलो किसी कैदी की इसमें मदद करता है कि वह किसी जरूरी काम के लिए जा सकें तथा बाहरी दुनिया तथा अपने परिवार के साथ संपर्क में रह सकें। संजय ने हालांकि जेल से बाहर जाने के लिए पैरोल तथा फरलो का इतनी बार इस्तेमाल किया कि मीडिया, दूसरे कैदी तथा कानूनी जानकार आपत्ति जताने लगे। क्या किसी आम कैदी को भी इस तरह की सुविधाएं दी जा सकती हैं? क्या किसी सामान्य कैदी को इस बात के लिए बाहर जाने की अनुमति दी जा सकती है कि उसको पीठ में दर्द है या उसकी बेटी का नाक छिदवाना है या उसकी पत्नी बीमार है?

संजय जेल से करीब छह बार बाहर निकले और उन्होंने कुल 164 दिन जेल से बाहर बिताया। कई बार वे जेल से बाहर 90 दिनों तक रहे। दिसंबर 2014 में उनको 14 दिन के लिए जेल से बाहर जाने की

इजाज़त इस आधार पर दी गई क्योंकि वे अपने परिवार के साथ 'नया साल मनाना' चाहते थे।[9] इसको लेकर इतना हो हल्ला मचा कि संजय को जेल से बाहर रहने की अवधि को विस्तार नहीं मिला, जो कि उनको पहले कई मौकों पर मिल चुका था।

अंततः संजय यरवदा जेल से 25 फ़रवरी 2016 को रिहा हो गए। अच्छे बर्ताव के कारण उनको समय से पहले ही रिहा कर दिया गया। उनको 1825 दिन की जेल की सज़ा दी गई थी, जिसमें से संजय जेल में महज 1445 दिनों तक रहे। उन्होंने 164 दिन जेल से बाहर फरलो और पैरोल के कारण बिताए, उनको अच्छे बर्ताव के कारण 60 दिनों की छूट मिली, और उसके बाद जेल में रहने के दौरान उन्होंने 156 दिनों का अवकाश अर्जित किया गया था जिसको उनकी छुट्टी से घटा दिया गया। इस मुद्दे को लेकर कि संजय को जेल में असाधारण बर्ताव दिया गया मुंबई उच्च न्यायालय में एक जनहित याचिका को सुनवाई के लिए लिया गया।

न्यायमूर्ति आर.एम.सावंत और साधना जाधव ने यह दर्ज किया कि मई में संजय के आत्मसमर्पण करने के तत्काल बाद उन्होंने जुलाई में पैरोल और फरलो दोनों के लिए आवेदन किया और दोनों उनको एक के बाद एक मिल भी गए। अदालत ने महाराष्ट्र सरकार से यह पूछा कि किन आधारों पर तथा किन प्रक्रियाओं के आधार पर संजय के मामले में ढिलाई बरती गई। आखिरकार, 'अधिकारियों ने किस आधार पर यह आकलन किया कि संजय दत्त का आचरण उचित था? उनको इस तरह का आकलन करने के लिए कब वक्त मिला जबकि संजय दत्त आधे वक्त तो पैरोल पर जेल से बाहर ही रहे?' एक जज ने पूछा। 'अच्छे बर्ताव' का मानदंड क्या है जिसका इस्तेमाल अभिनेता के बर्ताव के बरअक्स किया गया? अदालत ने पूछा।

जब सरकार इस बात पर कायम रही कि संजय को जेल संहिता के नियमों के आधार पर ही छोड़ा गया था और यह कि 'अगर उनको

पैरोल और फरलो देने में नियमों को तोड़ा गया है तो सरकार को इसमें कोई आपत्ति नहीं है कि उनको वापस जेल भेज दिया जाए।' न्यायमूर्ति सावंत ने जवाब दिया, 'हम घड़ी की सुई की दिशा उलटी नहीं करना चाहते। हम इस वक्त यह सुझाव नहीं दे रहे हैं कि संजय को जेल जाना चाहिए। बल्कि हम यह चाहते हैं कि इस तरह के मसलों को तर्कसंगत बनाया जाना चाहिए ताकि भविष्य में किसी तरह के सवाल न उठें।'[10]

संजय ने ज़रूर राहत की सांस ली होगी।

*

आख़िरकार, संजय दत्त की आज़ादी का दिन आ ही गया। 25 फ़रवरी 2016 की सुबह दाढ़ी बढ़ाए, माथे पर तिलक लगाए संजय दत्त जेल के परिसर से बाहर निकले, 1445 दिन जेल में बिताने के बाद। गहरे नीले रंग की कमीज़ और जींस पहले 56 वर्षीय संजय दत्त पीछे की तरफ मुड़े और जेल की इमारत के ऊपर फहरा रहे तिरंगे को सलाम किया, ज़मीन को चूमा, फिर एक भारी सा बैग कंधे से लटकाया और आज़ादी की दिशा में चल पड़े। 'आज़ादी की राह आसान नहीं होती है साथियो,' उन्होंने मीडिया से कहा।

भावुक प्रिया दत्त संजय दत्त के घर के बाहर उनका इंतज़ार कर रही थीं, उन्होंने कहा, '23 साल के बाद केस ख़त्म हुआ हमारे ऊपर से...यकीन नहीं हो रहा है। मैं खुश हूं कि भाई घर आ रहे हैं।'[11]

जेल के बाहर उनका स्वागत करने के लिए राजकुमार हिरानी, लेखक अभिजात जोशी और पत्नी मान्यता खड़े थे। कुछ ख़बरों के मुताबिक़, हिरानी ने जेल के बाहर पड़े संजय के आरंभिक क़दमों को फिल्माया भी। उसके बाद संजय दत्त एक चार्टर्ड फ्लाईट में अपनी पत्नी मान्यता और बच्चों के साथ बैठकर मुंबई के लिए चले गए। मुंबई एयर पोर्ट पर उनके प्रशंसकों ने उनका स्वागत किया, और इसके बाद संजय सीधा सिद्धि विनायक मंदिर पूजा करने के लिए गए। जज़्बाती होकर वो बोले,

'मुझे अपने पिता की कमी बहुत खलती है... आज उनकी आत्मा सबसे खुश होगी।'

अब वक़्त था मां से मिलने का। वो मां जिनके लिए संजय सब कुछ थे। संजय मरीन लाइंस में बड़ा कब्रिस्तान की तरफ़ चल पड़े, जहां उनकी मां नरगिस दफ़न हैं। संजय की मुश्किलों का सफ़र बेहद लंबा रहा था जिसमें दर्द था, ग़म थे और ट्रेजेडी थी। लेकिन हर बार जब ज़िंदगी ने उनको गिरा दिया, संजय वापस खड़े हो गए। उस दिन अपनी मां की कब्र की बगल में वे एक आज़ाद इंसान की तरह खड़े थे।

आख़िरकार संजय घर आ गए थे।

आभार

यह किताब मेरे पिताजी के लिए है जो सुनील दत्त के बहुत बड़े प्रशंसक रहे हैं। उनकी ज़िंदगी के बारे में वे बड़ी शिद्दत से जानते-बताते रहे हैं। दत्त परिवार जब भी किसी भयानक त्रासदी से गुजरा सुनील दत्त किसी चट्टान की तरह खड़े रहे। मेरे पिता उनको प्यार करते हैं।

चिकी सरकार जिस उदारता के साथ उत्साहित होकर मेरी लिखी कहानियों में विश्वास जताती रही हैं उसके लिए उनका अनंत आभार। बहुत शुक्रिया।

मेरी दोस्त अंकिता कुमार का शुक्रिया जिन्होंने मुझे सुझाव दिया कि मुझे संजय दत्त की ज़िंदगी के बारे में लिखना चाहिए।

अपूर्वा जाधव ने शोध में जो मदद की वह अतुलनीय है और इसके लिए मैं उनका बहुत आभारी हूं।

शाज़ी ज़मां के लिए सदा आभार, जिन्होंने मुझे लिखने की दिशा में प्रेरित किया।

महेश भट्ट का आभार कि उन्होंने मुझसे दिल खोलकर बात की और बड़े खुलूस से संजय दत्त और सुनील दत्त से जुड़ी यादें साझा कीं।

आभार मेरे शानदार संपादक पार्थ फ़िरोज़ मेहरोत्रा का जिन्होंने बड़ी कुशलता के साथ एक विस्तृत पांडुलिपि को बेहतरीन कथा में बदल दिया।

आभार रेणु अगाल का उनके बेहिचक समर्थन के लिए और सदा मेरे साथ खड़े रहने के लिए।

जगरनॉट की शानदार टीम का आभार, खासकर गेविन मौरिस, रेयाज़ुल हक़ और सिंसी जोसे का।

प्रभात रंजन का आभार इस किताब का शानदार और बारीकी से अनुवाद करने के लिए।

यासिर अब्बासी का आभार शोध में अमूल्य सलाह देने के लिए तथा लोकप्रिय सिनेमा और फिल्म स्टार्स को लेकर गहरी बातों को मुझसे साझा करने के लिए।

प्रकाश मगदूम, निदेशक, एनएफएआई का उनकी मदद के लिए आभार। लाइब्रेरियन वीणा क्षीरसागर और नीरज भंडवाले का शुक्रिया कि उन्होंने अभिलेखागार से शोध सामग्री जुटाने में बहुत मदद की।

जीतेन्द्र के. दीक्षित 'जीतू भाई' का शुक्रिया आपके प्यार के लिए और हमेशा एक फोन कॉल की दूरी पर रहने के लिए। शोध में आपकी मदद ने इस किताब को ख़ास बना दिया।

सभी पुलिस अधिकारियों का दिल से आभार, खासकर स्वाति साठे (आईपीएस) और सुरेश वालीशेट्टी का। मुंबई पुलिस, क्राइम ब्रांच और सीबीआई के अनेक अधिकारियों और वकीलों का भी आभार जिन्होंने संजय दत्त से जुड़े अपने अनुभव और कहानियां साझा कीं, हालांकि इनमें से ज़्यादातर ने गुमनाम रहना ही उचित समझा।

लॉरेंस स्कूल सनावर के संजय दत्त के दोस्त और अध्यापकों का आभार, खासकर मिसेज बी. सिंह और विजय परमार का जिन्होंने बड़ी गर्मजोशी से संजय दत्त से जुड़ी प्यार भरी स्मृतियों को साझा किया। बहुत सारे पत्रकारों, फिल्म जगत से जुड़े सह अभिनेताओं, फिल्मकारों, दोस्तों और तकनीकविदों का आभार कि उन्होंने संजय दत्त से जुड़े अपने अनुभवों को बड़े प्यार के साथ साझा किया। संजय के जीवन और उनके दौर को लेकर उनकी कहानियों ने महत्वपूर्ण परतों को जोड़ने का काम किया।

आभार सुपर्णा शर्मा और मयंक शेखर का जिन्होंने बड़े उत्साह के साथ अपने बेबाक नज़रिए और सूझों को साझा किया।

सुमंत बत्रा और आशा बरमोला का धन्यवाद जिन्होंने बड़ी उदारता के साथ अपने शानदार चित्रशाला संग्रहालय के चित्रों को साझा करने दिया।

मैं बहुत सारे करीबी दोस्तों और शुभचिंतकों का भी कृतज्ञ हूं जो महत्वपूर्ण मौकों पर मदद करने के लिए आगे आये : पूनम सक्सेना, एजाज़ अहमद, तनया लाल, अजय खुल्लर, सौरभ कपूर, कुणाल बत्रा, स्वर्गीय सुषमा शैली, मालविका वर्मा, अर्नब बैनर्जी, यास्मीन अब्बासी, फैज़ल इस्लाम, शबरी बक्शी, हनीफ ज़ावेरी, डॉ. नाज़ली सिद्दीकी और कृष्णा हेगड़े।

अनन्त बंसल, अनमोल सचान, विशाल गौरव, अपूर्व सिन्हा, रोहित लाल और मोना सिन्हा का आभार मजबूती के साथ सहयोग के लिए।

अपनी मां हसीबा खानम का दिल से आभार, जो मेरी पहली अध्यापिका हैं। सब उन्हीं से सीखा है। साहिर और अतिया का आभार हर वक्त बिना किसी शर्त के प्यार के लिए।

शुक्रिया शबनम फरीदी, परवेज़ जमाल, मारेफ़ जमाल, बिनीश और प्यारी मिशेल को हमेशा प्यार और सहयोग के लिए।

और अंत में, नाज़िया इरम के लिए गहरी कृतज्ञता। जब मैं हार मानने लगता हूं तो सदा मेरा हौसला बढ़ाने के लिए। मेरे ऊपर तुम्हारा जो विश्वास है और जो प्यार है उसके लिए जितना भी शुक्रिया लिखूं कम है। और अपनी नन्ही परी मायरा के लिए, सब कुछ तुम्हारी वजह से है। खुश रहो।

नोट्स

1. गिटार और टेनिस बॉल्स

1. टाडा कोर्ट में हनीफ-समीर का बयान।
2. एस. हुसैन जैदी, *ब्लैक फ्राइडे : द ट्रू स्टोरी ऑफ द बॉम्बे ब्लास्ट्स,* दिल्ली, पेंगुइन बुक्स इंडिया, 2002, पृ. 175।
3. 'हाउस ऑफ कार्ड्स', संजय दत्त के साथ शोमा चौधरी की बातचीत, 20 नवंबर 2016।
4. हरिंदर बावेजा और आशिष खेतान, 'हाऊ द स्टार एस्केप्ड टाडा?' *तहलका,* 24 मार्च, 2007।

2. सुनील और नरगिस दत्त

1. 'पदयात्रा फॉर पीस!' सुनील दत्त के साथ *स्टारडस्ट* की बातचीत, अप्रैल 1987।
2. मधु जैन, *द कपूर्स : द फर्स्ट फेमिली ऑफ इंडियन सिनेमा,* दिल्ली, पेंगुइन बुक्स इंडिया, 2005।

3. प्रेस्ली जूनियर का आगमन

1. शोधकर्ता यास्मिन अब्बासी के साथ लेखक की बातचीत और

1959 में *शमा* पत्रिका का नवंबर अंक। *शमा* पत्रिका के अनुसार आगरा की किसी पुष्पा अग्रवाल ने संजय कुमार नाम प्रस्तावित किया। *शमा* पत्रिका में यह भी प्रकाशित हुआ कि नरगिस ने पुष्पा को निजी चिट्ठी के साथ अपनी हस्ताक्षरित फोटो भेजी थी।

2. किश्वर देसाई, *डार्लिंगजीः द ट्रू लव स्टोरी ऑफ नरगिस एंड सुनील दत्त,* गुड़गांव, हार्पर कॉलिंस इंडिया, 2007, पृ. 274।
3. वही, पृ. 275।
4. वही, पृ. 304।
5. 'नम्रता रिमेंबर्स पेरेंट्स नरगिस एंड सुनील दत्त', http://www.idivacom/news-entertainment/namrata-remembersparents-nargis-sunil-dutt/14797
6. नम्रता दत्त कुमार और प्रिया दत्त, *मिस्टर एंड मिसेज दत्तः मेमोरीज ऑफ आवर पेरेंट्स,* दिल्ली, रोली बुक्स, 2007, पृ.75।
7. संजय दत्त के साथ रजत शर्मा की बातचीत, *आप की अदालत,* इंडिया टीवी, मार्च 2009।
   https://www.youtube.com/watch\v=nzGfZRH1DnE-t=1s
8. सुनील दत्त के साथ रजत शर्मा की बातचीत, *आप की अदालत,* इंडिया टीवी, अक्टूबर 2004।
   https://www.youtube.com/watch\v=DOMo0i-n3q4
9. संजय दत्त के साथ रजत शर्मा की बातचीत, *आप की अदालत,* इंडिया टीवी, मार्च 2009।
   https://www.youtube.com/watch\v=nzGfZRH1DnE-t=1s
10. सुनील दत्त के साथ रजत शर्मा की बातचीत, *आप की अदालत,* इंडिया टीवी, अक्टूबर 2004।
    https://www.youtube.com/watch\v=DOMo0i-n3q4

4. बोर्डिंग स्कूल

1. नम्रता दत्त कुमार और प्रिया दत्त, *मिस्टर एंड मिसेज दत्त* में संजय दत्त का इंटरव्यू, दिल्ली, रोली बुक्स, 2007, पृ. 83।
2. वही।
3. किश्वर देसाई, *डार्लिंगजी : द ट्रू लव स्टोरी ऑफ नरगिस एंड सुनील दत्त,* गुड़गांव, हार्पर कॉलिंस इंडिया, 2007, पृ. 315।
4. *हिंदुस्तान टाइम्स* में संजय दत्त की बातचीत, 10 फरवरी 2007।
5. नम्रता दत्त कुमार और प्रिया दत्त, वही, पृ. 315।
6. 'स्ट्रिक्टली पर्सनल', *फिल्मफेयर,* मई 1991।
7. 'व्हेन नरगिस रिएक्टेड टू र्‍यूमर्स ऑफ डिंपल कपाड़िया बीइंग हर इलेजिटिमेट चाइल्ड!'
   https://www.pinkvilla. com//ntertainment/nostalgia/361757/flashback-friday-when-nargisspilled-beans-dimple-kapadia-her-love
8. सनावर में दोस्त के साथ लेखक की बातचीत।
9. *सुपर* मैगजीन, मार्च 1981।
10. किश्वर देसाई, *डार्लिंगजी : द ट्रू लव स्टोरी ऑफ नरगिस एंड सुनील दत्त,* गुड़गांव, हार्पर कॉलिंस इंडिया, 2007, पृ. 312।
11. कवर स्टोरी में सुनील दत्त के साथ वीर संघवी की बातचीत।
    https://www.youtube.com/watch\v=rt7x6W0oQUw
12. वही।
13. *ट्रिब्यून,* 8 जून 2008।
14. नम्रता दत्त कुमार और प्रिया दत्त, वही, पृ. 82।

5. बदमाश बच्चा

1. 'हाउस ऑफ काड्‌र्स', संजय दत्त की शोमा चौधरी से बातचीत, 20 नवंबर 2016।

https://www.youtube.com/watch\v=FxwG0ByAY30

2. संजय दत्त से *हिंदुस्तान टाइम्स* की बातचीत, 10 फरवरी 2007।
3. संजीत सिंह बाला के साथ नाजिया इरम से बातचीत।
4. अपूर्व लखिया का *पायनियर* में इंटरव्यू, 23 मार्च 2013।
5. 'हाउस ऑफ काड्र्स', संजय दत्त की शोमा चौधरी से बातचीत, 20 नवंबर 2016।
https://www.youtube.com/watch\v=FxwG0ByAY30
6. सुकेतु मेहता, *मैक्सिमम सिटीः बॉम्बे लॉस्ट एंड फाउंड,* दिल्ली, पेंगुइन बुक्स इंडिया, 2004, पृ. 439।
7. वही।
8. विजय परमार के साथ लेखक की बातचीत।
9. किश्वर देसाई, वही, पृ. 355।
10. वही।

6. घर वापसी

1. सोनिया गांधी का *टाइम्स ऑफ इंडिया* में इंटरव्यू, 26 सितंबर 2005।
2. 'हाउस ऑफ काड्र्स', संजय दत्त की शोमा चौधरी से बातचीत, 20 नवंबर 2016।
3. 'ड्रामेटिक कमबैकः दिस टाइम फॉरएवर?' *फिल्मफेयर* 16-30 सितंबर 1986।
4. नम्रता दत्त कुमार और प्रिया दत्त, *मिस्टर एंड मिसेज दत्त* में संजय दत्त का इंटरव्यू, दिल्ली, रोली बुक्स, 2007, पृ. 98-99।
5. 'हाउस ऑफ काड्र्स', संजय दत्त की शोमा चौधरी से बातचीत, 20 नवंबर 2016।
6. 'व्हाई संजय दत्त ''प्रेज'' हिज सन इज ''नॉट लाइक हिम''। http://www.ndtv com/entertainment/why-sanjay-dutt-

prays-his-son-is-not-like-him-1751148

7. सिमी गरेवाल के साथ संजय दत्त की बातचीत, *रांदेवू विद सिमी गरेवाल,* 2006।
8. *सुपर* पत्रिका, जून 1981।
9. किश्वर देसाई, वही, पृ. 356।
10. गोआफेस्ट 2017 में संजय दत्त का इंटरव्यू https://www.youtube.com/watch\v=ADZaDbrQvL8&t=2s
11. *आप की अदालत* में रजत शर्मा के साथ संजय दत्त की बातचीत, इंडिया टीवी, मार्च 2009। https://www.youtube.com/watch\v=nzGfZRH1DnE&t=1s
12. सिमी गरेवाल के साथ संजय दत्त की बातचीत, *रांदेवू विद सिमी गरेवाल,* 2006।
13. *सुपर* पत्रिका, जून 1981।
14. *आप की अदालत* में रजत शर्मा के साथ संजय दत्त की बातचीत, इंडिया टीवी, अक्तूबर 2010। https://www.youtube.com/watch\v=DOMo0i&n3q4

7. फिल्मी दुनिया में पहला कदम

1. किश्वर देसाई, वही, पृ. 360।
2. *सुपर* मैगजीन, जनवरी, 1979।
3. वही।
4. *जीना इसी का नाम है,* जीटीवी, 15 नवंबर 1998। https://www.youtub.com/watch\v=MSREjdmWxNw&t=465s
5. गोआफेस्ट 2017 में संजय दत्त का इंटरव्यू। https://www.youtube.com/watch\v=ADZaDbrQvL8-t≠2s
6. 'हाउस ऑफ काड्र्स', संजय दत्त की शोमा चौधरी से बातचीत, 20 नवंबर 2016।

7. *जीना इसी का नाम है,* जीटीवी, 15 नवंबर 1998। https://www.youtube.com.watch\v=MSREjdmWxNw&t=465s
8. 'डेडली दत्सट्रिस्ट विद डेस्टिनी', *स्टारडस्ट,* दिसंबर 1989.
9. वही।
10. *स्टारडस्ट,* जनवरी 1981।
11. लेखक के साथ बातचीत।
12. 'कोर्ट मार्शल- संजय दत्तः "आई लाइड अबाउट माई ड्रग एडिक्शन, ईवन टू माई ऑन फेमिली"', *स्टारडस्ट,* मई 1980।
13. *सुपर,* जून 1981।

8. चमत्कारिक स्त्री

1. *सुपर* मैगजीन, मार्च 1981।
2. 'व्हाट अ लाइफ', नीलेश मिसरा के साथ संजय दत्त की बातचीत, *हिंदुस्तान टाइम्स,* 17 फरवरी 2007।
3. *सुपर* मैगजीन, अप्रैल 1981।
4. 'नरगिसेज कमिंग होम! अ ब्लो टू ब्लो अकाउंट ऑफ हर ओर्डियल एंड ट्रायम्फ', *स्टारडस्ट,* मार्च 1981।
5. वही।
6. *रांदेवू विद सिमी गरेवाल,* सिमी गरेवाल के साथ संजय दत्त की बातचीत, 2006।
7. *सिनेब्लिट्ज,* मार्च 1981।
8. 'नरगिसेज कमिंग होम! अ ब्लो टू ब्लो अकाउंट ऑफ हर ओर्डियल एंड ट्रायम्फ', *स्टारडस्ट,* मार्च 1981।
9. किश्वर देसाई, वही, पृ. 370।
10. *रांदेवू विद सिमी गरेवाल,* सिमी गरेवाल के साथ संजय दत्त की बातचीत, 2006।
11. 'नरगिसेज कमिंग होम! अ ब्लो टू ब्लो अकाउंट ऑफ हर ओर्डियल

एंड ट्रायम्फ', *स्टारडस्ट,* मार्च 1981।

12. प्रिया दत्त कुमार और नम्रता दत्त कुमार, वही, पृ. 110।
13. *नरगिस,* फिल्म्स डिवीजन के लिए प्रिया दत्त द्वारा निर्देशित एक डॉक्यूमेंटरी, 1991।
https://www.youtube.com/watch\v=nTC6HsW53sI
14. *सुपर* मैगजीन, अप्रैल 1981।
15. 'नरगिसेज कमिंग होम! अ ब्लो टू ब्लो अकाउंट ऑफ हर ओर्डियल एंड ट्रायम्फ', *स्टारडस्ट,* मार्च 1981।

9. एक आखिरी सफर और एक फिल्म का प्रीमियर

1. नम्रता दत्त कुमार और प्रिया दत्त, *मि एंड मिसेज दत्तः मेमोरीज ऑफ आवर पेरेंट्स,* दिल्ली, रोली बुक्स, 2007, पृ. 111।
2. *संडे* मैगजीन, 17 मई 1981।
3. *सुपर* मैगजीन, जून 1981।
4. *रांदेवू विद सिमी गरेवाल,* सिमी गरेवाल के साथ संजय दत्त की बातचीत, 2006।
5. जाहिदा हुसैन, जीतेंद्र कोठारी के साथ इंटरव्यू में, *मूवी* मैगज़ीन, नवंबर 1992।
6. किश्वर देसाई, *डार्लिंग जीः द ट्रू लव स्टोरी ऑफ नरगिस एंड सुनील दत्त,* पृष्ठ 387।
7. *सुपर,* जून, 1981।
8. नम्रता दत्त कुमार और प्रिया दत्त, वही, पृ. 116।
9. वही, पृ. 119।
10. गोआफेस्ट 2017 में संजय दत्त का इंटरव्यू। https://www.youtube.com/watch\v=ADZaDbrQvL8&t=2s
11. *आप की अदालत* में रजत शर्मा के साथ संजय दत्त की बातचीत, इंडिया टीवी, अक्तूबर 2010। https://www.youtube.com/

watch\v=DOMo0i&n3q4

12. 'सुनील दत्तः "गॉड हैज बीन वेरी क्रुअल..."', *सिनेब्लिट्ज,* जून 1981।
13. 'हाउस ऑफ काड्र्स', संजय दत्त की शोमा चौधरी से बातचीत, 20 नवंबर 2016।
14. *सिनेब्लिट्ज,* जून 1981।
15. 'सुनील दत्तः "गॉड हैज बीन वेरी क्रुअल..."', *सिनेब्लिट्ज,* जून 1981।
16. नम्रता दत्त कुमार और प्रिया दत्त, वही, पृ. 111।
17. *इंडिया टुडे,* जुलाई 1981।
18. 'स्ट्रिक्टली पर्सनल', *फिल्मफेयर,* मई 1991।

10. पाली हिल में गोलीबारी

1. 'टीना मुनीम्स चैप्टर 3', त्रवेष सिन्हा के साथ टीना मुनीम का साक्षात्कार, *मूवी* मैगजीन, मई 1984।
2. ऋषि कपूर और मीना अय्यर, *खुल्लम खुल्लाः ऋषि कपूर अनसेन्सर्ड,* नोएडा, हार्पर कॉलिंस इंडिया, 2017।
3. 'आ'म अ रोमांटिक विद शैटर्ड ड्रीम्स', गौतम राजाध्यक्ष के साथ टीना मुनीम का साक्षात्कार, *मूवी* मैगजीन, अप्रैल 1984।
4. *हिंदुस्तान टाइम्स,* 10 फरवरी 2007।
5. 'टीना मुनीम्स चैप्टर 3', त्रवेष सिन्हा के साथ टीना मुनीम का साक्षात्कार, *मूवी* मैगजीन, मई 1984।
6. 'संजय दत्त फ्लोन टू यू.एस. फॉर अ सेकंड ड्रग-क्योर', *स्टारडस्ट,* जनवरी 1984।
7. किश्वर देसाई, *डार्लिंग जीः द ट्रू लव स्टोरी ऑफ नरगिस एंड सुनील दत्त,* पृष्ठ 392।
8. *हिंदुस्तान टाइम्स,* 10 फरवरी 2007।

9. 'व्हाई ही कान्ट बी हैपी एंड वेल इन इंडिया!' *स्टारडस्ट,* जनवरी 1984।
10. *स्टार एंड स्टाइल,* 24 दिसंबर 1982।
11. 'हाउस ऑफ काड्र्स', संजय दत्त की शोमा चौधरी से बातचीत, 20 नवंबर 2016।
12. 'स्ट्रिक्टली पर्सनल', *फिल्मफेयर,* मई 1991
13. 'हाउस ऑफ काड्र्स', संजय दत्त की शोमा चौधरी से बातचीत, 20 नवंबर 2016।
14. *स्टारडस्ट,* मई 1982।
15. 'डेजर्टेड! डेस्परेट! डिस्ट्रक्टिव–हू/व्हाटड्रोव संजय दत्त टू वायलेंस?' *स्टारडस्ट,* जुलाई 1982।
16. 'डेडली दत्स ट्रिस्ट विद डेस्टिनी,' *स्टारडस्ट,* दिसंबर 1989।
17. 'आ'म अ रोमांटिक विद शैटर्ड ड्रीम्स', गौतम राजाध्यक्ष के साथ टीना मुनीम का साक्षात्कार, *मूवी* मैगजीन, अप्रैल 1984।
18. *गुलफाम* मैगजीन, दिसंबर 1982।
19. 'द रियल ट्रुथ बिहाइंड द शूटिंग सागा', *स्टारडस्ट,* जून 1982।
20. 'डेजर्टेड! डेस्परेट! डिस्ट्रक्टिव–हू/व्हाटड्रोव संजय दत्त टू वायलेंस?' *स्टारडस्ट,* जुलाई 1982।
21. '3 हॉट स्टोरीज स्ट्रेट फ्रॉम दोज इन्वाल्व्ड', *स्टार एंड स्टाइल,* 25 जून 1982।
22. *स्टार एंड स्टाइल,* 11-24 जून 1982।
23. *सिनेब्लिट्ज,* जुलाई 1982।
24. 'डेजर्टेड! डेस्परेट! डिस्ट्रक्टिव–हू/व्हाटड्रोव संजय दत्त टू वायलेंस?' *स्टारडस्ट,* जुलाई 1982।
25. वही।
26. 'द रियल ट्रुथ बिहाइंड द शूटिंग सागा', *स्टारडस्ट,* जून 1982।
27. 'डेजर्टेड! डेस्परेट! डिस्ट्रक्टिव–हू/व्हाटड्रोव संजय दत्त टू वायलेंस?'

स्टारडस्ट, जुलाई 1982।

28. *स्टारडस्ट* में संजय दत्त का इंटरव्यू, जनवरी, 1984।
29. 'फ्रॉम वन स्टार टू अनदर', *स्टारडस्ट,* सितंबर, 1983।
30. सिमी गरेवाल के साथ संजय दत्त की बातचीत, *रांदेवू विद सिमी गरेवाल,* 2006।
31. वही।

11. छुटकारा

1. सिमी गरेवाल के साथ संजय दत्त की बातचीत, *रांदेवू विद सिमी गरेवाल,* 2006।
2. 'आई वांट टू लिव', संजय दत्त का *स्टारडस्ट* के साथ इंटरव्यू, नवंबर 1984।
3. नम्रता दत्त कुमार और प्रिया दत्त, *मि एंड मिसेज दत्तः मेमोरीज ऑफ आवर पेरेंट्स,* दिल्ली, रोली बुक्स, 2007, पृ. 124।
4. 'आई वांट टू लिव', संजय दत्त का *स्टारडस्ट* के साथ इंटरव्यू, नवंबर 1984।
5. वही।
6. वही।
7. वही।
8. *स्टारडस्ट,* नवंबर 1984।
9. *हिंदुस्तान टाइम्स* के साथ इंटरव्यू, 10 फरवरी 2007।
10. 'आई वांट टू लिव', संजय दत्त का *स्टारडस्ट* के साथ इंटरव्यू, नवंबर 1984।
11. नरगिस का ऑडियो टेप, *नरगिस* डॉक्यूमेंटरी से, प्रिया दत्त द्वारा फिल्म्स डिवीजन के लिए निर्देशित, 1991।https://www.youtube.com/watch\v=nTC6HsW53sI
12. संजय दत्त का इंटरव्यू, *नरगिस* डॉक्यूमेंटरी से, प्रिया दत्त द्वारा

फिल्म्स डिवीजन के लिए निर्देशित, 1991। https://www.youtube.com/watch\v=nTC6HsW53sI

13. नम्रता दत्त कुमार और प्रिया दत्त, वही, पृ. 126।
14. 'व्हाट अ लाइफ', संजय दत्त के साथ नीलेश मिसरा का इंटरव्यू, हिंदुस्तान टाइम्स, 10 फरवरी, 2007।
15. संजय दत्त का इंटरव्यू, *गुलफाम* मैगजीन, मई 1985।
16. 'व्हाट अ लाइफ', संजय दत्त के साथ नीलेश मिसरा का इंटरव्यू, *हिंदुस्तान टाइम्स,* 10 फरवरी, 2007।
17. वही।
18. सिमी गरेवाल के साथ संजय दत्त की बातचीत, *रांदेवू विद सिमी गरेवाल,* 2006।
19. वही।
20. 'स्ट्रेट टॉकिंग...', *शोटाइम,* जून 1988।
21. संजय दत्त का इंटरव्यू, *गुलफाम* मैगजीन, दिसंबर 1987।
22. 'ड्रामाटिक कमबैकः दिस टाइम फॉरएवर?' *फिल्मफेयर,* 16-30 सितंबर, 1986।
23. वही।

12. *नाम*

1. आशीष राजाध्यक्ष और पॉल विलमेन, *इन्साइक्लोपीडिया ऑफ इंडियन सिनेमा,* लंदन, रुटलेज, 1994. पृ. 63।
2. दीप्ताकृति चौधरी, *रिटेन बाई सलीम-जावेदः द स्टोरी ऑफ हिंदी सिनेमाज ग्रेटेस्ट स्क्रीनराइटर्स,* गुड़गांव, पेंगुइन बुक्स इंडिया, 2015, पृ. 176।
3. महेश भट्ट के साथ लेखक की बातचीत।
4. वही।
5. वही।

6. 'ड्रामाटिक कमबैकः दिस टाइम फॉरएवर?' *फिल्मफेयर,* 16-30 सितंबर, 1986।
7. वही।
8. महेश भट्ट के साथ लेखक की बातचीत।
9. 'ड्रामाटिक कमबैकः दिस टाइम फॉरएवर?' *फिल्मफेयर,* 16-30 सितंबर, 1986।
10. *फिल्मफेयर,* सितंबर 1986।
11. महेश भट्ट के साथ लेखक की बातचीत।

13. ऋचा शर्मा

1. *स्टार एंड स्टाइल,* मई 1986।
2. 'डेडली दत्त्स ट्रिस्ट विथ डेस्टिनी', *स्टारडस्ट,* दिसंबर 1989।
3. *मूवी,* जुलाई 1986।
4. 'डिस्कवर्ड! देव आनंद'स न्यू गर्ल इन न्यूयॉर्क!' *स्टारडस्ट,* 1984।
5. 'संजय दत्तः "आई लव ऋचा टू द मैडनेस", *मूवी,* जून 1988।
6. वही।
7. नम्रता दत्त कुमार और प्रिया दत्त, वही, पृ. 148।
8. 'संजय दत्तः "आई लव ऋचा टू द मैडनेस", *मूवी,* जून 1988।
9. सिमी गरेवाल के साथ संजय दत्त की बातचीत, *रांदेवू विद सिमी गरेवाल,* 2006।
10. संजय दत्त का इंटरव्यू, *मूवी,* नवंबर 1990।
11. वही।

14. माधुरी दीक्षित की एंट्री

1. महेश भट्ट के साथ लेखक की बातचीत।
2. वही।
3. 'संजय दत्त स्पीक्स आउट इन अन्गुइश!' *शोटाइम,* मई 1991।

4. संजय दत्त का इंटरव्यू *गुलफाम* मैगजीन में, अप्रैल 1989।
5. गोआफेस्ट 2017 में संजय दत्त का इंटरव्यू। https://www.youtube.com/watch\v=ADZaDbrQvL8&t=2s
6. इंडिया टुडे माइंड रॉक्स 2017 में संजय दत्त का इंटरव्यू।
7. *सिनेब्लिट्ज,* दिसंबर 1992।
8. 'मुझे वक़्त ने संजीदा बना दिया', *गुलफाम* मैगजीन, मार्च 1991।
9. 'कोर्ट मार्शल—संजय दत्त', *स्टारडस्ट,* 16 मई 1990।
10. *स्क्रीन वीकली,* 16 मई 1997।
11. 'मुझे वक़्त ने संजीदा बना दिया', *गुलफाम* मैगजीन, मार्च 1991।

15. तलाक

1. *सिनेब्लिट्ज,* अक्टूबर 1992।
2. माधुरी दीक्षित का इंटरव्यू, *स्टारडस्ट,* अगस्त 1991।
3. 'माधुरी टू मैरी?' *फिल्मफेयर,* जनवरी 1993।
4. *स्टार एंड स्टाइल,* फरवरी 1993।
5. 'ही डज नॉट वांट हर', *सिनेब्लिट्ज,* दिसंबर 1992।
6. 'माधुरी टू मैरी?' *फिल्मफेयर,* जनवरी 1993।
7. 'ऋचा दत्तः आई डोंट वांट ए डाइवोर्स', *फिल्मफेयर,* जनवरी 1993।
8. प्रशांत राणे को न्यूयॉर्क में दिए गए इंटरव्यू में ऋचा शर्मा, *स्टारडस्ट,* जून 1993।
9. 'संजय-माधुरीः विल मैरिज डेस्ट्रॉय देम प्रोफेशनली?' *स्टार एंड स्टाइल,* फरवरी 1993।
10. *स्टारडस्ट,* जून 1993।
11. वही।
12. 'व्हाट अ लाइफ', नीलेश मिसरा के साथ संजय दत्त का इंटरव्यू, *हिंदुस्तान टाइम्स,* 17 फरवरी 2007।

16. बिगड़ा शहजादा

1. 'व्हाट संजय टोल्ड द कॉप्स इन 1993', http://www.rediff.com/news/2005/nov/23salem.htm
2. नम्रता दत्त कुमार और प्रिया दत्त, वही, पृ.155।
3. संजय दत्त का इकबालिया बयान, जिसे बाद में वापस ले लिया गया।
4. हुसैन एस. जैदी, *ब्लैक फ्राइडेः द ट्रू स्टोली ऑफ द बॉम्बे ब्लास्ट्स,* दिल्ली, पेंगुइन बुक्स इंडिया, 2002, पृ.175।
5. यूएनआई जर्नलिस्ट एजाज अहमद के साथ लेखक की बातचीत।
6. 'हाउस ऑफ कार्ड्स' शोमा चौधरी के साथ संजय दत्त का इंटरव्यू, 20 नवंबर 2016।
7. संजय दत्त का इकबालिया बयान, जिसे बाद में वापस ले लिया गया।
8. पीटीआई के साथ इंटरव्यू में बलजीत परमार। http://www.indiatvnews.com/entertainment/bollywood/baljeet-parmar-the-crime-reporter-who-first-broke-sanjay-dutt-s-7002-html\page=3
9. वही।
10. नम्रता दत्त कुमार और प्रिया दत्त, वही, पृ. 157।
11. संजय दत्त का इकबालिया बयान, जिसे बाद में वापस ले लिया गया।
12. 'हाउस ऑफ कार्ड्स' शोमा चौधरी के साथ संजय दत्त का इंटरव्यू, 20 नवंबर 2016।
13. हरिंदर बावेजा और आशीष खेतान, 'हाऊ द स्टार एस्केप्ड टाडा?' *तहलका,* 24 मार्च 2007।
14. महेश भट्ट के साथ लेखक की बातचीत।
15. संजय दत्त का इकबालिया बयान, जिसे बाद में वापस ले लिया गया।

16. हरिंदर बावेजा और आशीष खेतान,'हाऊ द स्टार एस्केप्ड टाडा?' *तहलका,* 24 मार्च 2007।
17. महेश भट्ट के साथ लेखक की बातचीत।
18. सुकेतु मेहता, *मैक्सिमम सिटी: बॉम्बे लॉस्ट एंड फाउंड,* दिल्ली, पेंगुइन बुक्स इंडिया, 2004, पृ. 440।
19. महेश भट्ट के साथ लेखक की बातचीत।
20. संजय दत्त के साथ लेखक की बातचीत।
21. शीला रावल, 'बॉलीवुड्स बैड ब्वॉय', *इंडिया टुडे,* 12 अगस्त 2002।
22. 'कैन संजय बाउंस बैक?' http://www.rediff.com/movies/report/dutt/20051122.htm

17. अच्छे दिनों के दोस्त

1. *मूवी* मैगजीन, अक्तूबर, 1993.
2. 'आई कैन ओनली होप हिज लाइफ नाऊ इमिटेट्स मुन्नाभाई'. http://www.tehelka.com/2006/11/i-can-only-hope-his-life-now-imitates-munnabhai/2/
3. 'व्हाई द दत्स विल नेवर फोरगिव द फिल्म इंडस्ट्री!' *स्टारडस्ट,* जून 1993
4. वही।
5. वही।
6. 'माधुरी डंप्स संजय!', *स्टारडस्ट,* जून 1993।
7. 'लव इन द टाइम्स ऑफ टेरर', भारती एस. प्रधान, *द टेलीग्राफ,* 29 मई 2011।
8. *मूवी* मैगजीन अक्टूबर 1993।
9. 'दे डोंट मेक देम लाइक सुनील दत्त एनीमोर', खालिद मोहमद। https://www.thequint.com/opinion/2015/05/25/they-dont-make-them-like-sunil-dutt-anymore

10. 'माधुरी डंप्स संजय!', *स्टारडस्ट* जून 1993।
11. 'आई विल ऑलवेज लव यू', ऋचा शर्मा'ज इंटरव्यू, *स्टारडस्ट*, जून 1993।

18. *खलनायक*

1. 'द संजय सागा डू यू नो?' *शोटाइम,* अगस्त 1994।
2. वही।
3. नम्रता दत्त कुमार और प्रिया दत्त, वही, पृ. 158।
4. लेखक के साथ एक बातचीत में।
5. महेश भट्ट के साथ लेखक की बातचीत।
6. गोआफेस्ट 2017 में संजय दत्त का इंटरव्यू। https://www.youtube.com/watch\v=ADZaDbrQvL8&t=2s
7. लेखक के साथ एक बातचीत में।

19. बचाने आए बाल ठाकरे

1. 'द संजय सागा - डू यू नो?' *शोटाइम,* अगस्त 1994।
2. वही।
3. वही।
4. 'हाउस ऑफ काड्‌र्स' शोमा चौधरी के साथ संजय दत्त का इंटरव्यू, 20 नवंबर 2016।
5. वही।
6. 'संजय'ज सेलमेट ऑन द दत्त्स ट्रॉमेटिक डेज इन प्रिजन', *मूवी* मैगजीन, मार्च 1995।
7. वही।
8. 'स्प्लित्स्विल्ले टाइम इन बॉलीवुड', *ट्रिब्यून,* 22 दिसंबर 2002।
9. नम्रता दत्त कुमार और प्रिया दत्त, वही, पृ. 159।
10. *मूवी* मैगजीन, मार्च 1995।

11. सिमी गरेवाल के साथ संजय दत्त की बातचीत, *रांदेवू विद सिमी गरेवाल,* 2006।
12. 'हाउस ऑफ कार्ड्स' शोमा चौधरी के साथ संजय दत्त का इंटरव्यू, 20 नवंबर 2016।
13. वही।
14. वही।
15. 'संजय'ज सेलमेट ऑन द दत्त्स ट्रॉमेटिक डेज इन प्रिजन', *मूवी* मैगजीन, मार्च 1995।
16. महेश भट्ट के साथ लेखक की बातचीत।
17. 'व्हाट अ लाइफ', नीलेश मिसरा के साथ संजय दत्त का इंटरव्यू, *हिंदुस्तान टाइम्स,* 17 फरवरी 2007।
18. 'संजय'ज सेलमेट ऑन द दत्त्स ट्रॉमेटिक डेज इन प्रिजन', मूवी मैगजीन, मार्च 1995।
19. वही।
20. महेश भट्ट के साथ लेखक की बातचीत।
21. 'द सिन्स ऑफ द सन', *तहलका,* 6 अप्रैल 2013। http://www.tehelka.com/2013/04/the-sins-of-the-son/5/
22. 'पवार रिवील्स ही हेल्प्ड दिलीप कुमार, सायरा बानो सेव देअर मैरिज', यूएनआई, 16 दिसंबर 2015। http://www.uniindia.com/pawar-reveals-he-helped-dilip-kumar-saira-bano-save-their-marriage/entertainment/fullstory/309038.html
23. सिमी गरेवाल के साथ संजय दत्त की बातचीत, *रांदेवू विद सिमी गरेवाल,* 2006। और गोआफेस्ट 2017 में संजय दत्त का इंटरव्यू। https://www.youtube.com/watch\v=ADZaDbrQvL8&t=2s
24. 'संजय'ज केस', *फ्रंटलाइन,* 10-23 मार्च 2007।

25. सुकेतु मेहता, *मैक्सिमम सिटीः बॉम्बे लॉस्ट एंड फाउंड,* दिल्ली, पेंगुइन बुक्स इंडिया, 2004, पृ.112।
26. 'पवार रिवील्स ही हेल्प्ड दिलीप कुमार, सायरा बानो सेव देअर मैरिज', यूएनआई, 16 दिसंबर 2015।
http://www.uniindia.com/pawar-reveals-he-helped-dilip-kumar-saira-bano-save-their-marriage/entertainment/fullstory/309038.html
27. 'हाउस ऑफ काड्र्स' शोमा चौधरी के साथ संजय दत्त का इंटरव्यू, 20 नवंबर 2016।
28. 'शिव सेना अपोजेज पर्डोनिंग संजय दत्त', *बिजनेस स्टैण्डर्ड,* 25 मार्च 2013।
29. http://www.shomachaudhury.com/my-mother-loved-being-mom-and-wife/
30. हुसैन एस. जैदी, *ब्लैक फ्राइडेः द ट्रू स्टोली ऑफ द बॉम्बे ब्लास्ट्स,* दिल्ली, पेंगुइन बुक्स इंडिया, 2002, पृ. 175।
31. महेश भट्ट के साथ लेखक की बातचीत।
32. 'हाऊ फ्री इज संजय?', *आउटलुक,* 1 नवंबर 1995।
33. अनुपमा चंद्रा एंड स्मृति कोप्पिकर,'शॉक ऑफ फ्रीडम', *इंडिया टुडे,* 15 नवंबर 1995।
34. वही।
35. कविता छिब्बर के साथ इंटरव्यू में रिया पिल्लई, 2000।

20. विधुर

1. 'द रोमांटिक टेल ऑफ संजय दत्त-ऋचा शर्मा व्हिच एंडेड ट्रेजिकली'।
https://www.pinkvilla.com/entertainment/nostalgia/355059/friday-flashback-harma-which-ended
2. 'संजय दत्तः द पावर ऑफ पैशन', *स्टारडस्ट* एनुअल 1996।

3. 'आई विल फाइट फॉर त्रिशला', *मूवी,* अक्टूबर 1997।
4. नम्रता दत्त कुमार और प्रिया दत्त, वही, पृ. 160।
5. *मूवी,* अक्टूबर 1993।
6. वही, दिसंबर 2001।
7. 'हाउस ऑफ कार्ड्स' शोमा चौधरी के साथ संजय दत्त का इंटरव्यू, 20 नवंबर 2016।
8. वही।
9. 'आई विल फाइट फॉर त्रिशला', *मूवी,* अक्टूबर 1997।
10. वही।
11. वही।
12. 'हाउस ऑफ कार्ड्स' शोमा चौधरी के साथ संजय दत्त का इंटरव्यू, 20 नवंबर 2016।
13. *स्क्रीन वीकली,* 16 मई 1998।
14. *हिंदुस्तान टाइम्स,* 1 फरवरी 2013।
15. 'हाउस ऑफ कार्ड्स' शोमा चौधरी के साथ संजय दत्त का इंटरव्यू, 20 नवंबर 2016।

21. 'हैलो, छोटा शकील'

1. *इंडिया टुडे,* 25 अक्टूबर 1999।
2. यूएनआई जर्नलिस्ट एजाज अहमद के साथ लेखक की बातचीत.
3. गोआफेस्ट 2017 में संजय दत्त का इंटरव्यू। https://www.youtube.com/watch\v=ADZaDbrQvL8&t=2s
4. 'द स्टार्स एंड द डॉन्स', *फ्रंटलाइन,* 17-30 अगस्त, 2002।
5. लेखक के साथ बातचीत में।
6. एस. हुसैन जैदी, *माई नेम इज अबु सलेम,* गुड़गांव, पेंगुइन बुक्स इंडिया, 2014। पृ.183-5।
7. वही।

8. *इंडिया टुडे,* 22 जनवरी, 2001। http://indiatoday.intoday.in/story/desperate-underworld-targets-bollywood-muscle-their-way-to-larger-share-of-profits/1/233500-html
9. 'द सिंस ऑफ द सन', *तहलका,* 6 अप्रैल 2013। http://www.tehelka.com/2013/04/the-sins-of-the-son/5/½
10. लेखक के साथ बातचीत में।

22. मुन्ना भाई

1. 'ठाकरे डिस्क्लोजेज दत्त पोल "प्रॉमिस"', *द टेलीग्राफ,* 20 जून 2005।
2. http://www.masala.com/sanjay-dutt-and-nadia-durranis-alleged-affair-153678.html
3. http://www.masala.com/sanjay-dutt-and-nadia-durranis-alleged-affair-153678.html
4. http://hindi.santabanta.com/bollywood/11906/sanjay-dutt-proposes-to-nadia/
5. 'संजय-नादिया एंगेज्ड?' *सिनेब्लिट्ज,* फरवरी 2002। और http://www.bollywoodmantra.com/news/rani-mukherjee-s-cold-war-with-saif-ali-khan/1328/
6. https://www.youtube.com/playlist\list=PL0BBEA52B22DE03D4
7. नम्रता दत्त कुमार और प्रिया दत्त, वही, पृ. 171।
8. https://www.youtube.com/watch\v=U_MNJVHBCt0
9. श्रुति एल. माथुर और सुकन्या वर्मा की राजकुमार हिरानी से बातचीत, www.rediff.com 18 दिसंबर 2003।
10. http://indianexpress.com/article/entertainment/bollywood/dont-think-i-would-have-done-munnabhai-better-than-sanjay-dutt-shah-rukh-khan-4574926/

11. https://www.youtube.com/playlist\list=PL0BBEA52B22DE03D4
12. https://www.youtube.com/watch\v=U_MNJVHBCt0
13. श्रुति एल. माथुर और सुकन्या वर्मा की राजकुमार हिरानी से बातचीत, www.rediff.com 18 दिसंबर 2003।
14. https://www.youtube.com/playlist\list=PL0BBEA52B22DE03D4
15. संजय दत्त, लेखक के साथ बातचीत में।

23. अलविदा दत्त साहब

1. नम्रता दत्त कुमार और प्रिया दत्त, वही, पृ.191.
2. https://timesofindia.indiatimes.com/entertainment/hindi/bollywood/news/Owen-Ronson-Sanjay-Dutt-tried-talking-me-out-of-marrying-his-sister/articleshow/51075443.cms
3. http://www.hindustantimes.com/india/dutt-obviously/story-OOHFIpLTlKG9HGu2CIwyYL.html
4. 'ही हग्ड मी एंड सेड, "माई सन, यू स्पॉइल मी"', *फिल्मफेयर,* जुलाई 2005।
5. वही।
6. http://www.hindustantimes.com/india/dutt-obviously/story-OOHFIpLTlKG9HGu2CIwyYL.html
7. *सिनेब्लिट्ज,* अगस्त 2005।
8. सिमी गरेवाल के साथ संजय दत्त की बातचीत, रांदेवू विद सिमी गरेवाल, 2006।
9. महेश भट्ट के साथ लेखक की बातचीत।
10. http://www.thehindu.com/2005/05/26/stories/

2005052607010100.htm
11. महेश भट्ट के साथ लेखक की बातचीत।
12. नम्रता दत्त कुमार और प्रिया दत्त, वही, पृ.194।

24. मान्यता

1. https://timesofindia.indiatimes.com/entertainment/hindi/bollywood/news/Leander-Paes-and-Rhea-Pillai-became-the&most-talked-about-couple-of-2003-Rhea-said-that-Leander-had-been-cheating-on-her-since-day-one/articleshow/34861306.cms
2. वही।
3. https://www.telegraphindia.com/1080323/jsp/7days/story_9047075.jsp
4. *मिड-डे,* 24 अक्तूबर 2017। https://www.mid-day.com/articles/leander-paes-was-home-for-only-20-days-when-not-busy-with-tennis-affairs-says-rhea-pillai/18675184
5. http://archive.indianexpress.com/news/from-performing-item-numbers-to-becoming-mrs--dutt-manyata/416540/
6. https://www.hindustantimes.com/bollywood/sanjay-dutt-wants-wifes-item-number-to-be-dropped-from-gangajal/story-sRzsVoul1zVSY10Wf7xvNM.html
7. http://indiatoday.intoday.in/story/A+prostitute+or+a+princess+a+wife+has+certain+rights:+Manyata+Dutt/1/26004.html
8. https://timesofindia.indiatimes.com/entertainment/hindi/bollywood/news/From-Manyata-to-Mrs-Dutt/

articleshow/7046755.cms
9. https://www.filmibeat.com/bollywood/features/2008/namrata-did-not-talk-sanjay-130208.html
10. शादी के दिन एबीपी न्यूज़ के साथ संजय दत्त की बातचीत।
11. http://www.dnaindia.com/mumbai/report-manyata-s-former-husband-claims-order-is-illegal-1178594
12. http://www.hindustantimes.com/india/i-am-glad-dad-is-not-alive-to-see-this-priya-dutt/story-UNHgpRHJsGif9SIeTpLVuJ-html
13. https://timesofindia.indiatimes.com/entertainment/hindi/bollywood/news/From-Manyata-to-Mrs-Dutt/articleshow/7046755.cms
14. 'मीट त्रिशला दत्त', http://www.dnaindia.com/, 20 अक्तूबर 2006।

    http://www.dnaindia.com/entertainment/report-meet-trishala-dutt-1059460
15. *हिंदुस्तान टाइम्स* के साथ बातचीत में त्रिशला दत्त, 1 फरवरी 2013।
16. https://www.indiatoday.in/movies/bollywood/story/sanjay-dutt-daughter-trishala-bollywood-debut-bhoomi-964140-2017-03-06
17. https://www.bollywoodmantra.com/news/sanjay-s-daughter-trishala-reportedly-heartbroken-about-manyata-s-pregnancy-rumours/2142/

25. आज़ादी की राह पर

1. 'व्हाट अ लाइफ', नीलेश मिसरा के साथ संजय दत्त का इंटरव्यू, *हिंदुस्तान टाइम्स,* 17 फरवरी 2007।

2. वही।
3. आईपीएस अधिकारी स्वाति साठे से लेखक की बातचीत।
4. रचना त्यागी, 'दरेवेनांट', द *वीक,* 13 मार्च, 2016।
5. वही।
6. http://www.bbc.com/news/world-asia-india-35647886
7. रचना त्यागी, 'द रेवेनांट', द *वीक,* 13 मार्च, 2016।
8. महेश भट्ट के साथ लेखक की बातचीत।
9. 'परोल्स, फरलोजः हाऊ संजय दत्त वाक्ड इन एंड आउट ऑफ जेल इन 5 ईयर्स', *हिंदुस्तान टाइम्स,* 25 फरवरी 2016।
10. 'रिटर्न संजय दत्त टू जेल इफ रूल्स वर ब्रोकेनः महाराष्ट्र गवर्नमेंट', https://www.ndtv.com/india-news/send-sanjay-dutt-back-to-jail-if-bombay-high-court-finds-parole-rules-ignored-maharashtra-government-1729871
11. आजतक से बातचीत में प्रिया दत्त, 25 फरवरी 2016।

लेखक परिचय

यासिर उस्मान वरिष्ठ पत्रकार एवं टेलीविज़न प्रोड्यूसर हैं और सिनेमा पर पैनी नज़र रखते हैं। यासिर को पत्रकारिता के प्रतिष्ठित सम्मान रामनाथ गोयनका अवॉर्ड (ब्रॉडकास्ट) से नवाज़ा जा चुका है। उन्होंने बेस्ट सेलिंग *राजेश खन्ना : कुछ तो लोग कहेंगे* और *रेखा : कैसी पहेली ज़िंदगानी* जैसी किताबें लिखी हैं। इसके अलावा वो लगातार तीन साल तक एन.टी. (न्यूज़ टेलीविज़न) अवॉर्ड भी जीत चुके हैं। पर्यावरण विज्ञान में स्नातकोत्तर यासिर को पढ़ाए गए सिद्धांतों से ज़्यादा फ़िल्म और फ़िल्मी गीत याद हैं। एक दशक से ज़्यादा समय से वे प्रमुख टीवी न्यूज़ संस्थानों से जुड़े रहे हैं और अब *एबीपी न्यूज़* (पहले *स्टार न्यूज़*) में कार्यरत हैं। उन्होंने सूफ़ी सोच पर एक मशहूर वृतचित्र शृंखला का निर्देशन किया है। वे *डियरसिनेमा.कॉम* और *न्यूज़ टुडे* में हिंदी और अंग्रेज़ी में कॉलम लिखते रहे हैं। दिल्ली विश्वविद्यालय और आईआईएमसी (नई दिल्ली) में पढ़े यासिर दिल्ली एनसीआर में रहते हैं। आप उनसे www.yasserusman.com पर संपर्क कर सकते हैं।

अनुवादक परिचय

प्रभात रंजन हिंदी के चर्चित कहानीकार हैं। आपके दो कहानी संग्रह प्रकाशित हो चुके हैं। इसके अलावा *बहुवचन, आलोचना* जैसी पत्रिकाओं के संपादन कार्य से जुड़े रहे हैं। आपने *जनसत्ता* में भी काम किया है और संप्रति अध्यापन कार्य कर रहे हैं। *जानकीपुल* नाम से एक ब्लॉग भी चलाते हैं।